"十四五"职业教育国家规划教材修订版

"十三五"职业教育国家规划教材
国家在线精品课程"网店视觉营销与美工设计"配套教材
国家职业教育智慧教育平台"网店视觉营销与美工设计"配套教材

网店视觉营销与美工设计

[微课版]

（第2版）

主　编　童海君　陈民利
副主编　蔡　颖　徐林海
　　　　魏振锋　段文忠

北京理工大学出版社
BEIJING INSTITUTE OF TECHNOLOGY PRESS

内 容 简 介

本书是"十三五"和"十四五"职业教育国家规划教材，也是国家在线精品课程配套教材。本书为校企"双元"开发的岗课赛证融通教材，基于OBE理念编写，围绕岗位需求与典型工作任务，根据视觉营销设计流程，将1+X网店运营推广证书标准、全国职业院校技能大赛电子商务赛项要求、课程思政有机融合，培养高素质技术技能型视觉营销设计人才。

本书以视觉之"道-器-术"为主线，共10章。上篇视觉之"道"，包括视觉营销基础知识、网店视觉营销与岗位认知；中篇视觉之"器"，包括视觉美工之商品摄影技术、Photoshop基础、Photoshop进阶；下篇视觉之"术"，包括网店首页视觉营销设计、高点击率推广图视觉营销设计、商品主图与短视频视觉营销设计、商品详情页视觉营销设计、电商技能竞赛视觉营销设计。本书第1版已被全国28个省、自治区、直辖市的200多家院校选用。本次更新融入了二十大精神、佳县东方红小米等农特产案例和三农情怀等思政元素，新增了直播封面图、短视频、电商技能竞赛视觉营销设计等，内容更新颖，案例更丰富。

本书可作为中高职院校、职教本科和应用型本科院校电子商务类、市场营销类、数字媒体类、艺术设计类等相关专业的视觉营销设计课程教材，也可供电子商务从业者、视觉设计师等从业人员参考、学习、培训使用。

版权专有　侵权必究

图书在版编目（CIP）数据

网店视觉营销与美工设计：微课版 / 童海君，陈民利主编. — 2版. -- 北京：北京理工大学出版社，2024.1（2024.12重印）

ISBN 978-7-5763-3439-5

Ⅰ. ①网… Ⅱ. ①童… ②陈… Ⅲ. ①网店-设计 Ⅳ. ①F713.361.2

中国国家版本馆CIP数据核字（2024）第005114号

责任编辑：徐艳君	**文案编辑**：徐艳君	
责任校对：周瑞红	**责任印制**：施胜娟	

出版发行 /	北京理工大学出版社有限责任公司
社　　址 /	北京市丰台区四合庄路6号
邮　　编 /	100070
电　　话 /	（010）68914026（教材售后服务热线）
	（010）68944437（课件资源服务热线）
网　　址 /	http://www.bitpress.com.cn
版 印 次 /	2024年12月第2版第4次印刷
印　　刷 /	保定市中画美凯印刷有限公司
开　　本 /	787 mm×1092 mm　1/16
印　　张 /	16
字　　数 /	445千字
定　　价 /	59.80元

图书出现印装质量问题，请拨打售后服务热线，负责调换

党的二十大报告提出："广泛践行社会主义核心价值观。社会主义核心价值观是凝聚人心、汇聚民力的强大力量。弘扬以伟大建党精神为源头的中国共产党人精神谱系，用好红色资源，深入开展社会主义核心价值观宣传教育，深化爱国主义、集体主义、社会主义教育，着力培养担当民族复兴大任的时代新人。"本教材融入了科技部定点帮扶县佳县东方红公司等诸多民族化红色品牌，蕴含爱国主义、家国情怀、创新精神等元素；将内涵丰富、形式多样的民族和红色文化融入教学，使课程思政进一步"生动化"；潜移默化促使学生形成品牌意识、认同红色文化、培育工匠精神，培养能够担当大任的网店视觉营销与美工设计人员。

权威机构论证表明：人的五感对人的思维判断影响最大的就是视觉，占比83%，而剩下的听觉、触觉、味觉和嗅觉等只占17%。在电商平台中销售产品都是通过视觉让消费者接收产品信息的，消费者摸不着产品，更不能试用，只能通过视觉来判断产品的好坏，决定买还是不买，所以视觉对消费者的影响至关重要。要想在诸多电商平台中脱颖而出，吸引消费者的关注并形成购买力，就必须要在网店的视觉上花心思、下功夫。

在网店视觉营销与美工设计上，我们应当秉承"视觉是手段，营销是目的"的宗旨，一定要从营销的角度，利用视觉的手段进行设计，在传达明确的基础上让图片看起来更加美观，再加上创意的元素，让图片更有视觉冲击力，增强消费者的记忆深度，最终达到成功营销的目的。

如何抓住消费者的眼球？
如何点燃消费者购买欲望？
如何引爆大流量？

本书以视觉营销设计之"道-器-术"为主线，为你揭秘网店视觉营销与美工设计中的思维突破和技术技巧。

本书分为上中下三篇，共10个章节，具体如导图所示。

```
                          ┌─ 视觉营销基础知识
              上篇：视觉之"道"─┤
                          └─ 网店视觉营销与岗位认知

                          ┌─ 视觉美工之商品摄影技术
网店视觉营销   中篇：视觉之"器"─┤─ 视觉美工之Photoshop基础
与美工设计                  └─ 视觉美工之Photoshop进阶

                          ┌─ 网店首页视觉营销设计
                          ├─ 高点击率推广图视觉营销设计
              下篇：视觉之"术"─┤─ 商品主图与短视频视觉营销设计
                          ├─ 商品详情页视觉营销设计
                          └─ 电商技能竞赛视觉营销设计
```

课程说课视频

I

本书主要特色与创新

1. 职教特色鲜明，全面落实立德树人、课程思政，体现专业核心素养

本书紧扣高职电商等相关专业教学标准要求，落实立德树人根本任务，紧扣应用高素质技术技能人才培养需求；注重"学中做、做中学"，专业性与实用性相统一、系统性与全面性兼顾、能力点和知识点结合，且注重对学生创新思维及实践能力培养，内容贯穿高职学生发展和本课程核心素养要求。

2. 依托视觉之"道-器-术"编排主线，整合视觉营销思维与美工技术助力教学

本书设计思路以"道-器-术"为主线，避免只重理论阐述或只重实操步骤讲解的两极端现象，实现职业教育技术技能型教材从"理论"到"实践"再到"理实一体"的教学设计创新。书中涵盖了视觉营销、海报图、直通车图、钻展图、聚划算图、直播封面图、主图、详情页等对学习视觉营销设计有帮助的众多正反面设计案例，内容有机整合视觉营销思维与美工技术，确保人才培养质量。本书在第1版基础上，将图文处理技术与视觉营销理念、用户思维等相结合，进行整合升级创新。

3. 结合主编扶贫助农实践，提取案例素材，助力精准扶贫，增强教学效果

两位主编作为全国农村电商、视觉领域专家，致力于乡村振兴、扶贫助农实践。本着助力扶贫、为特定产品做公益宣传的目的，编者在素材选取上，除知名企业优秀案例外，特意提炼了诸多亲历过的县域精准帮扶农产品案例，如科技部定点帮扶县陕西佳县小米、四川屏山茵红李等，激发学生的专业使命感，从而提升学习积极性和自信心，进而促进教学效果。

4. 整合多渠道资源，搭建"童话电商"自媒体体系，探索融媒体教学

主编团队的"童话电商"自媒体体系包括公众号、视频号、头条号、微信群、QQ群等，旨在共创、共享本书配套资源，也为全国300多所院校近500位视觉类教师提供了实时交流互动平台。各渠道同步定期更新配套拓展资料、收集教材使用反馈、交流解决教学实际问题、分享行业动态资讯等。本书充分整合了自媒体资源优势，形成融媒体效应助力教学。

5. 配套国家在线精品课程，资源丰富立体，符合混合式课堂教学需要

本书配套了国家在线精品课程、课程标准、PPT、教案、视频、案例素材等丰富的数字化资源，可作为课堂教学的补充，课下自主学习，有效激发学习兴趣和潜能。已在浙江省高等学校在线开放课程共享平台、智慧树、超星学银在线等平台建立配套在线课程，截至目前，浙江省高等学校在线开放课程共享平台数据显示，课程已运行11期，累计选课7.5万多人次，学校720多所，互动36万次，访问1 000多万次。

本书是校企"双元"合作开发的教材，由台州职业技术学院、浙江经贸职业技术学院、义乌工商职业技术学院、浙江工贸职业技术学院、安徽商贸职业技术学院、绍兴职业技术学院与南京奥派信息产业股份公司、山东聚智慧创业服务有限公司、台州美丽乡村运营管理有限公司合作开发。

本书由童海君、陈民利教授担任主编，蔡颖、徐林海、魏振锋、段文忠担任副主编，傅俊、王月婷、聂军委、李显戈、毛玲君参与编写；全书由童海君、陈民利拟定思路与框架，并负责统稿和修改。

首先，感谢科技部农村中心、中国国际电子商务中心、半汤乡学院、浙江起源教育科技有限公司领导及专家对本书编写思路和框架提出宝贵意见，并提供了大量的资料、案例、图片等素材；其次，感谢科技部定点帮扶县——陕西佳县、四川屏山县、江西井冈山市、临沂"万人淘宝公益培训"及全国各地童海君老师电子商务培训学员提供的店铺案例和图文素材；再次，感谢出版社相关编辑等人员的辛勤工作；最后，在编写过程中，我们参考了大量文献资料，引用了大量天猫店铺、淘宝论坛、新媒体号、百度文库等网站的资料和数据，在此对所有文献的作者和网站表示诚挚的感谢。

由于编者水平有限，书中难免有不足之处，恳请专家、读者批评指正，不胜感谢。本书配套及拓展素材，可关注微信公众号"童话电商"或与主编童海君老师联系，邮箱：ecthj@qq.com。

编 者

目录 CONTENTS

上篇：视觉之"道"

第1章 视觉营销基础知识 / 3

【学习目标】/ 3
【学习导图】/ 3
1.1 视觉设计 / 4
 1.1.1 视觉 / 4
 1.1.2 视觉识别设计 / 4
 1.1.3 视觉传达设计 / 5
 1.1.4 营销与销售 / 6
 1.1.5 视觉营销 / 7
1.2 视觉语言 / 9
 1.2.1 理性与形象视觉语言 / 9
 1.2.2 "点"的形态语言及视觉心理 / 9
 1.2.3 "线"的形态语言及视觉心理 / 10
 1.2.4 "面"的形态语言及视觉心理 / 12
1.3 视觉色彩与心理 / 13
 1.3.1 色彩的魅力 / 13
 1.3.2 色彩的分类与属性 / 14
 1.3.3 色彩的搭配与新手建议 / 15
 1.3.4 色彩的冷暖与轻重 / 17
 1.3.5 色彩心理与网店视觉营销 / 18
1.4 视觉构图 / 19
 1.4.1 构图四项基本法则 / 19
 1.4.2 视觉构图常见11法 / 19
1.5 视觉文字 / 22
 1.5.1 文字视觉语言的表现形式 / 22
 1.5.2 文字视觉语言在设计中的运用 / 24
 1.5.3 文字视觉语言的风格样式——字体 / 25
 1.5.4 设计中文字应遵循的原则 / 27

第2章 网店视觉营销与岗位认知 / 29

【学习目标】/ 29
【学习导图】/ 29
2.1 网店视觉营销基础 / 30
 2.1.1 网店视觉营销 / 30
 2.1.2 网店视觉营销磁场 / 30
2.2 网店视觉营销的流程与三原则 / 31
 2.2.1 网店视觉营销流程 / 31
 2.2.2 网店视觉营销三原则 / 32
2.3 网店视觉营销的数据指标 / 34
 2.3.1 网店运营岗位 / 34
 2.3.2 网店视觉营销的数据指标 / 35
2.4 网店视觉营销案例 / 38
 2.4.1 三只松鼠的视觉营销 / 38
 2.4.2 裂帛的视觉营销 / 43
 2.4.3 野鸡哥哥的视觉营销 / 44
2.5 网店视觉岗位 / 49
 2.5.1 视觉设计师岗位职责 / 49
 2.5.2 岗位KPI考核 / 52
 2.5.3 新手建议 / 53

中篇：视觉之"器"

第3章 视觉美工之商品摄影技术 / 57

【学习目标】/ 57
【学习导图】/ 57
3.1 相机的选择 / 58
 3.1.1 单反相机 / 58
 3.1.2 无反相机 / 59
 3.1.3 便携式相机 / 60
3.2 单反相机外部结构及其功能 / 60
 3.2.1 正面结构及其功能 / 60

I

3.2.2 背面结构及其功能 / 61
3.2.3 上面结构及其功能 / 61
3.2.4 底面结构及其功能 / 62
3.2.5 侧面结构及其功能 / 62
3.2.6 液晶监视器与取景器的结构及功能 / 63

3.3 器材辅材及摄影环境布局 / 63
3.3.1 镜头的选择 / 63
3.3.2 摄影辅助器材 / 64
3.3.3 摄影环境布局 / 64

3.4 摄影曝光三要素与光线角度 / 64
3.4.1 快门 / 64
3.4.2 光圈 / 65
3.4.3 感光度 / 66
3.4.4 光线角度 / 66

3.5 网店商品摄影 / 68
3.5.1 网店商品摄影基本要求 / 68
3.5.2 网店商品摄影流程 / 69
3.5.3 网店商品摄影中常见问题 / 69
3.5.4 新手网拍注意事项 / 69

第4章 视觉美工之Photoshop基础 / 71

【学习目标】/ 71
【学习导图】/ 71

4.1 图像的基本概念 / 72
4.1.1 像素、分辨率与常见图片格式 / 72
4.1.2 网店装修设计中常见图片参数 / 73

4.2 Photoshop软件基本操作 / 74
4.2.1 Photoshop操作界面 / 74
4.2.2 Photoshop基本操作 / 75

4.3 图片多样裁剪 / 78
4.3.1 固定尺寸裁剪 / 79
4.3.2 裁剪矫正倾斜图像 / 79
4.3.3 裁剪矫正透视变形图像 / 80

4.4 修图工具 / 81
4.4.1 污点修复画笔工具 / 81
4.4.2 修补工具 / 82
4.4.3 仿制图章工具 / 83

4.5 美图调色 / 84
4.5.1 亮度调整——色阶工具 / 84
4.5.2 色彩调整——色相/饱和度工具 / 85
4.5.3 清晰图片——锐化工具 / 87
4.5.4 模特美容——液化工具 / 87

第5章 视觉美工之Photoshop进阶 / 89

【学习目标】/ 89
【学习导图】/ 89

5.1 图层 / 90
5.1.1 图层简介 / 90
5.1.2 "图层"面板及其功能 / 90

5.2 抠图 / 91
5.2.1 魔棒工具 / 91
5.2.2 快速选择工具 / 93
5.2.3 多边形套索工具、选框工具 / 93
5.2.4 钢笔工具 / 94

5.3 文字艺术 / 96
5.3.1 文字工具和文字属性栏 / 96
5.3.2 文字编辑与特效 / 97

5.4 蒙版和通道 / 99
5.4.1 图层蒙版 / 99
5.4.2 通道 / 101

5.5 图片多样制作 / 103
5.5.1 倒影效果制作 / 103
5.5.2 动画效果制作 / 105
5.5.3 切片艺术之图加网址 / 108
5.5.4 关联营销图制作 / 111

下篇：视觉之"术"

第6章 网店首页视觉营销设计 / 115

【学习目标】/ 115
【学习导图】/ 115

6.1 店标视觉营销设计 / 116
6.1.1 店标的展现位置 / 116
6.1.2 店标的设计形态 / 117

目　录

    6.1.3　店标的设计技巧 / 119
    6.1.4　不同风格的店标设计 / 120
    6.1.5　店标的设计案例 / 121
6.2　首页视觉营销设计 / 122
    6.2.1　首页视觉水平的四大数据指标 / 122
    6.2.2　网店首页布局 / 124
    6.2.3　网店首页设计原则 / 125
6.3　店招视觉营销设计 / 126
    6.3.1　店招设计的目的和内容 / 126
    6.3.2　店招设计的类型 / 126
    6.3.3　店招设计的技巧 / 127
    6.3.4　农产品店招设计案例 / 128
6.4　首焦轮播海报视觉营销设计 / 129
    6.4.1　聚焦买家视线 / 130
    6.4.2　首焦轮播海报设计三要素 / 130
    6.4.3　溶图的应用 / 132
6.5　首页其他模块视觉营销设计 / 132
    6.5.1　优惠券设计 / 132
    6.5.2　活动专区布局设计 / 134
    6.5.3　分类导航设计 / 135
    6.5.4　商品陈列区设计 / 136
    6.5.5　页尾设计 / 138
6.6　店铺首页视觉营销设计案例 / 139

第 7 章　高点击率推广图视觉营销设计 / 141

【学习目标】/ 141
【学习导图】/ 141
7.1　店内海报图视觉营销设计 / 142
    7.1.1　店内海报图的分类 / 142
    7.1.2　海报图的案例解析 / 143
7.2　直通车图视觉营销设计 / 145
    7.2.1　直通车图的特点解析 / 145
    7.2.2　直通车图的设计要点 / 147
    7.2.3　直通车图的案例解析 / 147
    7.2.4　直通车图的设计案例 / 149
7.3　钻展图视觉营销设计 / 150
    7.3.1　钻展图的特点解析 / 150
    7.3.2　钻展图的设计技巧 / 150

    7.3.3　钻展图的审核及推广 / 151
    7.3.4　钻展图的设计案例 / 152
7.4　活动图视觉营销设计 / 153
    7.4.1　活动图的设计要点 / 153
    7.4.2　活动图的案例解析 / 154
    7.4.3　活动图的设计案例 / 155
7.5　直播封面图视觉营销设计 / 157
    7.5.1　直播封面图的设计原则 / 157
    7.5.2　直播封面图的设计案例 / 159
    7.5.3　直播海报图的设计案例 / 159

第 8 章　商品主图与短视频视觉营销设计 / 165

【学习目标】/ 165
【学习导图】/ 165
8.1　主图介绍 / 166
    8.1.1　买家在网店的购物路径 / 166
    8.1.2　主图的目的及作用 / 166
    8.1.3　主图设计的四项基本原则 / 166
8.2　主图视觉营销设计 / 168
    8.2.1　品牌式主图 / 168
    8.2.2　标签式主图 / 169
    8.2.3　常见式主图 / 170
8.3　商品短视频介绍 / 173
    8.3.1　商品短视频的作用与类型 / 174
    8.3.2　商品短视频的三大质量要素 / 175
    8.3.3　主图视频的作用与要求 / 176
8.4　商品短视频视觉营销设计 / 179
    8.4.1　Premiere 设计主图视频案例 / 179
    8.4.2　Premiere 设计详情页视频案例 / 180

第 9 章　商品详情页视觉营销设计 / 183

【学习目标】/ 183
【学习导图】/ 183
9.1　详情页介绍 / 184
    9.1.1　详情页的重要性 / 184
    9.1.2　详情页的图片尺寸 / 185
9.2　详情页视觉营销之买家喜好解密 / 186
    9.2.1　详情页的结构布局 / 186

9.2.2　买家浏览习惯的秘密 / 186
　　9.2.3　四大行业详情页图片的秘诀 / 188
　　9.2.4　买家的文字阅读需求 / 189
9.3　详情页视觉营销常见问题 / 190
　　9.3.1　有人点，没人问？/ 190
　　9.3.2　有人问，没人买？/ 190
　　9.3.3　客户要的是便宜吗？/ 191
9.4　详情页视觉营销设计五部曲 / 191
　　9.4.1　引发兴趣 / 192
　　9.4.2　激发潜在需求 / 193
　　9.4.3　从信任到信赖 / 195
　　9.4.4　从信赖到想拥有 / 199
　　9.4.5　替买家做决定 / 200
9.5　详情页视觉营销设计遵循的原则 / 202
9.6　移动端详情页视觉营销设计 / 203

第10章　电商技能竞赛视觉营销设计 / 205

【学习目标】/ 205
【学习导图】/ 205
10.1　PC端网店首页视觉营销设计 / 206
　　10.1.1　任务解析 / 206
　　10.1.2　PC端店招图片设计 / 207
　　10.1.3　PC端轮播图片设计 / 210
　　10.1.4　PC端网店首页整体设计 / 219
10.2　移动端网店首页视觉营销设计 / 223
　　10.2.1　任务解析 / 223
　　10.2.2　移动端轮播图片设计 / 223
　　10.2.3　移动端网店首页整体设计 / 224
10.3　产品主图视频编辑与制作 / 227
　　10.3.1　任务解析 / 227
　　10.3.2　主图视频编辑与制作 / 228
10.4　产品详情页视觉营销设计 / 232
　　10.4.1　任务解析 / 232
　　10.4.2　产品主图设计 / 233
　　10.4.3　产品详情页设计 / 237

视觉营销设计中最常用的Photoshop快捷键 / 245

详情页视觉营销设计五部曲之18个逻辑模块 / 246

配套课程资源介绍 / 247

参考文献 / 248

上篇

视觉之"道"

第1章 视觉营销基础知识

【学习目标】
- 了解并掌握视觉营销的基础及相关概念。
- 了解并掌握视觉语言及点线面产生的视觉心理。
- 掌握色彩基础知识及其在网店中的运用心理。
- 掌握视觉构图的要点及常见构图法。
- 掌握视觉文字的基础知识与运用。
- 能够建立网店视觉营销的思维。
- 引导学生形成创新设计思维,展现独特的视觉营销策略。
- 培养政治认同感,树立网店视觉营销中的正能量价值观,强调内容合法合规,符合国家政策法规要求。

【学习导图】

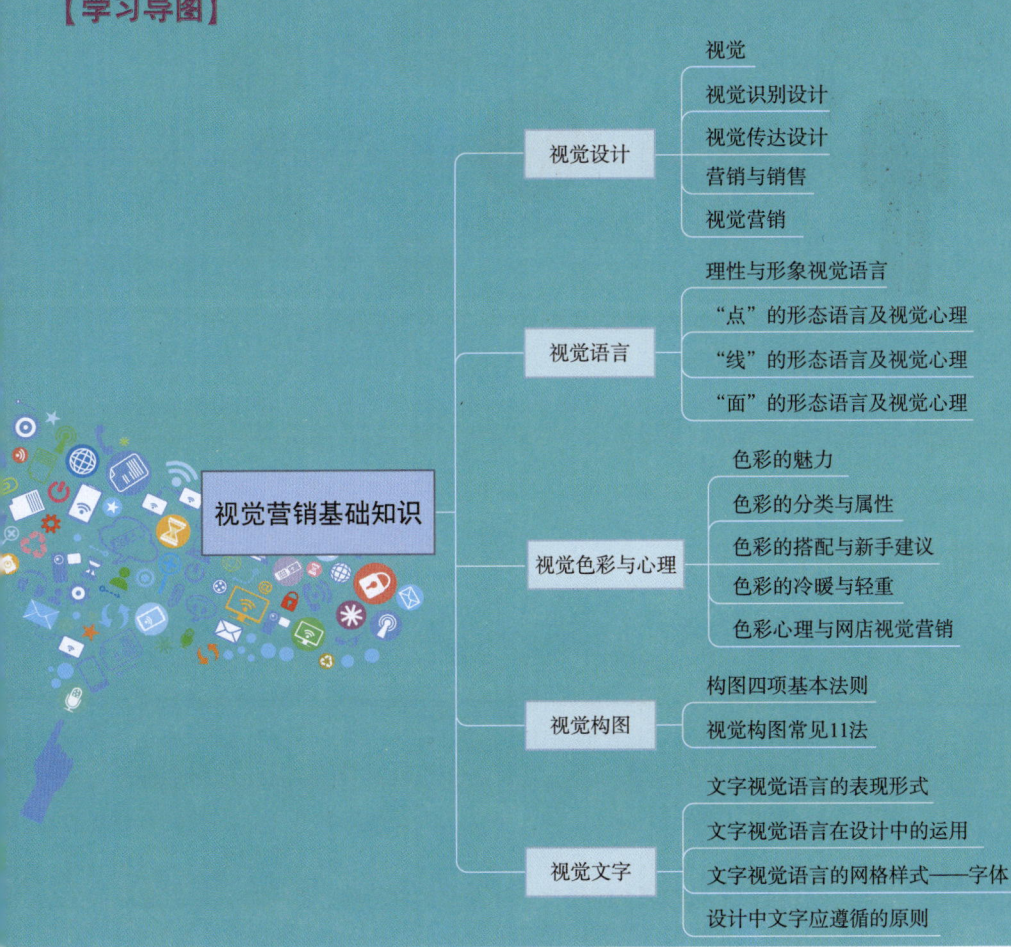

- 视觉设计
  - 视觉
  - 视觉识别设计
  - 视觉传达设计
  - 营销与销售
  - 视觉营销
- 视觉语言
  - 理性与形象视觉语言
  - "点"的形态语言及视觉心理
  - "线"的形态语言及视觉心理
  - "面"的形态语言及视觉心理
- 视觉色彩与心理
  - 色彩的魅力
  - 色彩的分类与属性
  - 色彩的搭配与新手建议
  - 色彩的冷暖与轻重
  - 色彩心理与网店视觉营销
- 视觉构图
  - 构图四项基本法则
  - 视觉构图常见11法
- 视觉文字
  - 文字视觉语言的表现形式
  - 文字视觉语言在设计中的运用
  - 文字视觉语言的网格样式——字体
  - 设计中文字应遵循的原则

视觉营销基础知识

随着互联网和电子商务的快速发展，电子商务平台越来越多，与此同时网店的数量也在快速地增长，商品的同质化越来越严重。在电子商务平台上，要想让你的网店在众多网店中脱颖而出，视觉营销是必须下功夫的，做好了视觉营销才能更好地吸引消费者，促成点击，从而达成购买的目的。本章先介绍一些视觉营销的基础，如视觉设计、营销与销售、视觉语言、视觉色彩、视觉构图、视觉文字等。

1.1 视觉设计

1.1.1 视觉

人在自然界中是通过什么来获取信息的呢？想必我们都很清楚，人是通过五官来获取信息的，眼睛对应视觉，耳朵对应听觉，鼻子对应嗅觉，双手对应触觉，嘴巴对应味觉（如图 1-1 所示）。那么五官当中哪种感官获取的信息最多呢？根据美国哈佛大学商学院研究人员的分析资料，人在获取信息的过程中，通过视觉获取了 83%，通过听觉获取了 11%，通过嗅觉获取了 3.5%，通过触觉获取了 1.5%，通过味觉获取了 1%（如图 1-2 所示），由此可看出视觉在人获取信息中的重要性。

微课：入门视觉营销

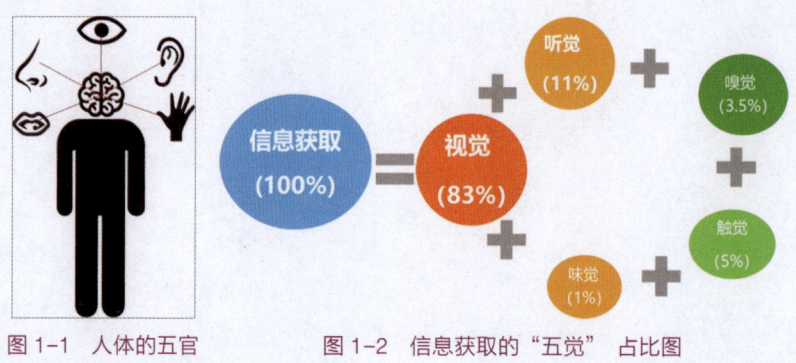

图 1-1 人体的五官　　　　图 1-2 信息获取的"五觉"占比图

视觉是通过视觉系统的外周感觉器官（眼睛）接收外界环境中一定波长范围内的电磁波刺激，经中枢有关部分进行编码加工和分析后获得的主观感觉。人通过视觉感知外界物体的大小、轮廓、色彩等信息。

1.1.2 视觉识别设计

视觉识别设计来源于企业形象识别系统（Corporate Identity System，CIS）。企业形象识别系统，是一个企业为了塑造自身形象，通过统一的视觉识别设计，运用整体传达沟通系统，将企业的经营理念、企业文化和企业经营活动的信息传递出去，以突显企业的个性和精神，与消费群体建立一种双向互动式沟通关系，从而使消费群体产生认同感和共同价值观。CIS，是企业管理中的一种战略性活动和职能。

20 世纪 50 年代，IBM 公司在其设计顾问提出的"通过一些设计来传达 IBM 的优点和特点，并使公司的设计在应用上统一化"的建议下首先推行了 CIS 设计，IBM 公司商标的变革如图 1-3 所示。随后，美国、日本等国家的一些大中型企业纷纷将 CIS 作为一种企业经营战略，并希望它成为企业形象传播的有效手段。广东太阳神集团有限公司被认为是中国最早导入 CIS 的企业，通过视觉元素的展现，太阳神商标较好地体现了企业的经营理念和经营风格（如图 1-4 所示）。太阳神商标以红色圆形和黑色三角为基本定位的崭新形象出现在市场上，面目焕然一新，给人留下深刻印象，迅速取得了消费者的认同，成功地开启了国内市场大门。

图 1-3　IBM 公司商标的变革

图 1-4　太阳神商标

CIS 一般分为三个方面，即企业的理念识别（Mind Identity，MI）、行为识别（Behavior Identity，BI）和视觉识别（Visual Identity，VI），如图 1-5 所示。其中，企业视觉识别是企业理念的视觉化，通过企业形象广告、标识、品牌、产品包装、企业内部环境布局和厂容厂貌等方式向大众表现、传达企业理念，使其对企业产生认同感与共同的价值观。视觉识别既可以形成独特的企业形象，又是企业无形资产的重要组成部分。

视觉识别规范手册汇集了用来规范企业形象的资料，内容主要分为基本设计要素和应用设计要素两个部分。基本设计要素包括企业名称、企业标识、标准字体和标准色彩；应用设计要素则是基本设计要素在企业旗帜、员工制服、商品包装、名片证件等上面应用时的规范。

视觉识别设计早期只是为了设计一套能够将自己与其他企业区别开来的标识系统，后来逐渐演变为企业文化和战略的外在表现部分。视觉识别的导入使很多企业取得了良好的经营业绩，国外的如奔驰、宝马等世界知名品牌；国内的如互联网电商坚果行业第一家上市品牌——三只松鼠，无论是从它的音意俱佳的中文名字"三只松鼠"，还是从它的三个可视化的卡通形象，无不蕴含着三只松鼠的品牌精神、IP 文化和商品的品位（如图 1-6 所示）。

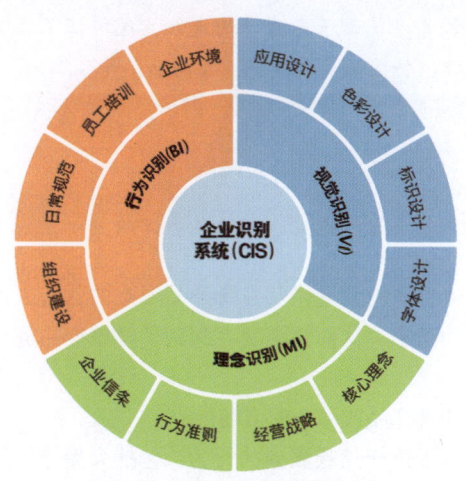

图 1-5　CIS 的构成

图 1-6　三只松鼠品牌商标

1.1.3　视觉传达设计

视觉传达设计是以视觉媒介为载体，以文字、图形和色彩作为创作要素，利用视觉形象传达特定的信息给受众，从而对受众产生影响的过程。简单来说，视觉传达设计是将视觉媒介表现传达给受众的设计，它是"给人看的设计，告知的设计"。视觉传达可归纳为"谁""把什么""向谁传达""效果、影响如何"四个程序。

优秀的视觉传达设计对于企业来说，不但可以体现出品牌的内涵和档次，还会给受众留下深刻的印象。视觉传达设计的典型案例有很多，例如电商品牌中的三只松鼠、花西子等，如图1-7和图1-8所示。

图1-7　三只松鼠轮播海报图——会飞的坚果

图1-8　国货品牌——花西子Logo

国货品牌花西子的"东方美学"之路

作为一个主打"东方美学"的彩妆品牌，花西子一直在探索民族文化与商业的融合，借产品让历史深处的非遗文化走进大众视野。一个以"东方彩妆，以花养妆"为理念的彩妆品牌，2017年才问世，却一次次引领着国货彩妆界的新风尚。品牌视觉与营销两手抓的打法使其完成了从"0"到"1"的蜕变，更是在世界舞台之上崭露头角，展现东方之美。花西子在海外的走红，也印证了国货崛起的一条道路——做具有民族特色及传承文化内涵的品牌，将国风变成潮流，推向世界舞台。

1.1.4　营销与销售

1. 营销与销售的定义

营销，指企业发现或发掘消费者的需求，从整体氛围的营造以及自身产品形态的营造去推广和销售产品。营销主要是深挖产品的内涵，契合消费者的需求，从而让消费者深刻了解该产品进而购买该产品的过程。

营销的目的是最大限度地实现企业的社会价值和其产品或服务的市场价值。

销售，指以出售、租赁或其他任何方式向第三方提供产品或服务的行为，包括为促进该行为进行的有关辅助活动，例如广告、促销、展览、服务等活动。或者说，销售是指实现企业生产成果的活动，是服务于消费者的一切活动。

2. 营销与销售的区别

营销一般是基于战略、未来、长利、永续的，而销售一般是基于战术、眼前、短利、生存的（如图1-9所示）。营销与销售最大的区别在于产品"好卖"和"卖好"，虽然是相同的两个字，但顺序的前后调换所产生的主动与被动的角色身份是截然不同的。对于网店卖家来说，如何将产品变得好卖要

第1章 视觉营销基础知识

比卖好产品本身更有价值。如何将产品变得好卖即如何做好营销呢？关键在于"建营销之场，引同频之人"来参与、了解、互动，最终实现成交的目的。

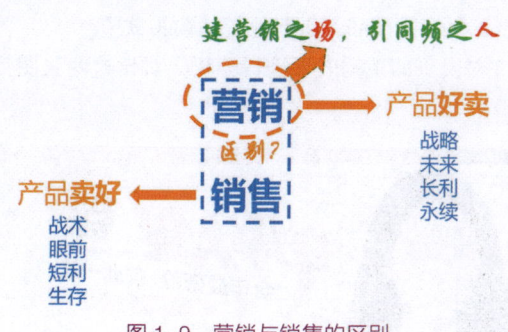

图1-9 营销与销售的区别

1.1.5 视觉营销

1. 视觉营销

视觉营销，指以营销策略为核心，以消费者为目标群体，以商品为主体，利用色彩、图像、文字等，造成视觉冲击力，吸引消费者，由此增加产品或服务（包括物质和精神两方面）、品牌和店铺的吸引力，从而达到销售的目的。

视觉营销也可以直接地理解为通过视觉设计去辅助营销，让营销活动可以更顺利地进行。网店视觉营销则是利用视觉设计去辅助网店营销。视觉营销能带来巨大的品牌和商业价值，是当之无愧的营销艺术。

2. 视觉营销的目的和作用

视觉营销的核心在于商品。视觉是一种手段，是让营销更进一步焕发生命力的技术手法，营销才是真正的目的。设计师所设计的视觉图文都是围绕着营销而做的，即围绕着最终的成交目的而做的，如图1-10所示。

视觉营销的目的在于促进产品与消费者之间的联系，最终实现相互之间的销售和购买，同时提升品牌价值文化。在互联网电子商务时代，视觉营销的作用有三个：首先，引起潜在消费者关注。在一定程度上吸引了多少眼球，就会有多少潜在消费者；换言之就是增加了多少流量，就会有多少的转换率。其次，引起消费者的兴趣和购买欲。只有激发消费者的购买欲，做事才能事半功倍。最后，传达店铺信息，塑造店铺形象，在消费者心中树立形象，并产生持续的购买和收益（如图1-11所示）。

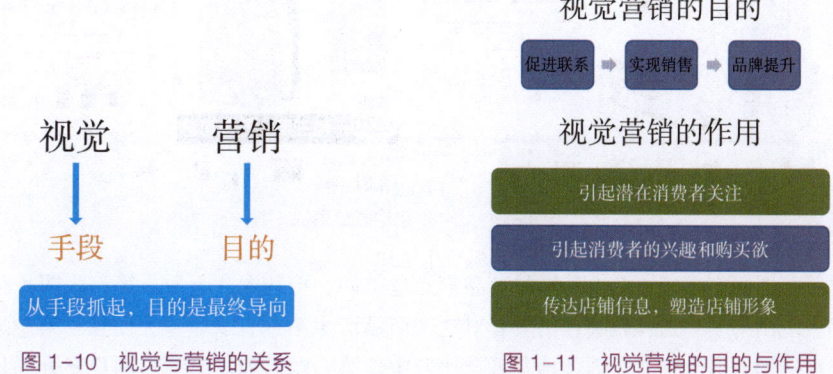

图1-10 视觉与营销的关系　　图1-11 视觉营销的目的与作用

3. 视觉营销与商品

在网店营销中，要利用网页的视觉效果引导消费者去看卖家所展示的商品。在消费者进入店铺时，要抓住他们的喜好，让他们浏览更多的商品，激起他们的购买欲望。

我们以图1-12和图1-13对网页的视觉效果进行分析。对比这两张图片，哪张更美观？哪张效果更好？哪张会得到更多的点击率？

图1-12　相宜本草旗舰店首页

图1-13　Calvin Klein旗舰店首页

两张图片都是其天猫旗舰店的首页。从图片美观上看，图1-13明显更美观些，特别是背景色更加突出商品的特性；但实际上由于商品设定的消费人群不同，图1-12的商品更加符合消费者的需求，加上强有力的促销手段在图中充分体现，故点击转化率和订单率会明显高出图1-13的商品。

在逛淘宝时，不知道大家有没有发现，同一商品，不同店铺的价格和销售量有着明显差别。依据消费者的心理，在挑选一件商品时，面对不同的店铺，往往会挑选价格相对便宜、评价较高的店铺。下面来欣赏一组视觉营销的案例，如图1-14所示。

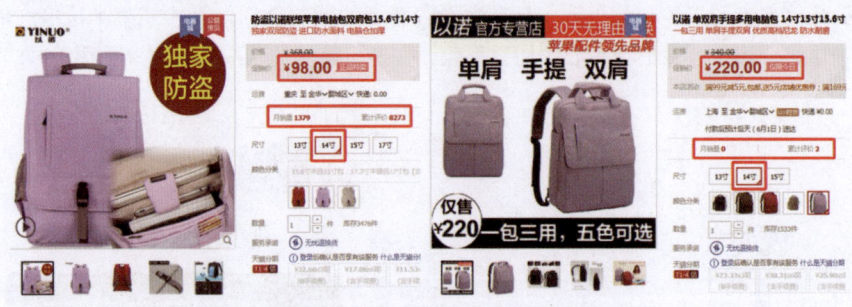

图1-14　不同店铺同类商品对比

对比这两张图我们发现，两个店铺的商品都是包邮的。再从图片上看，第一张图片把背包里面的内部结构都表现出来了，这样就会使消费者对这个商品产生第一直观印象；而且，第一家店铺的价格明显比第二家店铺的便宜许多，因此消费者会比较中意第一家店铺。第一张图片充分抓住了消费者的

视线要点。有时候，消费者会有一种心理状态——一分价钱一分货，因此消费者的视线就会集中到月销量和累计评价上，销量越好，好评的人越多，就越能坚定消费者的购买决心。

1.2 视觉语言

1.2.1 理性与形象视觉语言

微课：视觉语言

视觉营销设计中的构成元素主要分为理性元素和形象元素两类，它们也被称为视觉营销设计中的视觉语言。

理性视觉语言由点、线、面组成，形象视觉语言由图（包括图形与图像）、色彩、文字组成。理性视觉语言的点、线、面能构成图形，而图、色彩、文字也可以按照点、线、面的形式进行组合分布。这些视觉语言相互作用、相互影响、相辅相成，从而构成了信息的视觉传递与表达（如图1-15所示）。

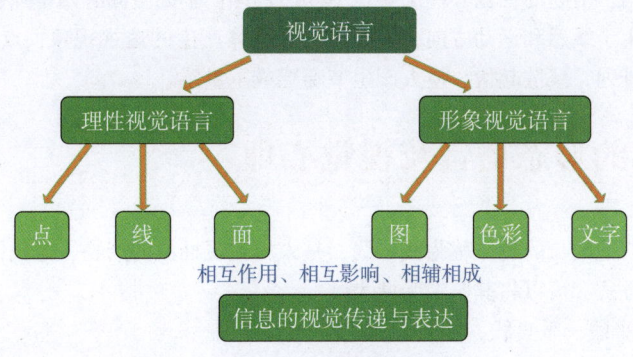

图1-15 视觉语言

点、线、面是视觉语言中最基本的元素，点、线、面不同的形象给人以不同的视觉心理，影响着人的知觉、思想、情感及购买行动等心理活动。

1.2.2 "点"的形态语言及视觉心理

点，是最小的视觉形象，它的存在是和线、面相对而言的，是和周围的形象对比而定义的。点的形态产生小巧、集中、凝集、闪动的视觉心理。

理性视觉语言与视觉心理

点虽然能给人流动感，但在运动线条之下，它可以有明显的静止停顿感，尤其在运动线前方的点，有阻止线条运动的作用。

点在大面积衬托对比之下，极其醒目而闪耀。所谓万绿丛中一点红，红点的醒目是由于色相面积的大小对比，对视觉形成强烈刺激，从而引起心理感觉的结果。

点的形状不同，引起的视觉心理也不同，例如：

① 方点：其外形以直线构成，形象坚实规则，给人以冷清、静止、稳定的感觉。

② 多角形点：其外形是以折线构成的规则或不规则的多角形，形象尖锐，给人以放射、内动、紧张、活泼的感觉。

③ 水滴形点：一边为圆，另一边为尖，是具有方向性的点，形象饱满、凝聚，给人以力量和运动方向的感觉（如图1-16所示）。

图 1-16 水滴形点案例

点的放置位置不同，引起的视觉心理反应也不同。例如：平面空间有两个点，中间则有线的感觉；点由大到小的排列产生了线感和运动方向；由于张力和物体产生的透视现象，点的疏密给人以轻松或紧张感；点有秩序地排列，聚散起伏，使人产生节奏感或重量感。

1.2.3 "线"的形态语言及视觉心理

现实生活中，我们把细长的物体称为线。线，是人类主观抽象的产物，是我们感觉中意念的存在。根据线的运动方向和方式，可以将其归纳为两大类：

① 直线：包括水平线、垂直线、倾斜线。
② 曲线：包括折线、弧线、波状线、蛇形线、旋转线等。

线有引导人的视线作用，如图 1-17 和图 1-18 所示，它引导人的视线随着线条的起止方向和运行方向移动。不同的线条给人以不同的视觉心理，引起人的多种情感和联想，这就是线条自身的语言表达和心理功能。

图 1-17 曲线视觉引导图 1　　　　图 1-18 曲线视觉引导图 2

1. 直线

① 水平线：使人联想起平坦的原野、广阔的大海、地平线和横躺的物体，给人以平静、安宁、沉稳、舒展的视觉心理和向两边延伸的力感（如图1-19所示）。

② 垂直线：使人联想起笔直的树干、拔地而起的建筑物、高耸的山峰等，给人以刚毅、挺拔、高耸的视觉心理，又有下垂和向上延伸的力感（如图1-20所示）。

图1-19　水平线视觉图

图1-20　垂直线视觉图

③ 倾斜线：使人联想起前冲倾倒的物体，给人以奇特、惊险、不稳定的视觉心理，又有运动方向的力感和速度视感。不同方向的倾斜线构成的画面，有强烈的动感和眩晕感，使人产生恍惚不安、惊慌失措的心理（如图1-21所示）。

2. 曲线

曲线温润、流畅、舒展、富有美感，是人们审美的一项重要内容。曲线有两种形式：几何曲线和自由曲线。

① 几何曲线：基本上由斜线相接而成，具有棱角，形同锯齿，给人以奇特、惊险、尖锐、紧张的视觉心理。

② 自由曲线：以其活泼、流动、变化丰富、柔弱的性格，满足人心理、生理上的需要，增强人们视觉上运动的快感。如图1-22所示，耐克对于自由曲线的运用非常到位，也创造了很多经典的案例。

图1-21　倾斜线视觉图

图1-22　曲线商品视觉图

1.2.4 "面"的形态语言及视觉心理

面,就是物象的外貌轮廓的形,即抽象的面。在现实中面有千姿百态,不同的形态使人产生不同的视觉心理。例如,山的外形给人以高耸、威严、稳定的视觉心理,海的外形给人以宽阔无际的视觉心理,长方形、三角形、多角形、圆形都依自己的个性存在着,决定着人们的审美感情和意念。

面的客观物象虽多,但可以归纳为以下几种抽象的基本形:由直线构成的形有方形、矩形、三角形、多角形,由曲线构成的形有圆形、椭圆形、曲线形等。

① 方形:给人以方正、坚实、平稳、均衡等不偏不倚而又不灵活的视觉心理。横着的长方形给人以平静、威严、沉重的心理感觉,而竖着的长方形给人以高耸、伟大、向上的心理感觉(如图1-23所示)。

图1-23 方形视觉图

② 三角形:因其底边为水平线而有稳定性,因其角如楔形而有外冲的力感,其中等腰三角形的力感最为明显。三角形的稳定性与底边的长度和高度有关,随着底边的缩短而高度增加,向上高耸的运动感增强(如图1-24所示)。

③ 圆形:形状无方向变差,张力均匀,给人以流动、饱满、完整的感觉,对视觉刺激较强,是容易引人注目的形状。生活中圆形物体象征着团圆、美好、幸福,也有活泼的感觉(如图1-25所示)。

图1-24 三角形视觉图

图1-25 圆形视觉图

点、线、面在人们生活中普遍存在着,时刻激发、平衡、调节着人们的心理需求,在电子商务时代更是如此。

在讲完点、线、面这三个理性视觉语言后,下面部分将重点分享图、色彩、文字这三个形象视觉语言。

第 1 章　视觉营销基础知识

1.3　视觉色彩与心理

1.3.1　色彩的魅力

微课：视觉色彩

人获取信息主要依靠视觉，而对视觉影响最大的则是形象视觉语言中的色彩，色彩在视觉的世界里拥有神奇的魅力（如图 1-26 所示）。

在电子商务的世界里，当我们看一家网店时，首先吸引我们眼球的是它的色彩布局和搭配，其次才会看到文字和其他细节。色彩对人的生理、心理都会产生一定的影响，这些影响都是客观存在的，如图 1-27 所示。

图 1-26　色彩的魅力　　　　图 1-27　色彩对人生理和心理的影响

瑞士色彩学大师约翰内斯·伊顿（Johannes Itten，1888—1967）先生提出了伊顿 12 色相环，如图 1-28 所示。

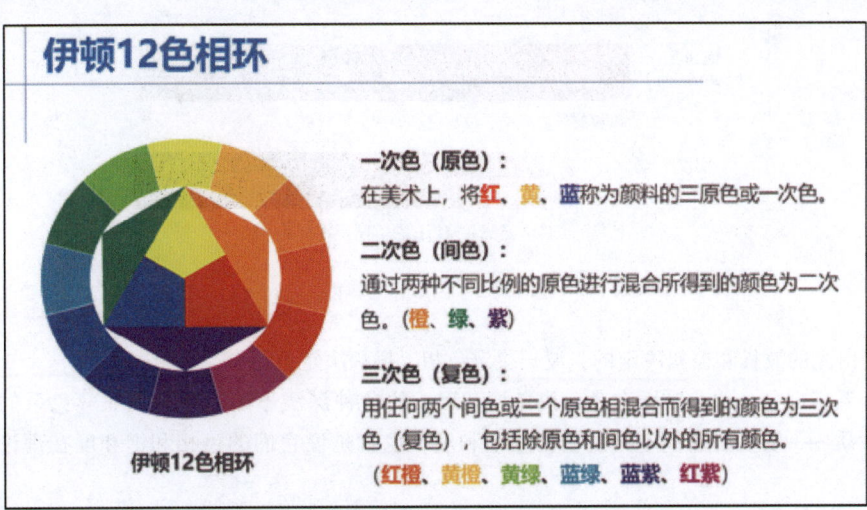

图 1-28　伊顿 12 色相环

人们往往会通过对色彩的感受进行相应的判断，比如红色会给人一种大胆、热情、强烈的感觉，

13

绿色会给人一种生机盎然、充满活力的感觉。在视觉运用上，色彩搭配的不同会影响人的视觉效果，例如：视觉营销中色彩要鲜艳才会容易引人注目，在做海报时色彩要和所表达的内容相适应等。下面主要讲色彩的原理以及色彩在网店视觉营销与美工设计中的运用。

1.3.2 色彩的分类与属性

丰富多样的色彩可以分成彩色系和非彩色系两大类，如图1-29所示。

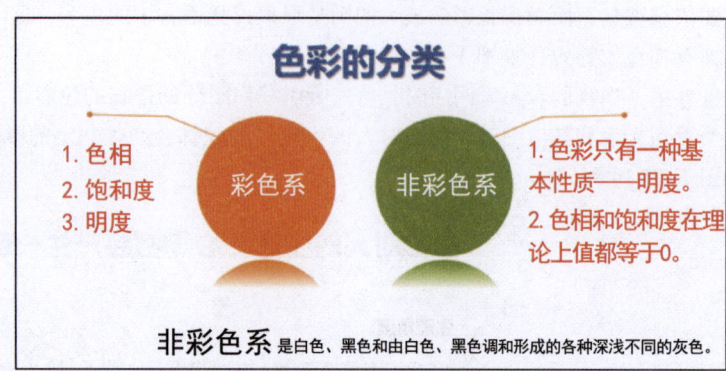

图1-29 色彩的分类

彩色系的色彩具有三个基本特性，即色相、饱和度（也称纯度或彩度）、明度，在色彩学上也称为色彩的三要素或色彩的三属性，如图1-30所示。

① 色相：指色彩的相貌，如红色、蓝色、绿色等。
② 饱和度：指色彩的鲜艳程度，饱和度越高，色彩越鲜艳。
③ 明度：指色彩的亮度，即色彩的深浅。

图1-30 色彩的三属性

彩色是由光的波长和振幅决定的，波长决定色相，振幅决定色调。

非彩色系指白色、黑色和由白色、黑色调和形成的各种深浅不同的灰色。非彩色系的色彩只有一种基本性质——明度，它们不具备色相和饱和度，也就是说它们的色相和饱和度在理论上值都等于0。

在Photoshop软件中，可以使用吸管工具吸取颜色，应用渐变工具设置渐变色彩，应用油漆桶工具填充颜色。单击工具箱中的"前景色和背景色"按钮，打开"拾色器"界面，在此界面中可对色彩三要素进行参数设置，如图1-31所示。

第1章 视觉营销基础知识

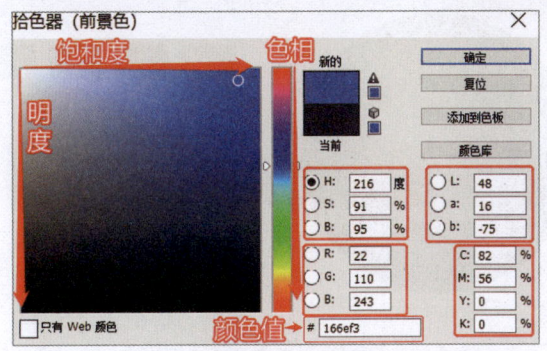

图 1-31　Photoshop 拾色器中的色彩三要素设置界面

1.3.3　色彩的搭配与新手建议

1. 色彩的搭配

在网店的视觉营销设计前，首先要学会如何搭配色彩，然后再根据网店的行业特征来确定网店的主色调。在确定网店色系之前，我们要先了解以下常见的六种色彩搭配，如图 1-32 所示。

① 互补色：在色相环上相对 180°的两个色彩是互补色。
② 对比色：在色相环上 120°以内两种或两种以上的色彩是对比色。
③ 中度色：在色相环上 90°以内两种或两种以上的色彩是中度色。
④ 类似色：在色相环上 60°以内两种或两种以上的色彩是类似色。
⑤ 相近色：在色相环上 30°以内两种或两种以上的色彩是相近色（也称邻近色）。
⑥ 同色：在色相环上 0°以内两种或两种以上的色彩是同色。

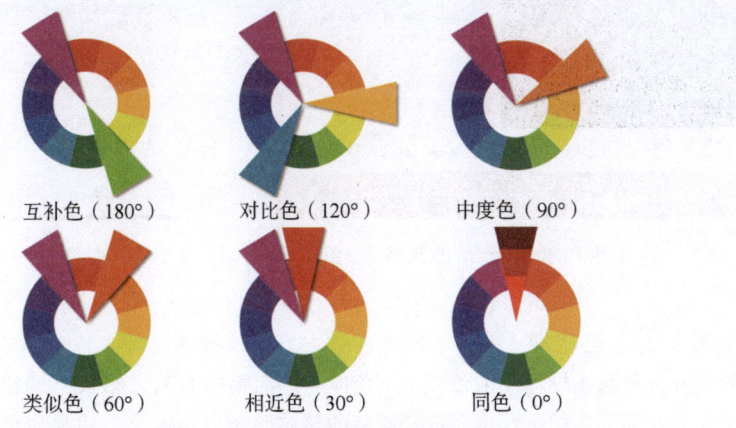

图 1-32　常见的六种色彩搭配

色相环配色的三原则：取色柔和不刺眼，相隔同距色感匀，所在同环同亮度（如图 1-33 所示）。

2. 新手搭配建议

对于网店美工设计新手来说，配色是一个难点，他们都是凭感觉去配色的，这样设计出来的图片往往不尽如人意。其实图片设计中色彩的搭配是有技巧和方法可循的。

搭配建议一：色不在多，和谐则美

① 一张图片中色彩尽量控制在三种以内。例如红色、粉红色、淡红色可以理解为一种色系，一种

15

图 1-33 色彩 5 环配色技巧

色系配出来的色彩往往比较好看、耐看、有层次感。同一种色系的调色方法如图 1-33 所示，效果如图 1-34 和图 1-35 所示。色彩过多的图片往往不耐看，不能吸引消费者。

② 商品主体、文字和背景在色彩上要有差别、有对比，以便突出商品主体和文字。

③ 建议用接近纯色的背景，切忌用复杂的图案做背景。

色彩搭配技巧

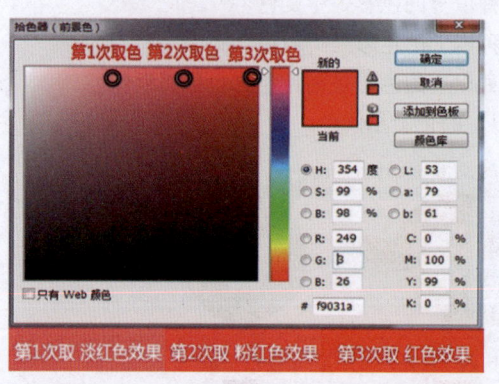

图 1-34 使用 Photoshop 拾色器配同一色系

图 1-35 微商宝妈节海报图

搭配建议二：主色、辅助色、点缀色的"631"原则

在设计时选择一种起主导作用的色彩。主色应与网店整体装修风格及基调相一致，占大比例的面积或较重要的位置；辅助色的选择也要符合商品的整体基调。不管是采用类似色还是对比色搭配，在商品图中都要有一定的分配比例，要考虑少和多的原则，切忌 5∶5 的面积分配，特别是在应用对比色和互补色时更要注意。

网店视觉营销与美工设计中色彩的分配比例建议如下：

① 主色是占据总色彩面积最多的色彩，占总色彩面积的 60% 以上。

② 辅助色是与主色搭配的色彩，占总色彩面积的 30% 左右。

③ 点缀色一般只占总色彩面积的 10% 左右。

搭配建议三：低纯度色彩易于搭配

低纯度色彩更容易与其他色彩相互协调，有和谐、亲切之感，因此可以利用低纯度色彩易于搭配的特点，将有限的商品搭配出丰富的组合。

搭配建议四：黑色与高纯度色彩搭配

这种搭配会突显美丽，例如黑与红、黑与黄的搭配。此外黑、白、灰搭配永远是经典，白色与任何一种深色搭配都会有很好的效果。

搭配建议五：多考虑类似色或邻近色搭配

> **小贴士**
>
> 网店视觉营销中主色、辅助色、点缀色的区分方法
>
> 1. 主色：一定是抢镜的颜色。在色彩作品中，这种色彩第一时间进入你的视线，并且影响了整个作品的感官和印象，不可替换，替换了就会更换了主题。主色不一定是面积大的色彩。
>
> 2. 辅助色：为了更好地表达主色所传达的思想，可选同类色或对比色，可有可无，存在的决定权在于配色者自身的喜好。
>
> 3. 点缀色：颜色面积最小，出现次数多，与别的颜色反差大，具有引导视线作用，影响主色作用小，只是提醒人们注意。

1.3.4　色彩的冷暖与轻重

1. 色彩的冷暖

色彩本身并无冷暖的温度差别，是视觉色彩引起了人们对冷暖感觉的心理联想，因此色彩的冷暖感觉是人们在长期生活实践中由联想而形成的。

① 暖色：包括红、橙、黄，常使人联想起东方旭日和燃烧的火焰，因此有温暖、亲密的感觉。

② 冷色：包括蓝、绿，常使人联想起高空的蓝天和阴影处的冰雪，因此有寒冷、凉爽、疏远的感觉。

③ 中性色：包括紫、黑、灰、白，给人的感觉是不冷不暖，故称为中性色。

色彩的冷暖是相对的，在同类色彩中，含暖意成分多的较暖，反之较冷（如图1-36所示）。

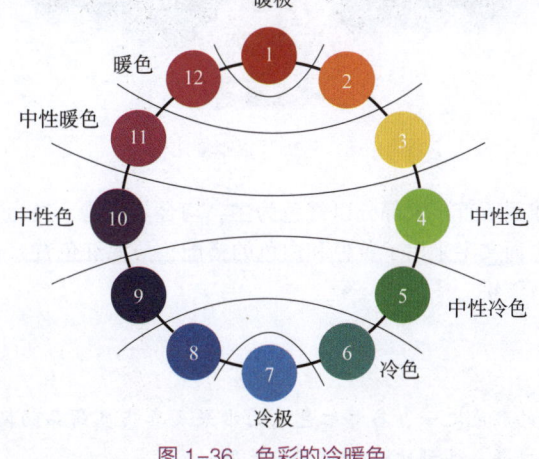

图1-36　色彩的冷暖色

2. 色彩的轻重

色彩的轻重感主要与色彩的明度有关。明度高的色彩使人联想到蓝天、白云、彩霞、花卉和棉花、羊毛等，产生轻柔、飘浮、上升、敏捷、灵活等感觉；明度低的色彩易使人联想到钢铁、大理石等，产生沉重、稳定、降落等感觉。

色彩的轻重感与色相有关，从色相角度来看，各种色彩的轻重顺序如下：

黑＞紫＞蓝＞绿＞灰＞红＞橙＞黄＞白

1.3.5 色彩心理与网店视觉营销

微课：色彩心理与网店视觉营销

本节我们以红色为例讲解色彩心理在网店视觉营销中的应用，其他色彩可扫二维码学习。

红色给人一种喜庆、火热的感觉，是一种对人刺激性很强的色彩。比如：火的颜色为红色，给人以温暖；交通路口的红色信号灯，表示警告危险。红色容易使人兴奋、紧张、激动，故也称为兴奋色，同时红色也会令人视觉疲惫。由于红色容易引起人的注意，所以在网店视觉营销设计中运用红色会达到比较好的视觉宣传效果，如图1-37和图1-38所示。

图1-37 婚庆商品旗舰店首页

图1-38 有机苹果旗舰店首页

婚庆商品、有机苹果旗舰店首页大部分以红色为主，切合了主题，突出了丰收、喜悦、喜庆等感觉。其中婚庆商品旗舰店页面文字采用了黄色和白色的搭配，与深红色背景产生了鲜明的对比，使得整个页面充满了活力，更有气氛。

总 结

红色是中国人最喜欢的颜色之一，各种红色系的水果及喜庆类商品的网店，我们都可以采用红色色调来设计，突出整个主题，达到比较好的宣传效果。

第1章 视觉营销基础知识

1.4 视觉构图

视觉构图在网店的运用是十分广泛的。在有限的视觉画面中，将各种元素进行合理的布局，使图形和文字在画面中达到最佳位置，产生最优视觉效果。

视觉构图是整个画面的骨架，决定了画面是否能准确地表达营销的主题，吸引消费者注意。

1.4.1 构图四项基本法则

在图片设计中，构图有自己独特的形式和规律。一幅成功的网店图片，在构图布局方面是十分讲究的，一定符合人们的心理和视觉习惯。

构图的四项基本法则为：均衡、对比、律动、视点。

微课：视觉构图

1. 构图法则一：均衡

各元素在布局上保持视觉重量的平衡和匀称，从而使视觉界面具有平衡感和稳定性。堆成是均衡的一种极端情况，平衡感和稳定性很强，适合表现但局限性较大、缺乏变化。

2. 构图法则二：对比

在视觉界面中通过大小对比、字体大小、粗细对比、疏密对比、曲直对比等形式来突出和强化主题，引起人的关注。

3. 构图法则三：律动

律动可以理解为节奏、规律、跳跃、动感等元素，起引导人的视觉轨迹的作用。研究表明，画面右上角更能吸引人的关注，而左下角对人的吸引力最小。律动能给人视觉上富有规律的节奏效果，进而吸引人深入了解内容。

4. 构图法则四：视点

视点即画面的视觉中心。构图的视觉中心一定是画面最重要的内容，也是必须让人了解的内容。视觉中心常常在画面中八分之五的地方，以此为基础进行视点构图，能更突出地表现视觉主题，并将人的注意力集中到主要内容上。

1.4.2 视觉构图常见11法

1. 黄金分割构图

黄金分割是一个由古希腊人发明的几何学公式，其比例为1∶0.618（如图1-39所示）。由于按照这个比例设计的图片造型美丽、耐看，因此被称为黄金分割，这一比例也被称为黄金比例。生活中有很多东西都采用了这个比例，例如人体结构关系、书桌、电脑和电视机屏幕、书本、报纸、杂志、淘宝图片的构图等。我们将黄金分割法的概念拓展开来，0.618的位置也是拍摄主题的最佳位置，也是海报图中焦点商品的最佳摆放位置，以此形成视觉的重心（如图1-40所示）。

在设计和欣赏图片时，这一规则的意义在于提供了几条被合理分割的几何线段。对许多艺术家来说，黄金分割是他们在创作中必须深入领会的一种指导方针，摄影师、网店美工也不例外。

我们平常所说的三分法其实就是黄金分割法引申出来的，用两横线、两竖线将画面九等分，也称为九宫格法，中间四个交点成为视线的重点，也是构图时放置主物体、主商品的最佳位置，如图1-41和图1-42所示。

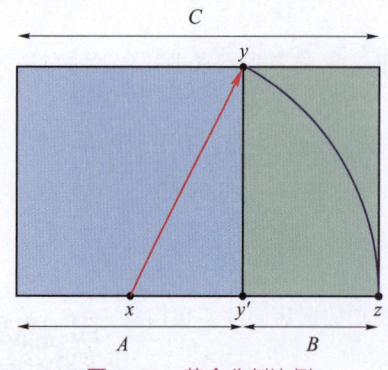

图1-39　黄金分割比例

图1-40　黄金分割焦点

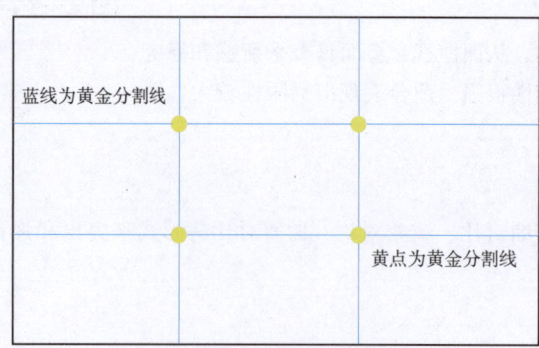

图1-41　黄金分割之九宫格构图

图1-42　黄金分割之九宫格构图案例

2. 对称式构图

对称式构图给人一种画面平衡、稳定，商品突出的感觉，其缺点是画面比较呆板，缺少变化，如图1-43所示。

3. 平衡式构图

平衡式构图，给人一种祥和、平静的感觉，不像对称式构图那样呆板，所以很多网店美工都会选择这种构图法，其缺点是没有新意，如图1-44所示。

图1-43　对称式构图

图1-44　平衡式构图

4. 变化式构图

变化式构图，也称为留白式构图，它将商品安排在图的某一角落或某一边，同时留出大部分空白，如图 1-45 所示。留白在画面上的作用是展示感情色彩，给人以思考和想象的空间。

5. 对角线构图

对角线构图是指主体沿画面对角线方向排列的一种构图方法，旨在表现出动感、不稳定性或有生命力的感觉，如图 1-46 所示。这种构图的特点是画面更加舒展、饱满，容易产生线条的汇聚趋势，吸引人的视线，从而达到突出商品的效果。

6. X 形构图

X 形构图是对角线构图的升级版，也称为放射式构图，它将视觉焦点放置在画面的中央位置，让每一条放射线的中点都位于视觉焦点之上，如图 1-47 所示。采用 X 形构图能够获得严谨的美感，尽情释放商品所自然拥有的纯美，在安静的氛围中感受生命的活力与激情。

图 1-45　变化式构图

图 1-46　对角线构图

7. 紧凑式构图

紧凑式构图，就是将商品以特写的形式加以放大，布满画面的构图方法，其画面具有紧凑、细腻、微观等特点，如图 1-48 所示。

图 1-47　X 形构图

图 1-48　紧凑式构图

8. 三角形构图

三角形构图，是以三个视觉中心作为主体的主要位置的构图方法，如图 1-49 所示。有时是以三点成一面的几何形安排主体的位置，形成一个稳定的三角形，这种三角形可以是正三角，也可以是斜三角或倒三角，其中斜三角形较为常用，也较为灵活。

9. 引导线构图

引导线构图，就是通过线性形状的物体引导视线，吸引人关注画面主体的构图方法，其画面具有延长、变化的特点，使人看上去有韵律感，产生优美、雅致、协调的感觉，如图 1-50 所示。

图 1-49　三角形构图　　　　图 1-50　引导线构图

10. 小品式构图

小品式构图是通过近距离放大等手段，并根据思想把本来不足为奇的小物体变成富有情趣、寓意深刻的幽默画面的一种构图方法，其特点是自由想象、不拘一格，没有一定的章法，如图 1-51 所示。

11. 向心式构图

向心式构图是将主体处于中心位置，而四周景物朝中心集中的构图方法，如图 1-52 所示。它能将人的视线强烈引向主体中心，并起到聚集的作用，具有突出主体鲜明特点的作用，但有时也可产生压迫感或局部沉重的感觉。

图 1-51　小品式构图　　　　图 1-52　向心式构图

1.5　视觉文字

在现代视觉传达领域中，特别是在电子商务网店中，文字是构成信息的基本元素。当文字由叙述向表现提升时，文字的力量在以视觉为导向的平面化版式设计中非但没有减弱，反而空前加强，并与版面中其他构成元素共建互动界面，成为传达信息与深化概念不可或缺的视觉要素，在视觉语言的舞台上展现着自己的个性魅力。

微课：视觉文字

1.5.1　文字视觉语言的表现形式

1. 文字的造型

文字视觉语言的个性化，首先表现在造型创意的独特性上。当今的文字大量应用于商业视觉传达领域，所传递的信息需要清晰、直观。

第1章 视觉营销基础知识

近年来，一些设计作品在文字的设计上注重形意结合，通过以"意"造型、以"形"表意之间的巧妙结合，使文字完成由"意"到"形"的视觉转换，进而形成文字视觉语言个性化的表现形式，如图 1-53 所示。

图 1-53 文字"形"与"意"的结合

在文字设计过程中，一个更为显著的动向是文字的设计逐渐进入一种新的境界，即通过分解传统设计中的文字排列结构，进行有趣味的编排、重组，增强了画面的空间厚度，从而使版面具有更深的层次。如文字与文字之间的大小、间隔、比例，以及文字点、线、面间灵活有机的编排，都会产生多种可能的个性化表现形式。汉字具有非常丰富的表情变化，其体态动向、间架结构、横竖撇捺的视觉流向等均可呈现出个性化、风格化的视觉语言形式，这些都有待我们不断地深入研究探索。

2. 文字的色彩

前面已经讲过，视觉中对人影响最大的是色彩，它也是一幅设计作品表现形式的重点所在。有个性的色彩，往往更能抓住人的视线。色彩通过结合具体的形象，运用不同的色调，让人产生不同的生理反应和心理联想，树立牢固的商品形象，产生悦目的亲切感，吸引与促进人的购买欲望。

在文字视觉语言的运用过程中，色彩也占有无可比拟的视觉优势，从而更能体现出文字独特、强烈的一面。如图 1-54 所示，不同色彩的"模特展示"四个字给人的视觉感是不一样的。在设计中文字视觉语言的应用至少要做到：吸引人们对设计作品的注意力；完全真实地体现文字视觉语言的特殊性，从而使人产生美感；可以强调所要突出的主题，以及作者的主要意图。这一切，都是以加强刺激、增强记忆为出发点的。

图 1-54 不同色彩的文字

23

3. 文字的编排

文字设计的成功与否，不仅在于字体自身的形态，同时也在于其排列组合是否得当。一件作品中的文字排列不当、拥挤杂乱、缺乏视线流动的顺序，不仅会影响字体本身的美感，也不利于人们进行有效的阅读，则难以产生良好的视觉传达效果。要取得良好的排列效果，关键在于找出不同字体之间的内在联系，对其不同的对立因素予以和谐的组合，在保持各自的个性特征的同时，又取得整体的协调感（如图1-55所示）。

图 1-55　文字的编排

为了产生生动对比的视觉效果，可以从风格、大小、方向、明暗度等方面选择对比的因素；为了达到整体上组合的统一，又需要从风格、大小、方向、明暗度等方面选择协调的因素。将对比与协调的因素在服从于表达主题的需要下恰当地运用，能产生既对比又协调，具有视觉审美价值的文字组合效果。

1.5.2　文字视觉语言在设计中的运用

如何选择切合主题的文字？文字间进行怎样的编排能呈现个性化的视觉语言？怎样才能达到较为合适的表现效果？这一切都包含在文字实际应用的过程中，围绕着如何"用字"的问题，几乎渗透到了网店设计领域的各个方面。在多种可能的文字表现形式中，有以下几种常见的变换：

1. 字体结构的变化

现代文字表达形式带有较强的"表现内涵"，可单独成为设计的主体。在文字的个性处理上包含设计师对主体的理解，对设计法则的掌握，更为重要的是设计师自身的艺术素养、艺术品位。文字是画面中的能动因素，是比图案、色彩更为直接传递信息的手段，其应用在包装装潢、网店等领域能更为突出体现其能动价值（如图1-56所示）。在现代设计中，很多设计作品是通过打散字体结构来组合画面的，这样就给画面一个很强的视觉冲击力，也使字体出现了一种崭新的形式，新的组合就能够给画面营造出新的视觉感受。

2. 多种字体的组合

在设计中相同的字体或不同字体组成行与段落，处于画面中不同的空间位置，与其他视觉元素之间产生大小不同的空间张力，那么不同位置组合就会自然触及人们的多种视觉联想，而视觉传达的标准就是作品所要传达的思想感情是否能在人们的心理产生共鸣。如多种字体在版面空间中不同位置的编排，为人们提供多种动感的视觉联想，满足了人们的视觉需求，如图1-57所示。

第1章 视觉营销基础知识

图1-56 字体本身文字变化视觉效果

图1-57 多字体组合视觉效果

3. 文字的图形化

现代设计大都在注重文字阅读功能的同时，也很注重文字的图形功能，即"文字视觉化"。这样既能够传达作者所要传达给人们的文字信息，也能够在直白表述的基础上使文字更贴合主题，起到更加强调主题的作用。在设计作品中，设计师为了强调文字的图形功能，除必需的传达信息的文字之外，其他文字元素则被削弱阅读功能，而以其造型美感取胜，在实际应用中，就是有意识地运用夸张手法处理的加强、减弱关系，如图1-58和图1-59所示。

图1-58 文字图形化的视觉效果A

图1-59 文字图形化的视觉效果B

1.5.3　文字视觉语言的风格样式——字体

视觉语言中的文字是用来表达商品卖点的有力工具，也是我们在日常生活中最常接触的。有技巧地应用文字排版在一定程度上增加了视觉设计的美感，同时也增加了整个设计的内涵。

字体就是文字的风格样式，不同字体给人的感觉也是不同的。网店设计常用的字体如下：

① 宋体：客观、雅致，大标宋古风犹存，给人古色古香的视觉效果。

② 黑体：时尚、厚重、抢眼，多用于标题制作，有强调的效果。

③ 仿宋体：权威、古板，印刷品中使用仿宋体字给人某种权威的感觉，一般用于观点提示性的阐述。

字体尽量不要乱用，应根据商品及风格选择适合的字体，对于设计新手一张图中字体数量不建议超过三种。

需要注意的是，阅读的正文部分不能使用笔画太粗的字体。正文内容一般比较多，字号非常小，在这种情况下清晰的字形结构能够让人快速高效地阅读，所以为了保证阅读，需使用笔画细一些的字体。

网店设计常用的字体在实际应用中又分为男性字体、女性字体、促销型字体等。

① 男性字体：硬朗、粗犷、有力量、稳重、大气，一般选用笔画粗的黑体类字体或者有棱角之类的字体，大小、粗细搭配，有主有次（如图1-60所示）。

图1-60　男性字体的运用

② 女性字体：柔软、飘逸、俊俏、纤细、秀美、有气质、时尚，一般选用笔画细的宋体或者柔美、纤细之类的字体（如图1-61所示）。

图1-61　女性字体的运用

③ 促销型字体：粗、大、显眼、倾斜、文字变形。一般笔画粗的字体有黑体系列、方正粗黑、方正谭黑、造字工房力黑、蒙纳超刚黑等（如图1-62所示）。

图1-62　促销型字体的运用

第1章　视觉营销基础知识

> 小 贴 士
>
> 童话收集整理字体-5大类（含阿里系免费商用字体）
> https：//pan.baidu.com/s/1KpFkA4LYE4rzflxsrZVRSg.（提取码：s8vc）

1.5.4　设计中文字应遵循的原则

字体库下载入口

1. 文字要讲究可读性原则

文字的主要功能是在视觉传达中向人们传达作者的意图和各种信息，要达到这一目的必须考虑文字的整体诉求效果，给人以清晰的视觉印象。因此，设计中的文字应避免繁杂零乱，使人易认、易懂，切忌为了设计而设计，忘记了文字设计的根本目的是更好、更有效地传达作者的意图，表达设计的主题和构想（如图1-63所示）。

2. 文字要讲究个性原则

一般来说，字体的个性大约可以分为以下几种：

① 端庄秀丽：字体优美清新、格调高雅、华丽高贵。
② 坚固挺拔：字体富有力度、简洁爽朗、现代感强，有很强的视觉冲击力。
③ 深沉厚重：字体规整、具有重量感、庄严雄伟、不可动摇。
④ 欢快轻盈：字体生动活泼、跳跃明快，节奏感和韵律感都很强，给人一种生机盎然的感受。
⑤ 苍劲古朴：字体朴素无华、饱含古韵，能给人一种对逝去时光的回味体验。
⑥ 新颖独特：字体造型奇妙、不同一般，个性非常突出，给人的印象独特而新颖（如图1-64所示）。

图1-63　文字的可读性

图1-64　文字的个性

字体的设计要服从于整体的风格特征，不能和整体风格特征相脱离，更不能相冲突，否则就会破坏整体效果。

3. 文字要讲究美观性原则

在视觉传达的过程中，文字作为画面的形象要素之一，具有传达感情的功能，因而它必须具有视觉上的美感，能够给人以美的感受。字型设计良好、组合巧妙的文字能使人感到愉快，给人留下美好的印象，从而获得良好的心理感受（如图1-65所示）。

素养提升

视觉营销中的责任与担当

在数字化浪潮席卷全球的今天，视觉营销已成为推动电商行业发展的重要力量。然而，在这一领域的繁荣背后，我们也应深刻认识到作为视觉营销从业者所肩负的责任与担当。

首先，我们要明确视觉营销不仅是商品外观的展示，更是品牌形象、企业文化和价值观的传递。因此，在设计中，我们不仅要追求美观和吸引力，更要注重内容的真实性和准确性，避免误导消费者。

图1-65 文字的美观性

其次，作为视觉营销从业者，我们应当积极倡导诚信经营，反对虚假宣传和恶意竞争。我们要通过我们的设计，传递出正能量，弘扬社会主义核心价值观，为消费者营造一个诚信、公平、透明的购物环境。

此外，随着AI等技术的不断进步和市场的不断变化，我们还应保持持续学习和创新的精神。只有不断学习新知识、掌握新技能，才能更好地满足消费者的需求，推动电商行业的健康发展。

总之，视觉营销不仅是一种技术，更是一种责任和担当。让我们共同努力，用我们的智慧和才华，为电商行业的繁荣发展贡献自己的力量。

【课后练习题】

1. 简述视觉识别设计与视觉传达设计。
2. 简述营销与销售的区别以及视觉营销的定义。
3. 视觉语言可以分为哪两类，分别包含什么？
4. 列举视觉构图中常见的六种以上构图方法。
5. 从淘宝、天猫商城中找出三家在色彩、构图以及文字上都运用得非常好的案例，并说明你认为好的理由。

【同步训练习题】

二维码中的练习题分为单选题、多选题、判断题、简答题、实训题，具体请扫二维码完成任务。

同步训练习题

第 2 章 网店视觉营销与岗位认知

【学习目标】
- 了解网店视觉营销的定义。
- 掌握网店视觉营销工作流程与三原则。
- 掌握网店视觉营销的四大数据指标。
- 掌握打造网店优秀视觉营销案例的方法。
- 掌握设计师岗位职责与 KPI 绩效考核。
- 能制定网店视觉营销设计方案。
- 树立以家国情怀为指引的职业理念，将设计与中国品牌、民族文化相结合，展现中国品牌的独特魅力。
- 培养保护知识产权的意识，严格遵守职业规范和职业道德。

【学习导图】

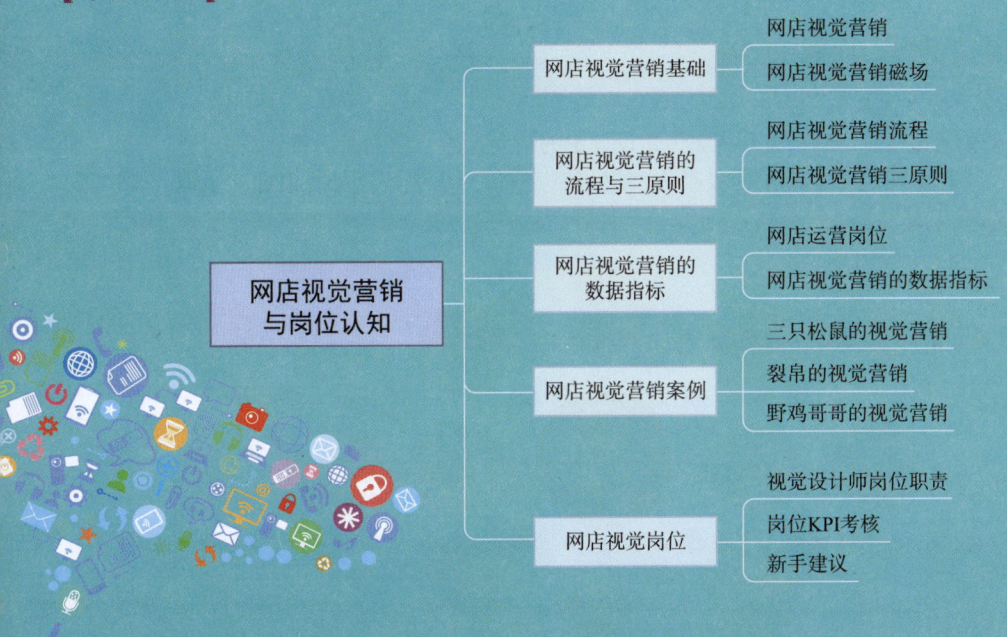

上一章我们已经提到，人们在接收外界信息时，83%以上的信息都是通过视觉来接收的，因此在网店营销的过程中，推送的消息要被消费者看到、注意到，才能让营销持续下去，视觉营销在网店中起的作用也越来越关键。本章我们将介绍网店视觉营销与美工设计内容，如网店视觉营销基础、网店视觉营销的工作流程与三原则、网店视觉营销的数据指标、网店视觉营销案例、网店视觉岗位等。

2.1 网店视觉营销基础

2.1.1 网店视觉营销

网店视觉营销指将展示技术和视觉呈现技术与商品营销理论相结合，通过增强品牌、网店、商品等方面的视觉冲击力，吸引消费者的关注，增加消费者的信赖，从而达到销售目的的过程。网店视觉传达不是目的，而是手段，营销成交才是真正的目的（如图2-1所示）。

图2-1 网店视觉是手段，营销是目的

2.1.2 网店视觉营销磁场

网店视觉营销通过视觉识别系统和视觉传达设计中的诸多元素，向消费者传递商品信息、服务理念和品牌文化，来建立网店视觉营销的吸引力"磁场"，例如网店风格、品牌商标、主图、详情页、短视频、促销图等（如图2-2所示），以此来达到促进商品销售、提升品牌形象和知名度等目的。

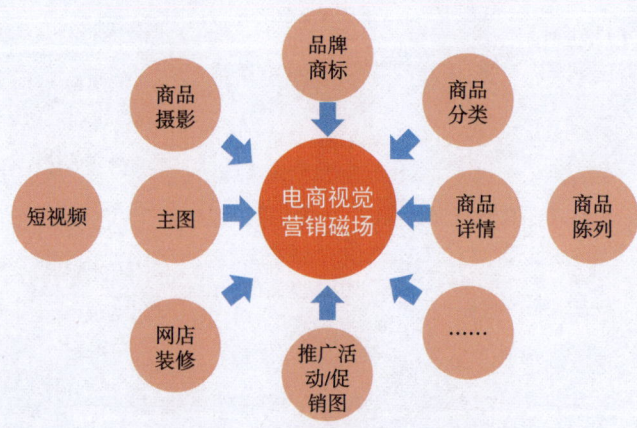

图2-2 网店视觉营销磁场

要做好网店的视觉营销，务必运用好第一章所提到的理性视觉语言（点、线、面）和形象视觉语言（图、色彩、文字），吸引消费者入店，提升网店流量，刺激消费者的购买欲望，与消费者建立互动机制和粉丝文化，最终实现购买成交，甚至是复购和口碑裂变推广的多重目的。

第 2 章 网店视觉营销与岗位认知

2.2 网店视觉营销的流程与三原则

2.2.1 网店视觉营销流程

1. 网店视觉营销流程之四步曲

网店视觉营销是一项经验性和操作性都很强的技术工作，不论是网店设计、商品陈列、广告促销图设计、主图设计，还是详情页设计等，都需要经过一系列环节和一定的程序才能完成。一个完整的网店视觉营销流程包含以下几个步骤，如图 2-3 所示。

微课：网店视觉营销的流程与三原则

- **调研（查）** · 就是市场调研，电商运营部门进行行业、竞品等数据调研。
- **规划（想）** · 想什么？就是分析受众的生活方式、消费习惯、审美取向，以及客户群的需求等，以便体现在设计当中。
- **设计（做）** · 就是根据前期的调研和设想构思设计图，然后运用各种素材进行设计（商品拍摄跟拍、店铺VI设计、页面版式设计及海报促销图等设计）。
- **投放（推）** · 与运营部共同进行图片上线运营测试。将设计成果通过各种途经、选择不同渠道进行推广测试及优化。

图 2-3 网店视觉营销流程

设计是整个营销流程中的第三步，也是视觉设计师的主要工作。如何做？在完成商品图片拍摄/跟拍之后，首先需要根据前期的工作构思设计图进行版式设计；然后运用已收集的素材，包括图片、文字、动画，也包括配色等素材，来进行综合设计。设计过程中，如果已有素材不合适，也可以用相关软件进行制作。这一步是视觉营销策略构思的具体反映和整体设计效果的直观表现，由此可以把握和评价设计的最终效果。在具体实施过程中，可以从"客""商"两个层面来分析并实施构思图，如图 2-4 所示。

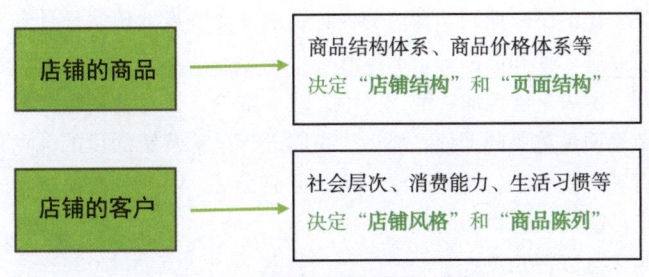

图 2-4 店铺的商品和客户角度

在具体操作的时候，可以遵循图2-5所示的步骤，一步一步去完成。

图2-5 步骤

网店视觉营销四步曲，是一环连着一环的，进行第一步，是为了后一步，完成了前一步，紧接着要进行第二步，依次类推，切不可将它们分裂隔离。

2. 分析目标客户群的需求进行视觉营销

客户思维是视觉设计师必须学会的，懂客户心智、懂营销、懂设计的复合型人才才能设计出高转化率的图片。实体店和网店相比，最大的区别在于：实体店是由导购员向顾客介绍商品的，顺带还可以推荐其他相关商品，而网店却不会有客服出来主动介绍。一般来讲，商品界面的视觉感和商品的特性能够吸引顾客，否则对于顾客来说，在如此眼花缭乱的商品中，根本不知道你的商品和同类商品区别在哪，所以关键点就在于需要分析目标客户群的需求。但是也有些特殊情况，有些商品的购买人跟使用人并不是同一人，例如儿童玩具，一定是成年人买给孩子玩的，却不是孩子自己去买的。分析目标客户群的需求时，除年龄段以外，还要考虑目标客户群的收入水平、性别、工作环境、社交圈、文化程度、人生阶段、性格、审美观等，如图2-6所示。

图2-6 目标客户群因素

2.2.2 网店视觉营销三原则

视觉营销的作用决定了网店的策划和实施需要遵循一定的原则，应当在吸引消费者眼球的同时塑造网店形象，让消费者记住网店，这样才能够让网店的有效流量再次转变为忠实流量。网店视觉营销要遵循目的性、审美性、实用性三原则（如图2-7所示）。

1. 原则一：目的性

目的性是网店视觉营销的第一原则。网店的视觉识别设计、视觉传达设计和营销策略的制定，最终目的都是服务于网店品牌形象和商品销量的提升（如图2-8所示）。

网店与实体店不同，网店是虚拟的店铺，营销方式非常少，视觉营销作为最主要的营销方式，视觉上的冲击是整个环节里面最重要的部分。那么，我们进行视觉营销的目的究竟是什么呢？当然是通过视觉的手段吸引消费者，使其产生购买欲望，从而促成交易。因此，在消费者的视觉体验上就需要下很大的功夫，例如产品图片的选择和摆放（如图2-9所示）。

要做到目的性，须注意以下几点：

① 做好商品主图，抓住消费者眼球。

第 2 章　网店视觉营销与岗位认知

① 做好商品主图，抓住消费者眼球。
② 合理规划页面架构。主次分明、重点突出。
③ 做好店招。刺激消费者眼球，并记住店铺。
④ 分析目标客户群的需求。在商品详情页面中针对商品属性和特色，让消费者一眼就能看出来效果和产生购买欲望。

① 网店装修设计中要充分运用视觉引导、黄金分割、色彩搭配等平面设计理论。
② 定期更换店铺页面。
让客户每次来都有一个很好的心情。

① 要注意视觉应用的统一。
② 巧妙利用文字或者图片说明。
让消费者轻松熟悉店铺的操作功能和商品的分类结构，方便他们快速找到商品、下单和获得帮助。

图 2-7　网店视觉营销三原则

② 合理规划页面架构。做到主次分明、重点突出，建立良好的第一印象。
③ 做好店招。利用好广告刺激消费者眼球，并记住店铺。
④ 分析目标客户群的需求。在商品详情页面中针对商品的属性和特色，用最明确的图片表达出来，让消费者一眼就能看出来效果和产生购买欲望。

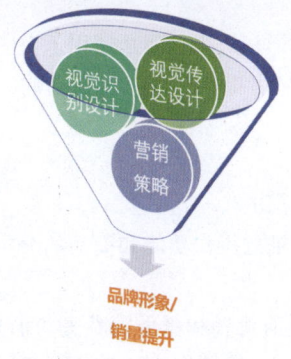

图 2-8　聚焦目的性

图 2-9　聚焦目的性案例

2. 原则二：审美性

就如今网店的发展形势来看，销量高的网店比比皆是，装修各具特色，因此在竞争对手如此强大的情况下，更应该在网店的视觉体验上花心思，并且在网店的维护过程中也要保证消费者的视觉体验。网店装修并不是一劳永逸的事，比起实体店，网店的更新更应该及时，避免消费者审美疲劳，造成客户流失的现象。如果更新频率高，消费者随时都有新的视觉体验，对提高购买率很有帮助，可以形成购买的良性循环。

如果缺少精美的装修，网店就没人光顾，流量、转化率等都无法实现。图 2-10 所示案例为端午节大促期间某装修精美的店铺首页。

要做到审美性，须注意以下几点：
① 网店装修设计要充分运用视觉引导、黄金分割、色彩搭

图 2-10　讲究审美性案例

配等平面设计理论。

② 定期更换店铺页面。让客户每次来都有一个很好的心情,这样更容易形成一种购买的良性循环。

3. 原则三:实用性

在注重美观的同时,实用性也不容忽视。如果一味执着于审美,结果造成板块的缺失或者不便于消费者操作,那就得不偿失了。因此我们最好在保障审美性的同时兼顾实用性,以便消费者操作。图 2-11 所示案例为三只松鼠品牌首页。

图 2-11　三只松鼠品牌首页

从图 2-11 中可以看出,该店铺没有选择 1 920 像素的通栏海报,而是使用了左右侧海报结构,既把握了右侧的美观,又把握了左侧导航的实用性,便于消费者操作。消费者在选购时也会更加快捷高效,对提高购买率非常有帮助。

要做到实用性,须注意以下几点:

① 要注意视觉应用的统一。不要把店铺装修得五花八门的。

② 巧妙利用文字或者图片说明。让消费者轻松熟悉店铺的操作功能和商品的分类结构,方便消费者快速找到商品、下单和获得帮助。

网店视觉营销三原则主要就是围绕着如何更好地吸引消费者和服务消费者。消费者迫切需要的,应着重安排在显眼的地方,消费者不需要的内容就应该删减。按照网店视觉营销三原则系统化地进行布局和整理,视觉营销也就不复杂了。

2.3　网店视觉营销的数据指标

2.3.1　网店运营岗位

对于网店卖家来说,一定要清楚视觉设计师(美工)在网店运营中的角色是什么,视觉美工的作用又是什么。只有清楚了以上问题,才能更好地做好网店视觉营销与美工设计工作,服务于网店的运营和销售。

一个网店,常见的运营岗位有网店运营总监(店长)、数据分析与产品规划专员、视觉/美工专员、推广专员、新媒体营销专员、客服专员、仓储专员等(如图 2-12 所示)。

微课:　网店视觉营销的数据指标

第2章 网店视觉营销与岗位认知

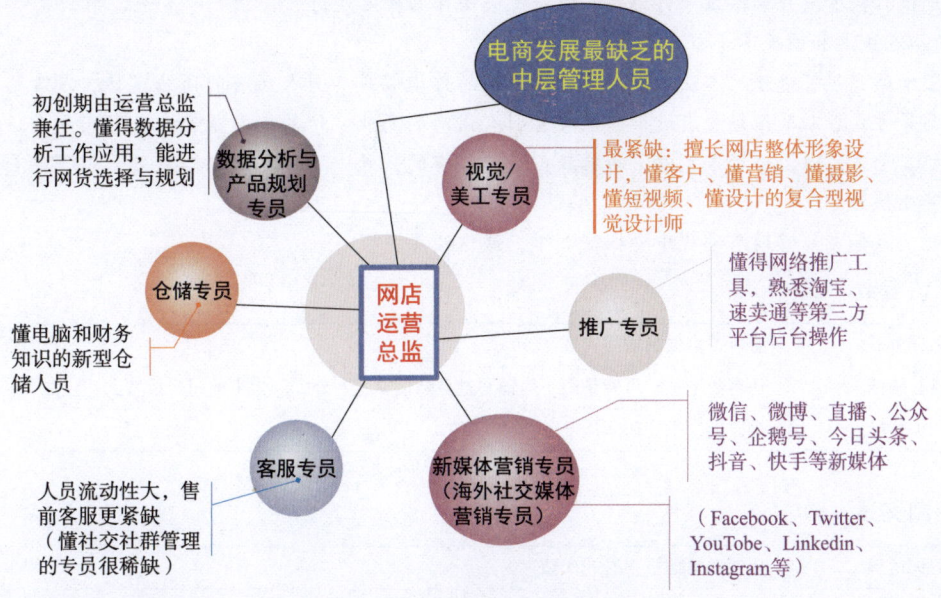

图 2-12 某外贸公司网店运营岗位

推广专员重点解决流量的问题，视觉/美工专员重点解决转化率的问题，推广常被业内人士称为网店运营的右手，视觉/美工专员也常被业内人士称为网店运营的左手，足见推广和视觉/美工岗位的重要性。

2.3.2 网店视觉营销的数据指标

网店卖家都需要知道一个公式——销售额公式，不懂销售额公式的卖家只能说是一个门外汉。销售额=访客数（流量）×转化率×客单价，访客数（流量）= 展现量×点击率（如图 2-13 所示）。

销售额 = 访客数 × 转化率 × 客单价

访客数：全店各页面的访问人数
影响因素：店铺的自然搜索或对外推广带来的用户量

转化率：成交用户数占访客数的百分比，即成交用户数/访客数
影响因素：引进客户的精准度、商品的价格、商品详情页的描述、与同行相比性价比的优势、店铺的信用等级、DSR评分等

客单价：平均每用户成交金额，即支付宝成交额/成交用户数
影响因素：商品自身的价格、关联影响

图 2-13 销售额公式

素养提升

懂法、知法、守法

《中华人民共和国电子商务法》中规定：

第八十五条　电子商务经营者违反本法规定，销售的商品或者提供的服务不符合保障人身、财产安全的要求，实施虚假或者引人误解的商业宣传等不正当竞争行为，滥用市场支配地位，或者实施侵

犯知识产权、侵害消费者权益等行为的，依照有关法律的规定处罚。

《中华人民共和国反不正当竞争法》中规定：

第二十条 经营者违反本法第八条规定对其商品作虚假或者引人误解的商业宣传，或者通过组织虚假交易等方式帮助其他经营者进行虚假或者引人误解的商业宣传，由监督检查部门责令停止违法行为，处二十万元以上一百万元以下的罚款；情节严重的，处一百万元以上二百万元以下的罚款，可以吊销营业执照。

因此，我们在经营网店过程中要杜绝刷单，诚信经营。

1. 访客数（UV）

名词解释	全店各页面的访问人数
指标解读	访客数增加，可能是由于店铺通过自然搜索或对外推广带来的用户量增大
相关指标	浏览量、平均访问深度

2. 浏览量（PV）

名词解释	店铺各页面被查看的次数
指标解读	通常情况下，以下因素可能会有助于店铺的浏览量增加：商品数量多，种类丰富；布局合理，能迎合当季市场，能黏住用户持续点击店铺其他页面；营销推广做得好，能持续带来用户的访问

3. 访问深度

名词解释	访问深度是指用户一次连续访问的店铺页面数（即每次会话浏览的页面数），平均访问深度即用户平均每次连续访问浏览的店铺页面数
指标解读	通常情况下，店铺装修及各类主题活动、新品、热销推荐等图文设置越吸引人，每次访问浏览的页面数可能会越多

4. 转化率

名词解释	成交用户数占访客数的百分比，即成交用户数/访客数
指标解读	通常情况下，有助于提高全店成交转化率的因素有：宝贝图文细节有吸引力；相比同类商品，价格、运费便宜；相比同类商品，店铺信用等级较高，客服服务到位，买家评价较好；店铺装修、页面布局较好。 建议卖家根据全店成交转化率的变化趋势，对应以上各因素调整相应的店铺优化策略

5. 客单价

名词解释	平均每用户的成交金额，即支付宝成交金额/成交用户数
指标解读	通常情况下，客单价增高，可能是由于搭配销售、回头客营运效果好，每用户购买的商品数量多、价格较高的商品销售好。客单价是衡量店铺销售的客观指标，卖家可根据该指标的变化曲线调整商品的促销计划

在实施视觉营销计划之后，除了分析销售额，还要分析展现率、点击率、转化率、客单价等大数据指标，以此来衡量视觉营销的效果与成败。网店销售额公式分解如图2-14所示。

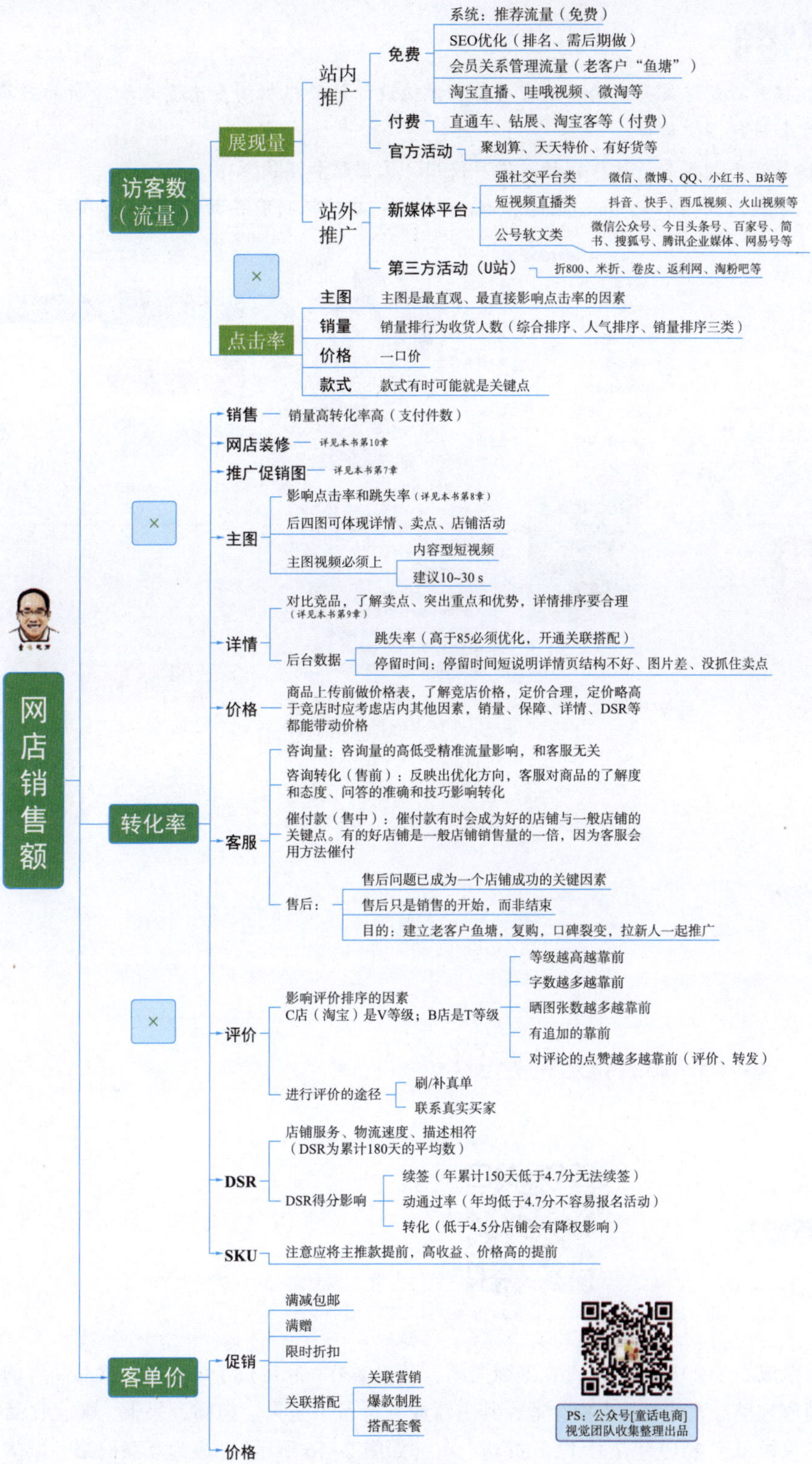

第 2 章　网店视觉营销与岗位认知

图 2-14　网店销售额公式分解

> **小贴士**
>
> 电商数据分析是非常关键的，运营总监和视觉设计师要根据消费者需求和分析的数据来构思视觉营销方案和进行图文设计。
>
> 本书推荐两个数据分析插件供读者学习使用：千里眼和店侦探。
>
> 店侦探下载网址：www.dianzhentan.com/chajian；店侦探功能界面如图2-15所示。
>
>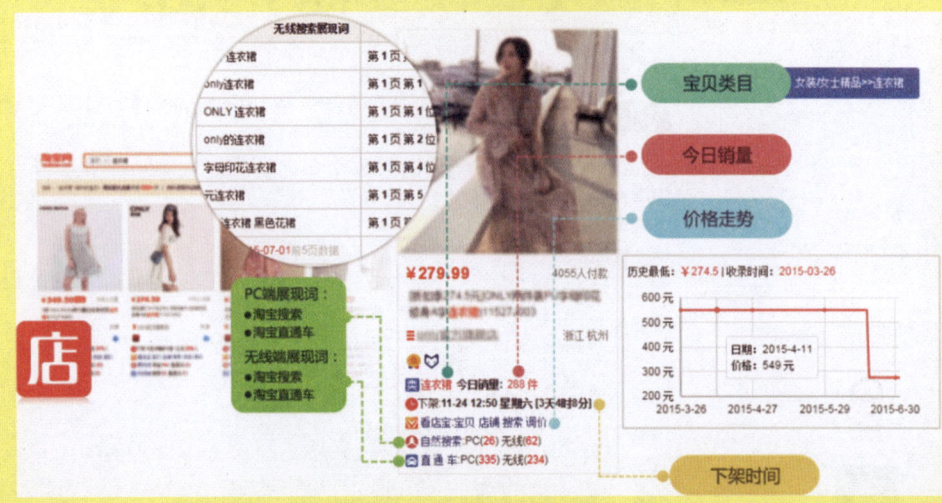
>
> 图2-15　店侦探功能界面

2.4　网店视觉营销案例

2.4.1　三只松鼠的视觉营销

微课：三只松鼠的视觉营销

　　三只松鼠成立于2012年，总部在安徽芜湖，是中国第一家定位于纯互联网食品品牌的企业，也是当前中国销售规模最大的食品电商企业，其主营业务覆盖了坚果、肉脯、果干、膨化食品等全品类休闲零食。三只松鼠于2019年7月12日成功上市（如图2-16所示），成为互联网第一家坚果类品牌上市公司，被誉为"国民零食第一股"。

　　三只松鼠是一家以设计为驱动的公司，也一直把设计视为IP塑造和营销端的驱动力，它用创新性的设计赋能品牌，赋能销售。

第 2 章　网店视觉营销与岗位认知

图 2-16　互联网坚果行业第一家上市品牌——三只松鼠于 2019 年上市

三只松鼠创始人章燎原为三只松鼠赋予了生命力，每只松鼠都设置了不同的血型、星座、个性、爱好等，试图让每一个年轻消费者都能在它们的身上寻找到属于自己的影子。章燎原认为这样一种奇特的品牌名称更容易驱使三只松鼠这样一个品牌形成品牌生产力。

设计本身是艺术的表达，商业设计则必须在合适的场景用合适的方式进行视觉的传达，这实际上是对受众的唤醒：唤醒他们的消费潜意识，唤醒他们的视觉欲望，唤醒他们心目中的三只松鼠品牌印记，在这种让受众醒来的过程中，IP 就是唤醒受众的视觉锤。

三只松鼠作为全网零食销量领先品牌，到现在已得到过亿消费者的信赖，这不仅得益于更高的商品质量和更极致的细节体验（如图 2-17 所示），而且松鼠 IP 特色也赋予了品牌更多价值，品牌 IP 化一直是三只松鼠设计的方向与目标，品牌的视觉传达也是围绕着松鼠 IP 来打造的。

图 2-17　极致的细节体验

1. 为主人传播爱与快乐的店铺风格设计

三只松鼠的店铺视觉设计有三大法宝：必须有松鼠、场景式带入、有趣的互动。

（1）必须有松鼠

三只松鼠的店铺页面都是以松鼠 IP 来展现的，无论是首页还是详情页，所有的活动信息及商品描述均以松鼠的口吻来阐述，所以在设计页面的时候会着重塑造松鼠形象的表现力，尽可能地"卖萌"，给主人（顾客）带来轻松愉悦的感受（如图 2-18 所示）。所以，当一个主人从点击一张钻展到进入店铺选购商品，再到下单收货，整个购物链条上均有松鼠 IP 的陪伴，松鼠 IP 定位成主人最忠诚的"萌宠"。

（2）场景式带入

有松鼠 IP，更要有与之呼应的场景。三只松鼠的页面绝大多数都是以场景式的画面结合松鼠 IP 及各类爆款组合而成，场景式的带入使得策划营销变得理所当然，根据不同的活动主题设置合适的场景，给主人一个选购的理由（如图 2-19 和图 2-20 所示）。

39

图 2-18　带有松鼠的首页轮播图设计

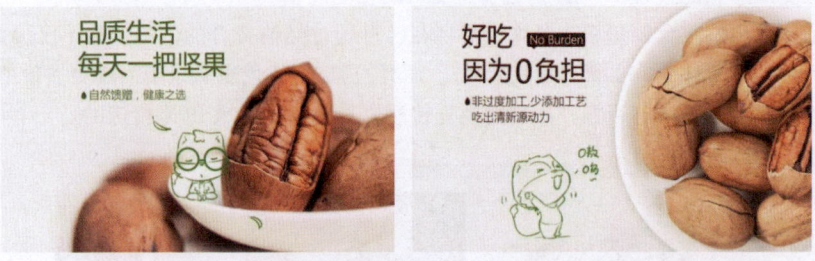

图 2-19　卡通松鼠与山核桃的融合

图 2-20　卡通松鼠的场景式带入

三只松鼠的场景大致可分为两类：纯插画场景和实景结合 3D 形象的场景。三只松鼠有一支非常优秀的插画团队，在插画类场景里更注重意境的表达，对于创意的发挥有更多空间，而实景结合 3D 形象的场景则更注重情感认同感，给主人以真实存在的陪伴感。

（3）有趣的互动

当然，三只松鼠还有一支永不妥协的交互团队，他们会结合设计师的作品去探索更多好玩的交互效果（如图 2-21 所示）。例如，当你打开页面的时候会有一个炫酷的开屏效果，松鼠会你的面前作揖拜年，哪怕是一句松鼠与你的跨屏对话，都是它迫切地想与主人进一步互动。所以经常会有一些设计师的小心机出现在三只松鼠的店铺之上，很小很小，小到需要主人细心去发掘！

第 2 章 网店视觉营销与岗位认知

图 2-21 互动式界面

三只松鼠的店铺视觉设计更是为主人的购物体验而设计的。近几年，针对店铺的界面原型，三只松鼠视觉团队进行了规范化设计，从店招到导航再到优惠券以及商品楼层排布，均进行了系统化的规范，这样会节省很大的维护成本，SKU 的更新也能够更快速地实现。针对不同的季节和大促主题，三只松鼠也会将界面的风格进行更新，在满足原型一致的同时，设计出更多样的视觉享受。

新版的界面原型也兼顾到了新主人和老主人的使用习惯。搜索框的放大、导航条的设置，方便了他们能够在购物的时候更快捷地找到自己需要的商品；根据品类进行划分的商品楼层，为主人展现更多可能喜欢的商品；更加细致的详情页通栏设计，无论从哪个端口进入，都能够第一时间得知最新的促销活动信息，甚至只有百十像素的侧边位置，设计团队也会通过动态 GIF 的方式来给主人传递美食信息。这些都是视觉团队为主人做的暖心设计。

2. 让主人欲罢不能的包装设计

（1）高识别度的包装

与店铺设计相通，三只松鼠的包装设计也一样注重松鼠 IP 和场景的表达。包装设计更应该在有限的空间内传达更有记忆点的信息，三只松鼠包装的记忆点就在松鼠，通过焦点视觉刺激唤醒受众。以经典大头装为例，松鼠大头就是整个包装的视觉焦点，拥有极高的识别度。而随着松鼠 IP 的多元化发展，视觉团队也赋予松鼠更多样的展现场景，根据不同的商品属性，将松鼠注入人物性格，松鼠化身美食家或者探索者，去为主人发现更多美味的零食，这在松鼠小贱系列零食的包装上得到了实现，如图 2-22 所示。

 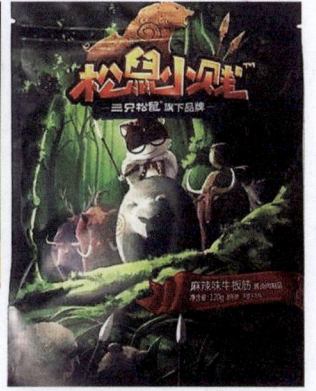

图 2-22 松鼠小贱系列食品包装

41

（2）创意化包装

创意并非包装画面的创意，更多的是在包装形式之上，视觉团队会在包装材料、印刷工艺和包装结构上进行创意化改造，运用市面上不常用或者未曾使用过的包装形式。例如推出的"一只粽子"礼盒，将传统方形飞机盒设计成为三角形，使得产品包装整体就是一只粽子的外形，半拨开的粽叶内探出三只松鼠的脑袋，让其更具有松鼠 IP 化特色（如图 2-23 和图 2-24 所示）。当然，包装的创意化也可以在包装的交互效果上得以实现，例如在开启包装的时候通过一些视觉上的小变化以达到互动和提升体验的效果。

图 2-23　"一只粽子"礼盒包装设计

图 2-24　"一只粽子"礼盒卡通松鼠场景陪伴

（3）松鼠 IP 的跨界

近几年，跨界已经是各行各业的必修课，三只松鼠也在通过与其他品牌进行合作来赋予松鼠更多可能。三只松鼠与很多热播剧进行了影视植入合作，例如《欢乐颂》《小别离》《微微一笑很倾城》等（如图 2-25 所示）。

图 2-25　三只松鼠与《欢乐颂》人物海报图

2018 年 4 月，三只松鼠打造 IP，推出了《三只松鼠》动画片系列，如图 2-26 所示。三只松鼠出同名动画可以说是模仿海尔的《海尔兄弟》，是为了更好地维系与客户之间的感情，也是为了布局三只松鼠的 IP，让其品牌娱乐化，让品牌给用户带去更多的欢声与笑语。事实证明，在打造 IP 的同时也能为品牌带来更多的关注，单从《三只松鼠》这部动画片就能看出，过亿的播放量，带来的潜在客户是无法估量的，既维护了老客户，又开发了新客户，可谓一举两得。

> **小贴士**
>
> 高清设计海报可关注公众号"童话电商"查看。本案例内容部分源自公众号"淘宝大学"及站酷设计师网站。

第 2 章　网店视觉营销与岗位认知

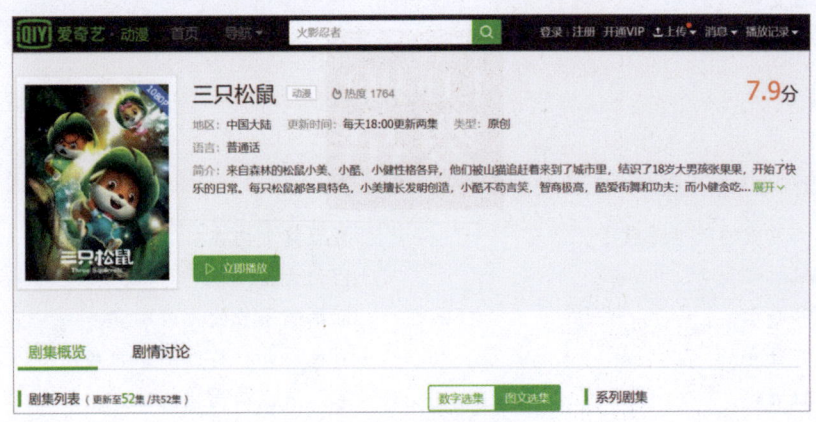

图 2-26　三只松鼠动画片

2.4.2　裂帛的视觉营销

作为网店服装品牌，裂帛以出色的自然风、民族风产品以及高质感的视觉营销在年轻群体中迅速站稳脚跟。它的风格无拘无束，有着狂喜、神秘、流浪、异域的意态气场。那么，裂帛究竟是通过怎样的方式向消费者展示自己的产品呢？如图 2-27~图 2-29 所示，我们通过裂帛近几年的海报来了解裂帛。

图 2-27　裂帛全屏海报图 1

图 2-28　裂帛全屏海报图 2

图 2-29　裂帛全屏海报图 3

裂帛品牌释义：

向内行走，衣服的天性是赋予，　　直至接近内在。
增加，　　　　　　　　　　　　　回到天性，
增加意识和暗示，　　　　　　　　回到孩子般的无染感官，
让它去参与社会，　　　　　　　　对色彩、材料、形象的感觉，
建立自我位置感，　　　　　　　　去背离板结固化的社会，
建立身份，　　　　　　　　　　　走向自然，
同时建立群体存在感。　　　　　　走向内心的牧场，
有没有一种衣服，　　　　　　　　与自己相处，
它是反而的化解？　　　　　　　　化解身份，
外在穿着的动作变成内在的精神解脱，获得纯然的感动和喜悦。
像剥洋葱一样，

裂帛的店铺视觉，从色彩定位、版面布局、品牌故事、页面梳理、描述页面策划等，都讲求精益求精，视觉形象分明，冲击力强，让人印象深刻。

裂帛的产品主要走民族风格+流行设计元素，产品以高质感的棉麻丝毛为原料。产品图片大胆的色彩搭配以及深刻的视觉冲击让人耳目一新，让人看到产品图片的那一刻起，就能明白设计要表达的灵魂理念，从而忘不了，如图2-30所示。

从上面的图片和叙述可以看出，裂帛作为快时尚网络品牌，之所以能够成功，就是因为抓住了视觉营销这个概念。

裂帛店铺的视觉，结合了品牌的特色，两者相统一，带给消费者不一样的视觉印象，传递给消费者的是品牌风格、品牌故事，消费者愿意为故事而买单，达到情感营销的效果。另外还能起到"圈粉"的效果，增加了店铺的关注度并提升了品牌形象。

图2-30　裂帛民族风服装

2.4.3　野鸡哥哥的视觉营销

微课：野鸡哥哥的视觉营销

在乡村振兴战略的大背景下，涌现出了许多典型的新农人返乡创业故事。本小节我们将以四川通江"野鸡哥哥"王世杰的创业故事为案例来讲解野鸡哥哥的视觉IP化营销。图2-31和图2-32所示

44

第 2 章　网店视觉营销与岗位认知

为王世杰和他的野鸡。

图 2-31　新农人"野鸡哥哥"王世杰与他唯美的野鸡

图 2-32　美丽的野鸡群

1. 公司简介

野鸡哥哥为四川省巴蜀森都生态农业发展有限公司旗下品牌，成立于 2016 年 10 月，位于四川省东北地势险要、植被葱郁、有"野生动物家园"之称的通江县。公司基地占地 1 000 亩，以中药材种植、珍禽养殖及其生产、加工、收购、储藏和线下线上销售为主营业务，打造集种植、养殖、旅游观光、餐饮和休闲为一体的生态农业体，主要产品有野鸡哥哥系列：山栀野鸡、巴山土鸡、绿壳鸡及蛋品等。

"野鸡哥哥"王世杰是国家科技部科技特派员、全县"十佳农业职业经理人"、"十佳农村电商带头人"，带领专业团队与四川农业大学、中国农业大学、西北农林科技大学等形成"官、产、学、研、销"一体化的大联动；以"公司+合作社+基地+农户"的模式，发展合作社及家庭农场共 20 家、农户 410 多户、体验餐厅 2 家、直营店 2 家；秉承"纯生态、最绿色、天然有机、食者放心"的企业理念，年出产野鸡 10 万只以上。

2. 野鸡哥哥用视觉赋能营销的核心理念

"野鸡哥哥"王世杰虽然是一个农民企业家，但他深知从事珍禽养殖行业，品牌和渠道是至关重要的。作为野鸡哥哥品牌创始人，在保证野鸡系列有机产品品质的基础上，他非常重视品牌的视觉设计与营销，也一直把设计视为 IP 塑造和营销端的驱动力，用创新性的设计赋能野鸡哥哥的品牌，赋能野鸡哥哥的销售。

野鸡哥哥作为乡村振兴大背景下科技扶贫的领先企业，到现在已经得到众多消费者的信赖，这不仅得益于较高的产品质量和优质的客户体验，而且野鸡哥哥卡通 IP 特色也赋予了品牌更多价值。

3. 持续优化野鸡哥哥品牌商标，增强视觉吸引力

从创立野鸡哥哥品牌到现在，王世杰已经多次邀请业内的品牌和视觉营销等方面的专家为其出谋划策，不断优化野鸡哥哥品牌的品牌商标（如图 2-33 和图 2-34 所示），让更多的消费者记住野鸡哥哥品牌，努力打造"买野鸡，吃有机生态好鸡，就找野鸡哥哥"。

图 2-33　前一版野鸡哥哥的品牌商标

图 2-34　当下版野鸡哥哥的品牌商标

在完善产品的同时，王世杰也不断打造和野鸡哥哥 IP 相关的产品，如野鸡哥哥卡通人偶、野鸡哥哥纸杯等，如图 2-35～图 2-38 所示。

图 2-35　野鸡哥哥 IP 卡通人偶

图 2-36　野鸡哥哥 IP 纸杯

图 2-37　野鸡蛋套餐

图 2-38　野鸡哥哥系列产品

4. 野鸡哥哥的"野"和"网"

① "野"——野，是一种态度！川东北属于巴文化地区，是四川北出甘陕、东进两湖的重要通道。野鸡因外形美丽、声音好听被人们喜欢，又因"害羞"的特点让人"只闻其声，不见其鸟"，多了几分神秘的色彩。野，是大巴山赋予它辽阔的山水，能放飞自我；野，更是人们对外部世界的欣欣向往之情；野，还是观山坪野鸡哥哥的深情独白。

从最初的一个想法，养好一只野鸡，到万只野鸡，规模不断扩大，"野鸡哥哥"王世杰坚持用半放养的方式喂养自己的野鸡，因为他知道，野鸡应该有野性，即使不能让它们翱翔于天空，也要让其拥有半边天。于是王世杰便琢磨着如何让自己的野鸡翅膀能够变"硬"，能够"飞"得更远。

② "网"——既要放"网"，让野鸡保持野性，飞得更远；又要铺"网"，让野鸡能与人近距离接触。万只野鸡如何飞出去？飞向世人的餐桌？王世杰是如何通过视觉营销做到收放自如的呢？

5. 建立线上线下视觉 IP 之"网"赋能营销

（1）朋友圈视觉营销之"网"

前两年，经过王世杰起早贪黑的精心喂养，大量野鸡都到了待售阶段，可没有销路，这愁坏了王世杰。幸好王世杰性情豪爽、为人耿直，朋友圈也积攒了很多的人脉，于是王世杰想到了在朋友圈推广自己的野鸡。

他开始精心策划拍摄和野鸡相关的场景图及短视频，并将拍摄的图片和短视频进行朋友圈营销。没想到效果还不错，他开始将野鸡发往全国各地，也不断有人加他好友，几个微信号都加满了。只要

第 2 章 网店视觉营销与岗位认知

是外地的朋友买野鸡，王世杰都包邮，还赠送礼品。慢慢地王世杰通过微信朋友圈的图、文、短视频营销将野鸡卖火了！

随后，王世杰也开始通过社交软件微信建立自己的野鸡哥哥粉丝群，定期组织活动，发放福利；同时又开通了自己的移动端微商城，方便消费者通过微信购买商品，提升客户体验（如图 2-39 所示）。

图 2-39　王世杰的微信营销

（2）线上社交新媒体的视觉营销之"网"

通过抖音、火山短视频，王世杰围绕着野鸡哥哥视觉 IP 进行营销，如图 2-40 和图 2-41 所示。

野鸡哥哥IP卡通人偶——成人版视频与粉丝互动

野鸡哥哥IP卡通人偶——少儿版视频与粉丝互动

野鸡半放养，半圈养的生长环境

野鸡厨房烹饪美味视频与粉丝互动

图 2-40　野鸡哥哥抖音短视频界面

47

图 2-41　野鸡哥哥养殖基地亲子主题游

野鸡哥哥 IP 卡通人偶粉丝互动短视频　　野鸡生长环境短视频　　火山小视频-亲子主题活动短视频

（3）线下视觉营销之"网"

① 车体、户外大广告等显眼处，植入野鸡哥哥品牌及口号，增加品牌视觉曝光及知名度，如图 2-42 所示。

图 2-42　车体、户外大广告植入野鸡哥哥品牌及口号

② 线下参加农产品展会及创业大赛，携野鸡卡通 IP 人偶互动，增加品牌视觉曝光及知名度，如图 2-43~图 2-45 所示。

图 2-43　携野鸡哥哥 IP 卡通人偶　　　图 2-44　携野鸡哥哥 IP 卡通人偶
参加四川省"天府杯"创业大赛 1　　　参加四川省"天府杯"创业大赛 2

③ 线下组织视觉 IP 化场景活动，发展会员，赠送福利，如图 2-46 所示。

第 2 章　网店视觉营销与岗位认知

图 2-45　野鸡哥哥参加农产品展会　　　图 2-46　野鸡哥哥线下烹饪会员活动

④ 组织家庭和亲子游野鸡 IP 体验活动，回归大自然，亲近小动物，如图 2-47 所示。

⑤ 组织免费"吃鸡"、美女捉鸡、小孩喂鸡等体验活动进行野鸡视觉 IP 话题、场景营销，如图 2-48 所示。

美女与野鸡共舞短视频

图 2-47　野鸡哥哥线下亲子主题游　　　图 2-48　野鸡哥哥组织捉野鸡、喂野鸡体验活动

⑥ 邀请政府及社会知名人士代言。

2.5　网店视觉岗位

2.5.1　视觉设计师岗位职责

视觉营销是网店运营中的重要工作环节，是由运营部门和视觉部门共同完成的。视觉部门岗位可以分为总设计师、高级设计师、中级设计师、初级设计师（美工）、设计师助理（美工助理）。

成熟的电商企业，视觉营销流程中的相关岗位有运营人员和设计人员（包括摄影师、视觉设计师及设计师助理）。运营人员主要提供部门需求，例如设计效果、风格、调性、制作要求等（如表 2-1 所示），并与设计师进行业务对接等工作；视觉营销设计人员主要负责网店商品图拍摄及其与商品文案的整合、网店各种页面的设计等，其具体岗位职责如表 2-2 所示。

微课：网店视觉岗位

表2-1 视觉（美工）设计制作工单

项目名称（图片类型）				提交日期	
提交部门/人员				期望完成时间	
任务类型		紧迫程度		特急单经理签字	
任务接受人				任务接受日期	
设计风格及调性需求					
设计中必须出现元素（如图片、Logo、文字等）					
制作规范	图片尺寸				
	字体				
	色彩				
	图片排版布局				
客户群体					
参考范例（或商品信息）					
任务完成人签字		完成日期		部门主管签字	
备注	1. 工单至少提前3天提交，以便进行工作安排，如需紧急处理，需由部门经理签字认可，以方便其他工作另行调整。 2. 工单一式两份，一份提交需求部门备份，一份留给设计师/美工备份。				

表2-2 设计师岗位职责

岗位名称	初级/中级/高级设计师	所在部门	设计师部	直接上级	主管/经理/总监委员会	直接下级	技术部专员	绩效参考权重
工作职责	初级：网店部分视觉设计需求（配备：无助理）							
	中级：网店所有视觉设计需求（配备：公共助理）							
	高级：网店所有视觉设计需求（配备：私人助理）							
内部协作	运营部、客服部			外部协作		渠道		
职责与工作内容								
职责一	网店商品图（视频）拍摄与商品文案的整合							
	工作内容	1. 根据不同商品选择不同的布局、环境进行商品实物图的拍摄						20%
		2. 根据不同商品结合营销部编写的文案，把商品实物图与针对性的文案结合，制作出具有较强竞争力的商品描述						20%
		3. 利用稳定性强的相册对拍摄的图片进行存储管理，做好相应的备份措施						3%
		4. 根据需要对商品图片进行一定的美化或者特效，如统一写好"促销""新品上架""清仓特卖"等字样，并附上水印						2%
		5. 每星期整理和分析职责一的工作汇报，上报给主管/经理/总监委员会						1.5%

第2章 网店视觉营销与岗位认知

续表

职责二	工作内容	网店 VI 设计与印刷	
		1. 设计网店的网站、名片、工作牌、宣传册、海报等对外宣传资料。	5%
		2. 设计网店的推广宣传活动图片	5%
		3. 负责网店宣传用品的印刷或者购置	5%
		4. 每星期整理和分析职责二的工作汇报,上报给主管/经理/总监委员会	1.5%
职责三	工作内容	网店的构建与装修、各种页面的设计	
		1. 综合参考运营部的调研数据与自身设计理念,对网店构建和各种页面设计要表达的效果进行分析和描述	3%
		2. 根据分析出来的结果,利用淘宝软件及聘请专业设计师进行制作,并进行调试安装,最后对效果进行监督和测试	7%
		3. 每星期整理和分析职责三的工作汇报,上报给主管/经理/总监委员会	1.5%
职责四	工作内容	网店各类活动的气氛营造和布置(校园活动现场布置、体验店装修布置)	
		1. 协助校园推广团队进行校园活动现场的设计与布置	5%
		2. 综合体验点负责人与网店的利益要求,对体验店进行装修(房间装饰、格子摆放效果、灯光投射等)	5%
		3. 每星期整理和分析职责四的工作汇报,上报给主管/经理/总监委员会	1.5%
职责五	工作内容	反馈与考勤	
		1. 把职能一、二、三、四、五每星期向主管/经理/总监委员会以文档的形式汇报	4%
		2. 技术部不受时间的限制,但内部部门会议及主管/经理/总监委员会会议要进行考勤	10%
附加职责	工作内容	根据网店最新需要与发展,网店会下发一些自愿性的任务工作,可按照兴趣来担任相关职务	20%
月底总监委员会根据说明书逐一进行打分,占 75%。主管/经理/总监委员会根据说明书进行自我鉴定,占 25%			

工作时间:不限,具体参照公司出勤要求。在活动参与期间必须出勤。
工资制度:利润分配。
绩效制度:绩效分数在 65 分以下,绩效系数为 0.5;绩效分数达到 65 分以上(含 65 分),绩效系数为 1.0;绩效分数为 80 分以上(含 80 分),绩效系数为 1.2;绩效分数达到 95 分以上,绩效系数为 1.5;两个月低于 65 分辞退。
知识增值:技术部应在平时积极探讨网络零售、商品摄影等有关知识。

视觉设计师助理(美工助理)的主要职责是能够协助视觉设计师(美工)完成网店的视觉营销与美工设计相关工作。

不同级别的视觉设计师也承担着不同级别的设计任务。高级设计师是一个复合型人才,在掌握设计师常规任务的基础上,还需要具备以下素质:营销思维、扎实的美术功底、丰富的想象力、良好的创造力、良好的文案功底,平面设计、广告设计等相关的工作经验。

视觉设计师不仅能作图，理解能力也同样重要，应该能够洞悉策划方案的意图。理解能力加上作图能力，才能完成一次视觉营销设计。视觉设计师的创意往往比技术更重要，想成为资深的视觉设计师需要非常努力。

视觉设计师要把握一个关键词汇：产品诉求。广告总是要突出所宣传产品的某一个吸引人的特点，这个突出的特点就是产品诉求，也就是最能够打动消费者的、商家最想展示的产品最大的特色。所以，一个优秀的网店视觉设计师，一定要有良好的营销思维，在设计图的时候，一定要清晰地知道：图片传递出去的是什么信息，能否打动消费者；一张好的图片是有核心、有灵魂的，这个"魂"能够让消费者产生共鸣并愿意采取购买行动。因此，优秀的网店视觉设计师是懂技术、懂产品、懂审美、懂营销、懂广告、懂设计的复合型人才（如图2-49所示）。

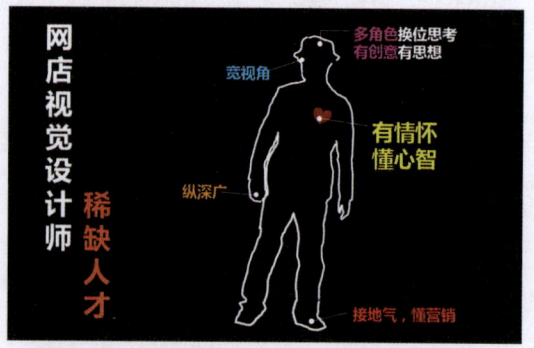

图2-49　网店视觉设计师的必备素质

2.5.2　岗位 KPI 考核

关键绩效指标（Key Performance Indicator，KPI），是通过对组织内部流程的输入端、输出端的关键参数进行设置、取样、计算、分析，衡量流程绩效的一种目标式量化管理指标，是把企业的战略目标分解为可操作的工作目标的工具，是企业绩效管理的基础。建立明确的切实可行的KPI 体系，是做好绩效管理的关键。我们可以通过表 2-3 所示的视觉营销岗位 KPI 考核表来评定工作绩效。

表2-3　视觉营销岗位 KPI 考核表

姓名				日期	年　月　日至		年　月　日	
KPI	详细描述	标准	分值	权重	系统数据	自评分数	系统评分	加权评分
专业能力	设计专业能力	创新能力强，能独立完成任务并且质量高	100	20%				
		能独立完成任务，设计质量高	90					
		能独立完成任务，设计质量较为满意	80					
		无法独立完成任务，设计能力弱	0					
工作效率	执行工作的效率	超额完成任务，并且能够提出合理意见	100	20%				
		保质保量的完成，平均每周剩余任务0	90					
		平均每周剩余任务1~3	80					
		平均每周剩余任务大于3	50					
页面停留时间	首页、商品详情页面停留时间	>210秒	100	10%				
		>180~210秒	90					
		120~180秒	80					
		≤120秒	70					

第2章 网店视觉营销与岗位认知

续表

姓名			日期		年 月 日至 年 月 日			
KPI	详细描述	标准	分值	权重	系统数据	自评分数	系统评分	加权评分
访问深度	店铺访问深度	>2	100	10%				
		1.8~2	90					
		1.6~1.8	80					
		≤1.6	70					
首图点击率	产品首图点击率	>1.5%	100	5%				
		1.0%~1.5%	90					
		0.8%~1.0%	80					
		≤0.8	70					
硬广点击率	直通车图、钻展图、活动图	>2%	100	5%				
		1.5%~2.0%	90					
		1.0%~1.5%	80					
		≤1.0	70					
错误率	工作中出现不可弥补的错误	月出错次数0	100	10%				
		月出错次数1	85					
		月出错次数大于1	60					
执行力	对上级的服从力及执行力	执行力极强,能够极好地服从领导	100	10%				
		执行情况较好,能够较好地服从领导	90					
		基本能够服从领导,执行情况一般	80					
		执行力欠缺,偶有不服从领导现象	50					
创新率	能够提出合理化建议	创新意识极强,使工作大幅度提高	100	10%				
		有创新意识并合理应用于工作	90					
		缺乏新意识,工作停在执行层面	80					
		没有创新意识,工作改进很少	50					
			得分					

2.5.3 新手建议

Photoshop 软件具有非常强大的平面设计和图片处理能力,但是对很多没有软件使用基础的新手卖家来说,要想一下子学好 Photoshop 是很有难度的。网店的装修和图片的美化是不可能等到卖家学会了 Photoshop 再去操作的,因此,对于零基础的新手卖家,建议可以先从使用美图秀秀或光影魔术手来设计和处理一些简单的图片。本书也特意为新手卖家准备了美图秀秀的使用功能,供其学习;新手卖家在掌握美图秀秀的同时,再使用 Photoshop 软件提升自己图片设计和处理的能力。

新手设计人员往往以创作的心态完成店铺页面的设计,因此浪费很多时间在创作上;而电子商务是以时间、速度取胜,因此建议新手设计人员多模仿大型网站的配色与排版,先模仿再创作,模仿是新手设计师(美工)学习的最好途径之一。

素养提升

商家使用网络素材图，算盗图吗？

版权意识：商家未经图片版权所有人（平台其他商家）的许可授权，在平台（淘宝、天猫、京东、拼多多、速卖通等）对外展示的商品信息页面中，非法使用了版权所有人的图片的行为。5种常见的盗图行为类型，如图2-50所示。

盗图行为类型1：完全复制他人图片使用在自己商品或店铺中；

盗图行为类型2：截图他人图片使用在自己商品或店铺中；

盗图行为类型3：抠取他人图片使用在自己商品或店铺中；

盗图行为类型4：拼图、翻转使用；

盗图行为类型5：作为对比图使用。

FAQ：网上的素材，自己再加工还算盗图吗？

加工之后，原图也不是自己的，也属于盗图。另外重要提示：千万不要随意在网站上找一些素材图就发布上线了，这些图片可能是有权益人，如果权益人来平台投诉了，小二也是正常受理的。

【课后练习题】

1. 简述网店视觉营销的流程与三原则。
2. 怎样才能做好网店视觉营销，抓住消费者的眼球？
3. 列举5个以上的网店运营岗位。
4. 简述网店视觉营销的四大数据指标。
5. 上亿邦动力网，找出今年或去年天猫"双11"女装/男装/3C家电/美妆/食品/母婴等类目排名前5的店铺，并分析这些网店在视觉营销和美工设计方面的优缺点。

图2-50　5种常见的盗图行为类型

【同步训练习题】

二维码中的练习题分为单选题、多选题、判断题、简答题、实训题，具体请扫二维码完成任务。

同步训练习题

中篇

视觉之"器"

第3章
视觉美工之商品摄影技术

【学习目标】
- 了解并掌握相机选择的技巧。
- 掌握单反相机的外部结构及功能。
- 能选购单反的器材辅材以及布局摄影环境。
- 掌握摄影曝光三要素与光线角度。
- 掌握网店商品摄影要求与流程。
- 培养创意拍摄思维,通过摄影技巧展示商品独特魅力。

【学习导图】

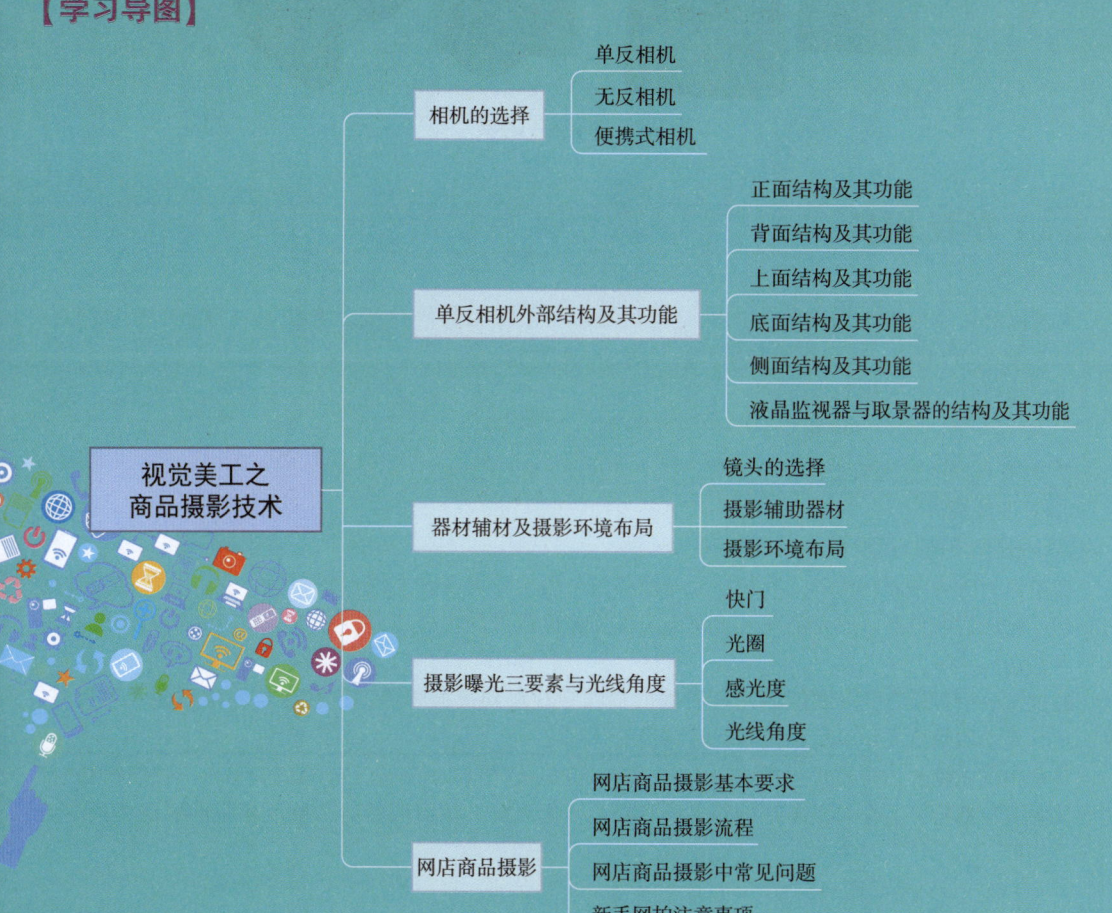

在电子商务平台上卖东西，消费者摸不到商品的材质，尝不到商品的味道，看不见网店的客服，听不见卖家的声音，唯一能够让消费者看到的就是卖家商品的图片，因此，商品拍摄就成为网店中很重要的环节。清晰并有立体层次感的图片会给消费者留下深刻的印象，激起他们的购买欲望，也会直接影响到网店的销售业绩，因此，在开网店之前先要学会摄影技术。

3.1　相机的选择

对于新手卖家来说，选择什么样的相机是他们最关心的一个话题。很多人都觉得只有一台专业的相机，才能拍出好照片；其实，好相机只是一个条件，并不代表就可以拍出好照片，拍摄的技巧是关键，它包括场景布置、拍摄角度、摆放位置等。

根据相机的结构，一般可分为便携式相机、单反相机、无反相机，如图3-1所示。

微课：相机的选择

图3-1　常见相机种类

3.1.1　单反相机

在网店的商品拍摄中用得最多的就是单反相机，全称为数码单镜反光相机（Digital Single Lens Reflex Camera，DSLR），还可以简称单反。

单反相机具有以下几个特征：

① 有一个单镜头，可更换。

② 具有可动的反光板结构。

③ 有五棱镜。

④ 通过光学取景器取景。

在单反相机的内部结构中，有一个反光镜和一个用于反射各种光线的五棱镜，它们将外部光线通过物理反射送达取景器。反光镜和五棱镜成为单反相机取景的主要部件，这也是单反相机与无反相机的最大差别。

通过镜面反射最终让人眼能够在相机的取景器中观察到被摄物体，这种取景器称作光学取景器。是否拥有光学取景器也是单反相机与无反相机的差别之一。

单反相机常见的拍摄模式包括快门优先（S）、光圈优先（A）和全手动模式（M），这三种模式都需要摄影人员掌控，适合有摄影基础的人员及专业摄影人员。拍摄照片时，单反相机的成像质量高于便携式相机。

缺点　价格不菲，对于网拍新手来说操作较为困难。

网店商品拍摄讲究的是实用美观，对于新手级别和普通级别的卖家来说，没有必要买高端的单反相机，一定要结合自己网店拍摄的实际需求去选择合适价位和品质的相机。

① 入门新手：推荐佳能入门级 600D、700D、800D 单反相机，价位在 3 000~6 000 元。

② 普通卖家：推荐佳能中端 60D、70D、80D、90D 单反相机，价位在 5 000~10 000 元（如图 3-2 所示）。

③ 商城类店铺卖家：对照片品质有较高要求，因此单反相机推荐佳能 5D（专业级全画幅相机）、佳能 6D（入门级单反相机）、佳能 7D（专业级半画幅相机），价位在万元以上（如图 3-3 所示）。

高端的全画幅单反相机还有尼康的 D600、D700、D800 系列，索尼的 A7 和 A9 系列。

图 3-2　佳能中端单反 70D 相机

图 3-3　佳能高端 5D 单反相机

3.1.2　无反相机

无反相机即无反光板相机，它是单镜头电子取景器相机（单电）、微型单镜头数码相机（微单）和全部可换镜头电子取景数码相机的通称。无反相机的设计用意是想在超高速连拍时，消除传统单反相机反光板上下运动所产生的振动、延迟、取景器全黑时间过长等不利因素。单反、无反和单电的区别如图 3-4 所示。

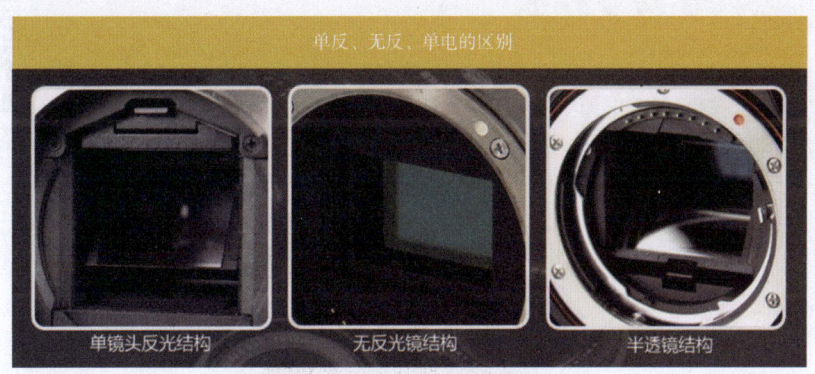
图 3-4　单反、无反和单电的区别

无反相机具有以下几个特征：
① 无反光板和五棱镜。
② 电子取景。
③ 可更换镜头。

无反相机最典型的代表就是微单。微单取消了反光板之后，相机设计得更小巧轻便，成本也更低，这是微单的优点。同时微单也有较多的缺点，比如对焦、响应速度较慢（不适合抓拍），待机时间短。

微单中比较知名的是索尼微单，在售的索尼 A7 系列涵盖了 7 000~30 000 元的所有价位，万元以上的微单，推荐索尼系列。

3.1.3 便携式相机

便携式相机（Digital Camer，DC）因外形类似于卡片，所以也被称为卡片机。它最大的特点是轻便小巧、便于携带，而且价格低，新手容易操作，如图3-5所示。卡片机在早期的淘宝网店用得较多，随着手机像素的不断提高，现在用得越来越少了。

缺点 由于机身与镜头被绑定，并且取消了很多自定义功能，没有全手动数码相机灵活，而且成像质量也一般。

图3-5 佳能卡片相机

> **小贴士**
> 网店卖家也可以选择使用手机进行商品的拍摄，华为、苹果、三星、小米等高端系列的手机基本能满足网店商品高清要求的拍摄。

3.2 单反相机外部结构及其功能

3.2.1 正面结构及其功能

单反相机的正面有快门按钮、内置闪光灯、镜头安装标志、镜头释放按钮、镜头卡口、反光镜、手柄等，如图3-6所示。

微课：单反相机外部结构及其功能

内置闪光灯：在昏暗场景中，可根据需要使用闪光灯来拍摄。在部分拍摄模式下会自动闪光。

快门按钮：按下该按钮将释放快门拍下照片。按按钮的过程分为两阶段。半按时自动对焦功能启动，完全按下时快门将被释放。

手柄：相机的握持部分。当安装镜头后，相机整体重量会略有增加，应牢固握持手柄，保持稳定的姿势。

反光镜：用于将从镜头入射的光线反射到取景器。反光镜上可动，在拍摄前一瞬间升起。

镜头安装标志：在装卸镜头时，将镜头一侧的标记对准此位置。红色标志为EF镜头的标志（详见后文）。

镜头释放按钮：在拆卸镜头时按下此按钮。按下按钮后镜头固定销将下降，可旋转镜头将其卸下。

镜头卡口：镜头与机身的接合部分。通过将镜头贴合此口进行旋转，安装镜头。

图3-6 单反相机正面结构及其功能

3.2.2 背面结构及其功能

单反相机的背面有取景器目镜、菜单按钮、液晶监视器、眼罩、屈光度调节旋钮、自动对焦点选择按钮、设置按钮和十字键、删除按钮、回放按钮等，如图3-7所示。

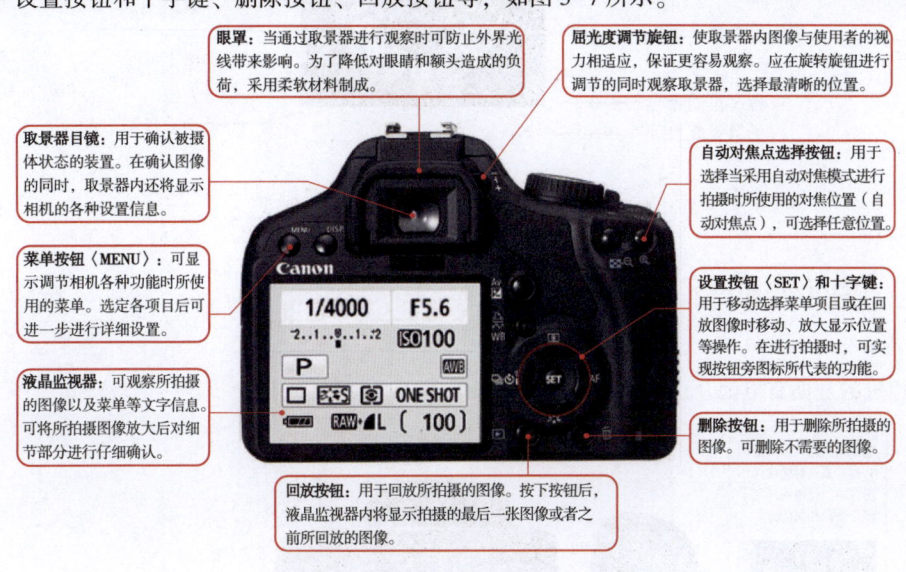

图3-7 单反相机背面结构及其功能

3.2.3 上面结构及其功能

单反相机的上面有变焦环、对焦环、对焦模式开关、背带环、热靴、主拨盘、ISO（感光度）设置按钮、电源开关、模式转盘等，如图3-8所示。

图3-8 单反相机背面结构及其功能

61

模式转盘说明如图3-9所示。

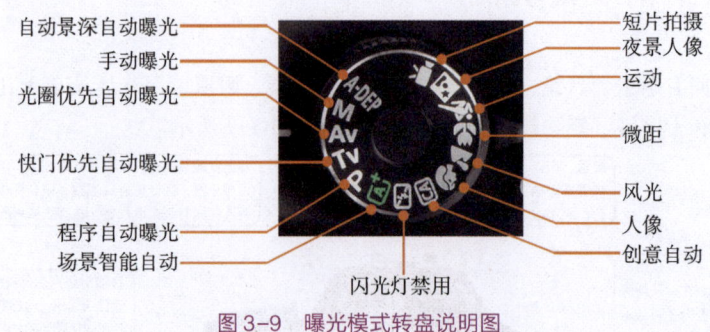

图3-9 曝光模式转盘说明图

3.2.4 底面结构及其功能

单反相机的底面有电池仓、三脚架接孔等，如图3-10所示。

图3-10 单反相机底面结构及其功能

3.2.5 侧面结构及其功能

单反相机的侧面有闪光灯弹出按钮、外部连接端子、存储卡插槽等，如图3-11所示。

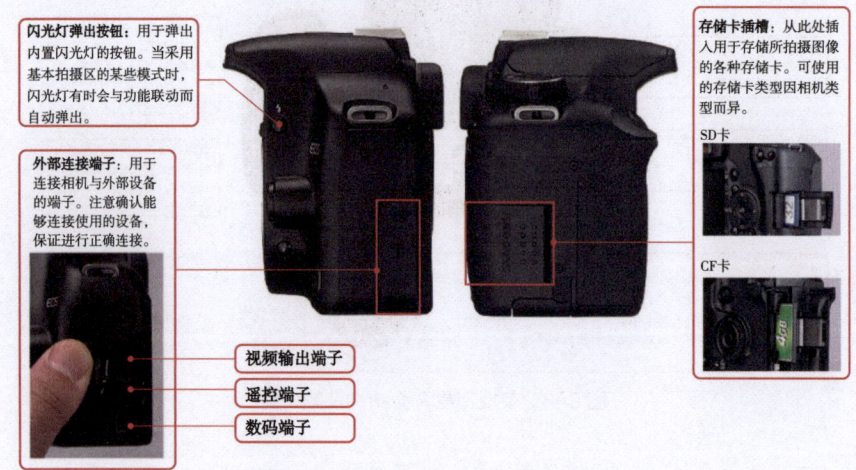

图3-11 单反相机侧面结构及其功能

3.2.6 液晶监视器与取景器的结构及其功能

单反相机的液晶监视器拍摄设置界面会显示快门速度、光圈值、拍摄模式、ISO（感光度），取景器界面显示对焦点、快门速度、光圈值、ISO（感光度）等，如图 3-12 所示。

液晶监视器拍摄设置界面显示

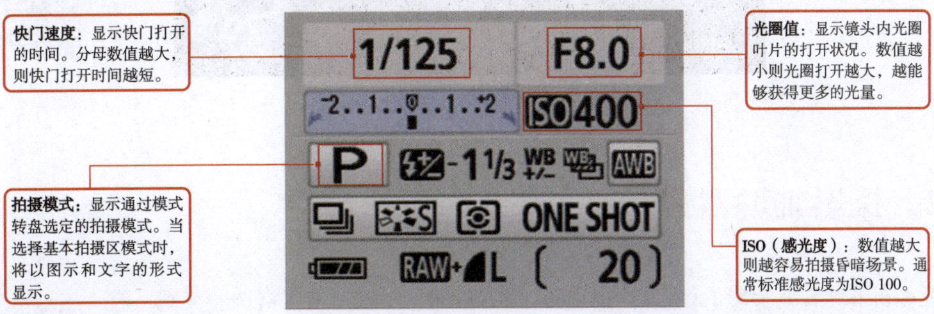
快门速度：显示快门打开的时间。分母数值越大，则快门打开时间越短。
光圈值：显示镜头内光圈叶片的打开状况。数值越小则光圈打开越大，越能够获得更多的光量。
拍摄模式：显示通过模式转盘选定的拍摄模式。当选择基本拍摄区模式时，将以图示和文字的形式显示。
ISO（感光度）：数值越大则越容易拍摄昏暗场景。通常标准感光度为ISO 100。
1/125
F8.0
ISO400
P
ONE SHOT
RAW
20

取景器界面显示

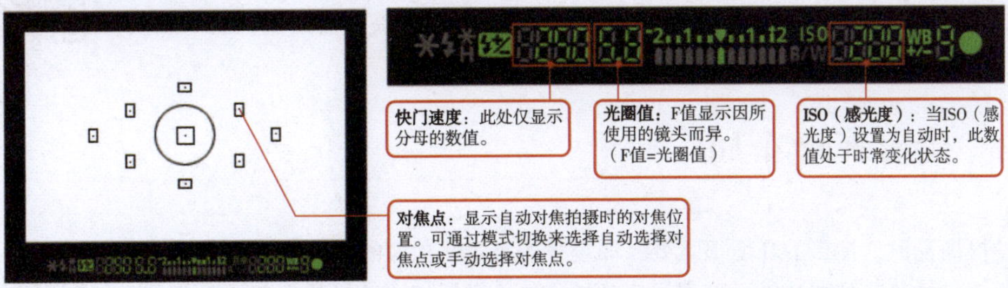
快门速度：此处仅显示分母的数值。
光圈值：F值显示因所使用的镜头而异。（F值=光圈值）
ISO（感光度）：当ISO（感光度）设置为自动时，此数值处于时常变化状态。
对焦点：显示自动对焦拍摄时的对焦位置。可通过模式切换来选择自动选择对焦点或手动选择对焦点。

图 3-12 单反相机液晶监视器与取景器的结构及其功能

3.3 器材辅材及摄影环境布局

3.3.1 镜头的选择

网店商品拍摄中，由于商品大小、尺寸、吸光、反光等属性都各不相同，因此需要挑选不同的单反镜头来拍摄对应的商品，这也是单反相机和微单相机的优势，可以更换镜头来达到拍摄的目的，如图 3-13 所示为单反相机可配对的镜头。

在单反相机及微单相机的镜头选择上，摄影摄像中常用的有以下三种：广角镜头、大光圈镜头、微距镜头（详细内容可扫码学习）。

图 3-13 单反相机可配对的镜头

镜头的选择

3.3.2 摄影辅助器材

单反相机和镜头是摄影的核心部件,是拍摄的基础,要想拍出有格调、美观、有品位的商品图片,还需要结合相应的辅助器材来实现。常见的辅助器材如下:三脚架、静物摄影台、遮光罩、闪光灯、无线引闪器、灯架、柔光箱、反光伞、反光板、小型摄影棚、清洁用具、背景纸等(具体器材及相关说明见摄影辅助器材展示图表,请扫码学习)。

摄影辅助器材

3.3.3 摄影环境布局

在拍摄商品时,拍摄的环境很重要,如场景的布置、拍摄的角度和光线都会影响摄影的效果。拍摄商品图片时,可根据商品的特性,进行相应的场景布置。例如,在拍摄商品细节的时候,选择干净、清爽的背景为好,这样才会衬托出商品本身,消费者才能更加仔细地观察商品。根据拍摄环境的不同可分为室内拍摄环境布景和室外拍摄环境布景两种(详细内容请扫码学习)。

摄影环境布局

3.4 摄影曝光三要素与光线角度

3.4.1 快门

快门速度,就是曝光时间,用秒表示。快门速度越快,曝光时间越短;快门速度越慢,曝光时间越长。

根据快门速度可分为高速快门和低速快门,两者有不同的拍摄用途:

① 高速快门:曝光时间短,曝光量少,适合抓拍和拍摄运动中的物体或商品特效,如图 3-14 所示。

② 低速快门:曝光时间长,曝光量多,适合记录光点运动轨迹(星空、星轨、车流等),形成独特的慢门拍摄效果,如图 3-15 所示。

64

图 3-14 高速快门拍摄效果

图 3-15 低速快门拍摄的星空

3.4.2 光圈

1. 光圈

光圈是镜头中控制光线进入相机的孔径大小的装置，用 f 表示。其中，f 后面的数值与光圈大小成反比，如图 3-16 所示。

① 数值越大，光圈越小，如 f16；
② 数值越小，光圈越大，如 f4.0。

光圈越大，通光孔径就会越大，从而进光量会越多，所以画面亮度增加；相反，光圈越小，进光量越少，所以画面亮度降低。在实际拍摄过程中，光线不足时，可以考虑开大光圈；画面太亮时，可以考虑缩小光圈。

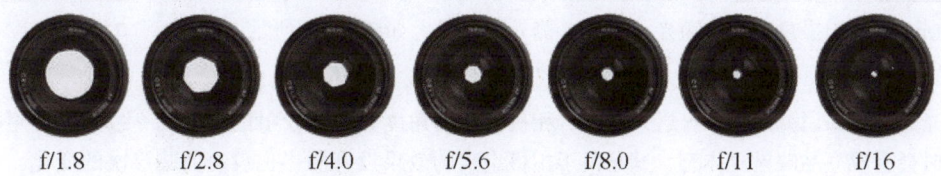

图 3-16 光圈 f 值对应光圈大小

2. 景深

在镜头对准拍摄主体时，主体与背景之间有一个清晰的范围，该范围称为景深。景深越浅表示可看到的清晰范围越小，景深越大表示可看到的清晰范围越大（如图 3-17 和图 3-18 所示）。

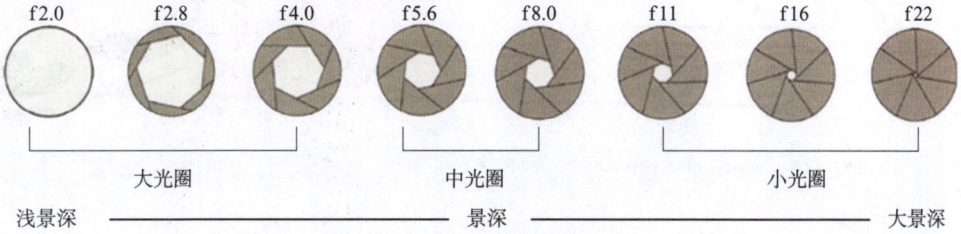

图 3-17 光圈与景深的关系图

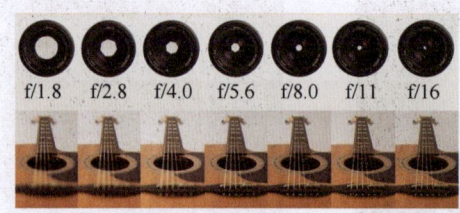

图 3-18　光圈与景深的关系实物效果图

光圈

光圈与景深的详细内容请扫码学习。

3.4.3　感光度

感光度是指感光元件对光线反映的明暗程度，常用 ISO 表示，是衡量感光元件对光线的敏感程度。

① ISO 数值越小，感光度就越弱，画质表现较好。常将 ISO 设置为较低的数值。

② ISO 数值越大，感光度则越强，但会形成噪点而影响画质，在不得已的情况下才会选择提高 ISO 数值。

拍摄实操案例详解请扫码学习。

感光度

3.4.4　光线角度

我们常说光线是摄影的灵魂，拍摄商品时最首要的一点便是光线要充足。选择室外进行拍摄时，我们都会安排在晴天的时候，此时阳光充足，视线好，拍摄出来的效果也好。在室内拍摄，商品的摆放地点一般会靠近有阳光的窗边，但并不是让阳光直射，因为这样会容易造成曝光过度。

根据光线的拍摄角度分为顺光、逆光、侧光、顶光，如图 3-19 所示。

1. 顺光拍摄

顺光笼统地来说就是正面打过来的光，相机拍摄的角度和光线投射的方向是一致的。使用顺光拍摄商品时会造成商品缺乏立体感，这是由于拍摄出来的效果没有阴影也没有明暗层次的变化，所以不能够强调物体的轮廓和质感，如图 3-20 所示。

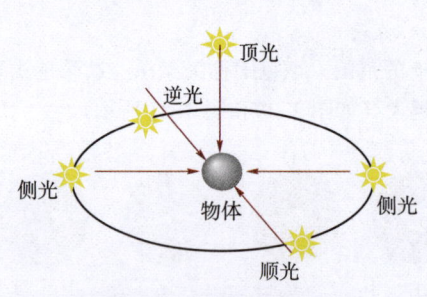

图 3-19　光线角度示意图

图 3-20　顺光拍摄效果图

2. 逆光拍摄

逆光也叫作背面光，也就是说光线是从物体的背面照射过来的。这种光拍摄出来的图片，景深层次分明，画面有纵深感和立体感，可以表现出物体的神秘感，如图 3-21 所示。逆光拍摄通常用于人物剪影比较多，商品拍摄不常用。

第 3 章 视觉美工之商品摄影技术

图 3-21 逆光拍摄效果图

3. 侧光拍摄

侧光就是光从侧面照到物体上，物体的另一侧出现投影，两侧面形成较强烈的明暗对比。它还可以分为正侧光、前侧光和逆侧光三种。和顺光拍摄相比，侧光拍摄的图片能够更好地表现商品的立体感和空间感，如图 3-22 所示。

图 3-22 侧光拍摄效果图

4. 顶光拍摄

顶光是指光从高空垂直照射下来的光线。由于顶光是由上至下明暗渐变的，所以使用这种光进行拍摄时会淡化商品的阴影效果，不利于商品的质感表现，如图 3-23 所示。

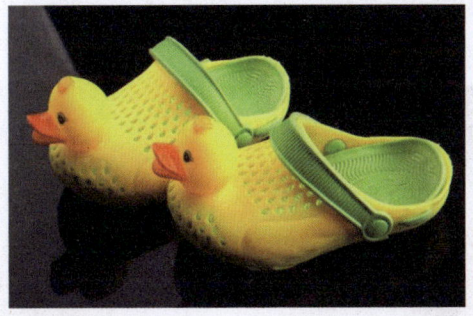

图 3-23 顶光拍摄效果图

 素养提升

版权局关于规范摄影作品版权秩序的通知

北京版权局与北京互联网法院携手共位图片产业健康发展

3.5 网店商品摄影

3.5.1 网店商品摄影基本要求

商品图片可以说决定着一个网店的生死,好的图片可以提高网店商品的点击率和转化率。一张优秀的网店图片要具备以下特征:

1. 主体物要清晰突出

消费者在线上购物时,面对数以万计的商品,浏览的速度非常快,商品图片要快速吸引消费者眼球,就需要主体物突出、干净清晰,给消费者美的感官,彰显商品的质感和口感(如图3-24和图3-25所示)。

图3-24 主体物清晰的商品图1　　图3-25 主体物清晰的商品图2

2. 照片的尺寸要符合网店的标准

各个线上商品交易平台对图片尺寸、大小都有明确要求。图片的尺寸不能有偏差,否则会使上传的图片出现变形效果,影响消费者购买;图片所占内存不能过大,过大会影响图片在网页中加载的速度。

3. 细节展示充足

在消费者浏览商品的过程中商品细节的全方位展示有利于让消费者更多了解商品,打消疑虑;细节展示也能体现商品的品质,促进消费者购买,如图3-26和图3-27所示。

图3-26 咸鸭蛋细节展示图　　图3-27 蜂蜜细节展示图

4. 商品的色彩还原度较高

在线上交易的过程中，消费者看不到商品实物，只能信赖图片展示效果，如果实物和图片颜色偏差较大，就会影响店铺的信誉。在商品摄影的过程中尽量还原商品色彩，避免色差。

5. 符合后期处理的需要

前期处理和后期拍摄相辅相成。摄影中有些问题出现是后期无法拯救的，所以摄影师应在拍摄的过程中避免类似的情况出现，如曝光过度、色彩饱和度过高、锐度过高等。

6. 商品不能过度美化

商品图片拍摄得精致漂亮，对商品的宣传作用才能达到最大化，这本无可厚非，但过度美化图片，掩盖了实物的诸多缺陷，等到消费者看到实物后产生极大的心理落差，容易引发消费纠纷。如今，在各个网购平台，也出现了一批实在的卖家，坚持用自己拍摄的实物图片，虽然没有专业摄影师拍摄得漂亮，但让消费者看到的就是最真实的商品状态。

3.5.2 网店商品摄影流程

商品的拍摄效果好坏会直接影响到消费者的购买欲，所以在拍摄商品时，首先要明白拍摄的流程，对于不同类型的商品拍摄的处理方法也是不同的。网店商品的常规摄影流程如下：
① 商品和道具的准备。
② 商品位置的摆放。
③ 商品摄影。
④ 照片后期处理。
详细内容可扫码学习。

网店商品摄影流程

3.5.3 网店商品摄影中常见问题

优质的商品图片在给予消费者舒适的视觉感受的同时也可以起到更好的推广作用，可以说图片的好坏可以直接影响到网店转化率的高低。以下是很多卖家在拍摄过程中经常会出现的问题：
① 画面曝光量过度和不足。
② 图片失真或模糊。
③ 商品主体过大或过小。
④ 商品主次不分。
⑤ 商品的疏密程度不当。
⑥ 背景与商品不协调。
详细内容可扫码学习。

网店商品摄影中常见问题

3.5.4 新手网拍注意事项

拍摄商品时，要注意灯光的照射和物品的摆设。如果是拍摄小件商品，可以使用近景镜头，这样可以详细地拍出商品的外貌特征。网拍的一些相关注意事项可扫码学习。

 **素养提升**

版权局关于规范摄影作品版权秩序的通知

国版发〔2020〕1号

各省、自治区、直辖市版权局：

为保护摄影作品著作权人合法权益，规范摄影作品版权秩序，推动摄影作品广泛有序传播，根据《中华人民共和国著作权法》《中华人民共和国著作权法实施条例》《信息网络传播权保护条例》等有关规定，现就有关问题通知如下。

一、摄影作品是著作权法保护的作品之一，应具有独创性，并符合著作权法实施条例第四条第（十）项的特征。

以新闻事件为主题的摄影作品不属于著作权法规定的时事新闻，受著作权法律法规保护。

二、新闻单位、互联网内容提供商、互联网公众账号、图库经营单位、非媒体机构和个人等使用他人摄影作品，应当严格遵守著作权法律法规，取得摄影作品著作权人许可并支付报酬。法律法规另有规定或者当事人另有约定的除外。

未经摄影作品作者许可，不得对摄影作品的构图、色彩等进行实质性修改，不得歪曲篡改摄影作品标题和作品原意。

使用著作权保护期届满的摄影作品，不得侵犯摄影作品作者依法享有的署名权、修改权、保护作品完整权……

（全文请扫描二维码）

 **素养提升**

北京版权局与北京互联网法院携手共促图片产业健康发展

【课后练习题】

1. 列举佳能初级/中级/高级单反相机的型号以及适合的拍摄对象。
2. 相机转盘模式中的 M、Av、Tv、P、A-DEP 分别代表什么？
3. 摄影曝光三要素分别是什么？
4. 简述商品拍摄的要求及流程。
5. 选择一款主推商品或你所在县市的农特产，并对其进行拍摄。

新手网拍注意事项

【同步训练习题】

二维码中的练习题分为单选题、多选题、判断题、简答题、实训题，具体请扫二维码完成任务。

同步训练习题

第4章

视觉美工之 Photoshop 基础

【学习目标】
- 了解图像基本概念与网店常用图片参数。
- 掌握 Photoshop 软件基本操作。
- 掌握 Photoshop 图片多样裁剪功能。
- 掌握 Photoshop 修图功能。
- 掌握 Photoshop 美图调色功能。
- 切实体会"打铁还需自身硬"的道理，培养求真务实的职业素养。

【学习导图】

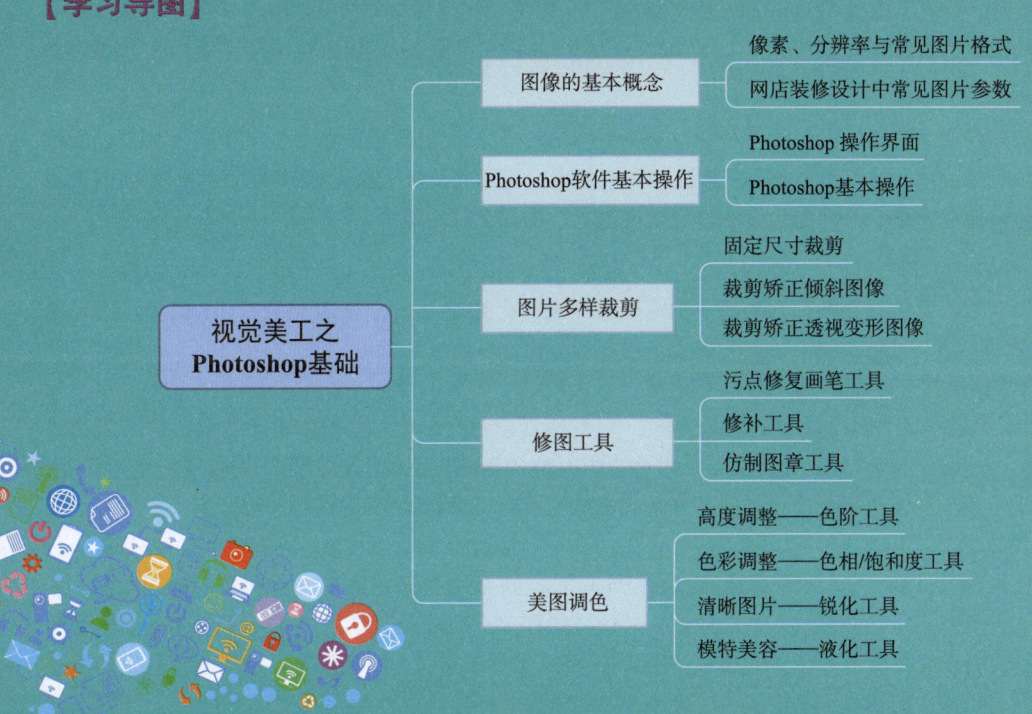

Photoshop 软件是 Adobe 公司开发的最为出名的图像处理软件之一，该软件可以进行图像扫描、编辑修改、图像制作、广告创意、图像输入与输出等图像处理应用，被广泛应用于平面设计、数码照片处理、包装设计等。Photoshop 是一款功能非常强大的图形图像处理软件，专业的平面设计师需要 3~5 年的设计实操才能精通 Photoshop 软件，这对网店卖家来说，时间是最大的成本。关于 Photoshop 软件使用的书籍非常多，但是针对网店图片处理和设计的较少。为了让新手卖家和初级视觉美工从业者更好、更快地设计处理好图片并上传网店销售，本章将结合实际案例重点介绍 Photoshop 软件在网店视觉设计师和美工中最常见、最容易用到的功能。

4.1 图像的基本概念

4.1.1 像素、分辨率与常见图片格式

微课：图像的基本概念

1. 像素

像素是一个很小的矩形颜色块，是组成图像的基本单元，图像就是由很多像素横竖排列组成的。需要观察像素时，可将图像放大，当放大到一定程度时，可看见图像变成锯齿状，有一个个小方块，这些小方块就是像素。像素的英文为 pixel，简写成 px。当图片尺寸以像素为单位时，每 1 厘米等于 28 像素。

2. 图像分辨率

图像分辨率是用来描述图像的一个信息，指的是在一定长度上像素的数量，其单位为 ppi（pixels per inch），即每英寸上的像素数量。图像的分辨率越高（表示每英寸长度上的像素数量越多），图像越精细，颜色过渡越平滑，且图像包含的信息量也越大，图像文件也越大。

3. 常见的图片格式

图片格式是计算机存储图片的格式，常见的图片格式有 JPEG 格式、PSD 格式、GIF 格式、PNG 格式、AI 格式等。

（1）JPEG 格式

JPEG 格式是网络中用得最多的图片格式，它支持真彩色、CMYK、RGB 和灰度模式，后缀名为".jpeg"或".jpg"。JPEG 图像压缩算法能够在提供良好的压缩性能的同时，保证比较好的重建质量，因而被广泛应用于图像、视频处理领域。该格式的图片具有高保真效果、低容量的特点。

（2）PSD 格式

PSD 格式是 Adobe 公司的图形设计软件 Photoshop 的专用格式。PSD 文件可以存储成 RGB 或 CMYK 模式，能够自定义颜色数并加以存储，还可以保存 Photoshop 的图层、通道、路径等信息，是目前唯一能够支持全部图像色彩模式的格式。用 PSD 格式保存图像时，图像没有经过压缩，所以当图层较多时，会占用很大的硬盘空间。

（3）GIF 格式

GIF 格式最多只能容纳 256 种颜色，适合颜色少的图像。这种格式可以保存成透明或半透明图片，可以做动画图片，图络上常见的动画图片都是 GIF 格式。

4. 位图与矢量图

（1）位图

位图又称点阵图、像素图或栅格图像，由像素点组成，这些像素点可以进行不同的排列和染色，以构成图像。

第 4 章　视觉美工之 Photoshop 基础

① 位图的特点：
　a. 位图善于重现色彩的细微层次，色彩逼真，色彩和亮度变化丰富，文件庞大，不能随意缩放。
　b. 图像尺寸越大，文件也就越大；图像色彩越丰富，文件也就越大。
　c. 打印和输出的精度是有限的。
② 位图的文件格式有 BMP、GIF、JPG、PNG、PSD 等。
③ 常用的位图软件有 Photoshop 等。

（2）矢量图

矢量图，也称面向对象的图像或绘图图像。矢量图中的图形元素（点和线段）称为对象，每个对象都是一个单独的个体，它具有大小、形状、轮廓、颜色和屏幕位置等属性。

① 矢量图的特点：
　a. 矢量图可以无限放大，同时又不用担心失真。
　b. 矢量图可以轻松地转化为位图，而位图转化为矢量图就需要通过图像临摹等方式，而且完美转成矢量图还是有难度的。
② 矢量图的文件格式有 Adobe Illustrator 的 AI、EPS、SVG、AutoCAD 的 DWG 和 DXF，Windows 标准图元文件 WMF 和增强型图元文件 EMF 等。
③ 常用的矢量绘图软件有 Illustrator、CorelDraw、AutoCAD 等。

5. **颜色模型与颜色模式**

简单地说，颜色模型是用于表现颜色的一种数学算法。常见的颜色模型包括 HSB（H：色相；S：饱和度；B：亮度）、RGB（R：红色；G：绿色；B：蓝色）、CMYK（C：青色；M：洋红；Y：黄色；K：黑色）和 CIE Lab。

颜色模式决定用于显示和打印图像的颜色模型。常见的颜色模式包括位图（Bitmap）模式、灰度（Grayscale）模式、双色调（Doutone）模式、RGB 模式、CMYK 模式、Lab 模式、索引颜色（Index Color）模式、多通道（Multichannel）模式、8 位/通道模式和 16 位/通道模式。

4.1.2　网店装修设计中常见图片参数

各电子商务平台的网店装修设计图片尺寸都有自己的标准，下面以目前最大的电子商务平台阿里系的淘宝、天猫为例讲解。

淘宝的网店不同、位置不同，图片尺寸要求也不同。当图片过大，会被自动裁剪掉，而图片过小，则会在周围留下空白，或者系统自动平铺，这样的用户体验是极其不好的。所以，在网店装修设计中，制作不同区域的图片要根据网店要求来确定尺寸、存储大小等信息，这是美工人员在动手设计之前必须考虑的。淘宝、天猫网店常用图片尺寸、大小及格式如表 4-1 和表 4-2 所示。

表 4-1　淘宝、天猫 PC 端网店常用图片尺寸、大小及格式

名称	图片尺寸	图片大小	图片格式	建议/备注
店招	淘宝：950 像素×120 像素 天猫：990 像素×120 像素 全屏：1 920 像素×120 像素	不限	GIF、JPG、PNG	品牌形象/促销宣传内容等
导航	淘宝：950 像素×30 像素 天猫：990 像素×30 像素 全屏：1 920 像素×30 像素	不限	GIF、JPG、PNG	活动分类/热销商品
首焦轮播图	淘宝：950 像素×(100~600) 像素 天猫：990 像素×(100~600) 像素	不限	GIF、JPG、PNG	促销宣传

续表

名称	图片尺寸	图片大小	图片格式	建议/备注
全屏轮播	1 920 像素×(100~600) 像素	不限	GIF、JPG、PNG	促销宣传
宝贝主图	800 像素×800 像素~ 1 200 像素×1 200 像素	≤500KB	GIF、JPG、PNG GIF、JPG、PNG	正方形/凸显商品/ 差异化
详情页面	淘宝：750 像素×自定义 天猫：790 像素×自定义	不限	JPG、GIF	完美展现商品/促 成销售
分类图片	宽度≤160 像素×自定义	≤50KB	GIF、JPG、PNG	醒目/文字为主
店标	建议 80 像素×80 像素	≤80KB	GIF、JPG、PNG	独特/醒目
旺旺头像	建议 120 像素×120 像素	≤300KB	GIF、JPG、PNG	
页头背景	不限	≤200KB	GIF、JPG、PNG	最好可以无缝拼接
页面背景	不限	≤200KB	GIF、JPG、PNG	

表 4-2　淘宝、天猫移动端网店常用图片尺寸、大小及格式

名称	图片尺寸	图片大小	图片格式	建议/备注
店招	750 像素×580 像素	≤400KB	JPG、PNG	品牌形象/促销宣传内容等
轮播图	750 像素×(200~900) 像素	不限	JPG、PNG	促销宣传/展示店铺形象与实力
分类图片	750 像素×(335~2 500) 像素	不限	JPG、PNG	展示商品类别
详情页面	宽：480 像素~1 500 像素 （手机端建议 750 像素） 高：0~2 500 像素	≤1.5 MB	JPG、GIF、PNG	完美展现商品/促成销售
微淘	发广播： 普通模式：800 像素×800 像素 长文章模式：702 像素×360 像素	≤3MB	JPG、GIF、PNG	促销宣传/粉丝互动
	发上新： 横幅：750 像素×160 像素	不限		
	发视频： 封面：800 像素×450 像素	不限		

4.2　Photoshop 软件基本操作

4.2.1　Photoshop 操作界面

目前运用的主流 Photoshop 版本有 CC 和 CS。Photoshop 操作界面如图 4-1 所示。

① 菜单栏：Photoshop 提供了若干组命令，菜单栏几乎涵盖了 Photoshop 能用到的操作命令。

② 选项栏：也叫工具属性栏，用于设置或控制工具属性值，内容因工具不同而不同。

第 4 章　视觉美工之 Photoshop 基础

图 4-1　Photoshop 操作界面

③ 面板：也叫工具面板或浮动面板。Photoshop 将功能相似的选项集合到面板中，它们主要用于设置和修改图像，以提高工作效率。如直方图，可查看图像曝光情况。

④ 工具箱：以按钮形式聚焦了 Photoshop 的全部工具。除个别工具外，在按钮右下角有一个黑色小三角标志的，表示该工具（组）包含多个类似工具，如图 4-2 所示。

⑤ 图像编辑窗口：这是 Photoshop 的一个子窗口，是用户编辑图像的区域。

⑥ 图像标题栏：显示图像的一些属性，如图像名、色彩模式及缩放比例。

⑦ 图像标签：单击可切换图像窗口。

⑧ 标尺：显示图像尺寸。重复按"Ctrl+R"键，可显示/隐藏标尺。

⑨ 图像状态栏：显示图像大小、缩放比例等一些信息。

⑩ 粘贴板：是 Photoshop 工作区域，所有的 Photoshop 元素，如图像编辑窗口、工具箱、面板等，都悬停在粘贴板上，并可以随意移动它们的位置，调整它们的大小。

Photoshop 操作界面介绍

4.2.2　Photoshop 基本操作

1. 新建、打开文件

在菜单栏中选择"文件→新建"命令（快捷键 Ctrl+N），可打开"新建文件"对话框（如图 4-3 所示），需要设置图像的名称、宽度和高度（网店图片单位通常为像素）、分辨率、颜色模式和背景内容等，还可以单击"存储预设"按钮进行快速设置。

Photoshop 基本操作

打开文件的操作步骤如下：

在菜单栏中选择"文件→打开"命令（快捷键 Ctrl+O），如图 4-4 所示，选择需要打开的文件即可。

Photoshop 能打开的文件格式种类较多，常用的图像格式有 PSD、JPEG、GIF、PNG、BMP、PDF、TIFF。

75

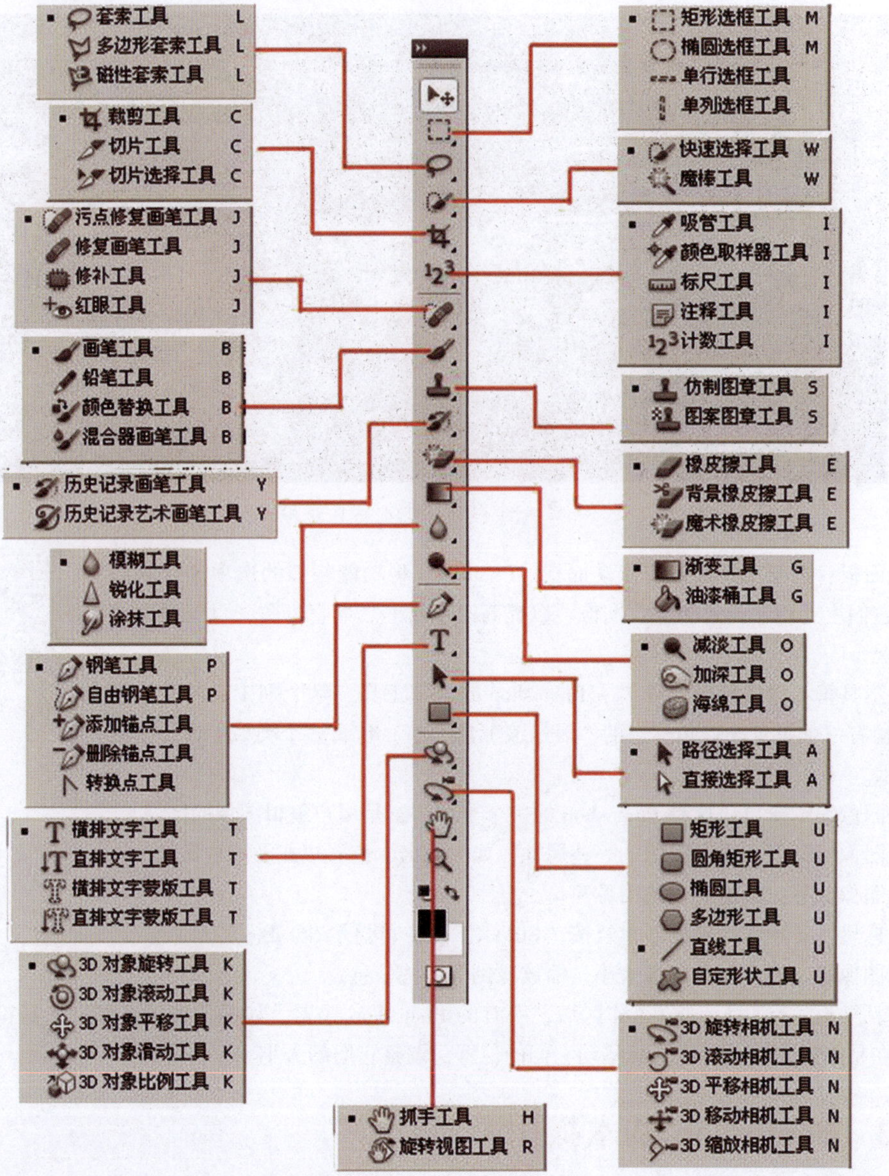

图 4-2 Photoshop 工具箱界面

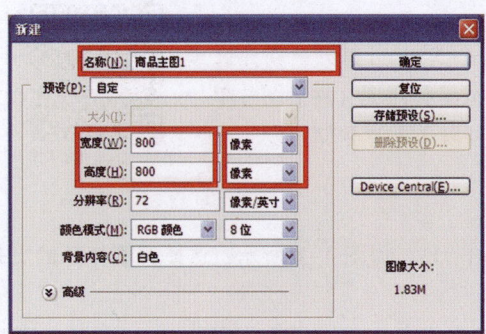

图 4-3 新建文件界面

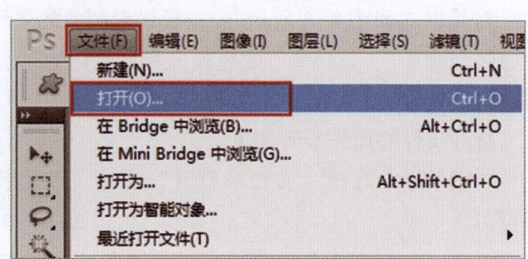

图 4-4 打开文件界面

2. 查看和修改图像大小

相机拍摄的图像通常尺寸较大,不适合放在网店中使用,需要修改大小。打开一张图像后,可以查看图像的尺寸信息,也可以对图像大小进行修改。在菜单栏中选择"图像→图像大小"命令,如图 4-5 所示。

选择"图像大小"命令,打开"图像大小"对话框,如图 4-6 所示,可以在"像素大小"区域对宽度和高度进行修改。

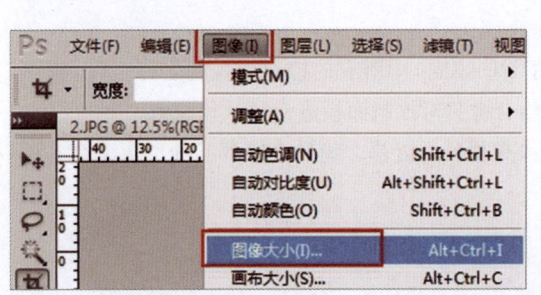

图 4-5 选择"图像大小"命令　　　　图 4-6 图像大小修改界面

3. 保存和关闭图像

图像处理后需要进行保存,可以保存为多种格式。通常需要将图像保存成两份:一份是便于修改的 PSD 格式,另一份是可以在网店中使用的格式(常用的有 JPG、GIF 等格式)。

具体操作步骤如下:

在菜单栏中选择"文件→存储为"命令,打开保存文件界面,如图 4-7 所示,可以设置文件保存的位置、文件名、图像格式。

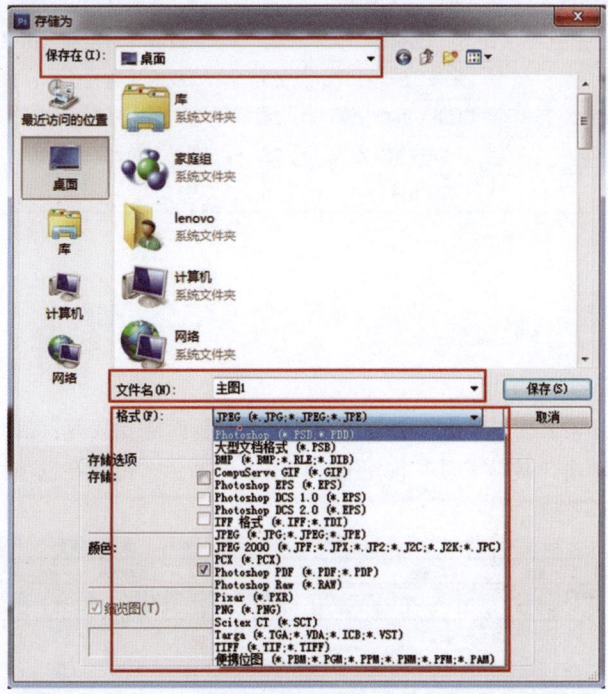

图 4-7 保存文件界面

4. 其他基本操作

① 辅助标尺：选择"视图→标尺"命令（快捷键 Ctrl+R），即可显示或隐藏标尺。

② 辅助线（参考线）：选择"视图→新建参考线"命令，会出现"水平"和"垂直"参考线选项。

③ 缩放工具：缩放工具可以将图像成比例地放大或缩小。单击工具箱中"缩放工具"按钮就可以实现放大或缩小。在属性栏中，单击"放大"按钮（快捷键 Ctrl+"＋"），然后在图像中单击一下就可以放大图像，"缩小"按钮（快捷键 Ctrl+"－"）功能和"放大"按钮正好相反。

④ 手抓工具：手抓工具可以通过移动画面来看编辑区以外的图像区域。单击"手抓工具"按钮，可以使整幅画显示在屏幕上。

⑤ 隐藏工具箱及面板："窗口"菜单显示了 Photoshop 中所有的控制面板的名称。Tab 键可以显示或隐藏工具箱、选项栏和控制面板，Shift+Tab 组合键只对控制面板进行显示和隐藏。

⑥ 窗口模式：窗口模式包括标准窗口、带菜单栏的全屏幕、绝对全屏幕三种。快捷键 F 可以实现三种模式间的切换。

Photoshop 常用基本操作（部分）如表 4-3 所示。

表 4-3　Photoshop 常用基本操作（部分）

序号	常用基本操作	快捷方式或操作	序号	常用基本操作	快捷方式或操作
1	新建/打开文件	Ctrl+N/O	14	取消选区	Ctrl+D
2	查看和修改图像大小	Ctrl+Alt+I	15	全选	Ctrl+A
3	保存/关闭	Ctrl+S+W	16	反选	Ctrl+Shift+I
4	辅助标尺	Ctrl+R	17	复制选择区域	Ctrl+C
5	辅助线（参考线）	视图→新建参考线	18	粘贴选择区域	Ctrl+V
6	缩放工具	Ctrl+"＋"/"－"	19	画笔工具	B
7	手抓工具（拖动鼠标平移）	空格键（Space 键）	20	减小/增大画笔笔头	"〔"/"〕"
8	隐藏工具箱及面板	窗口→工具等	21	裁剪（固定尺寸）	C
9	按屏幕大小显示全图	Ctrl+0	22	裁剪（矫正倾斜图像）	C
10	窗口模式	F	23	裁剪（透视变形图像）	C
11	历史记录	窗口→历史记录	24	色阶/曲线	Ctrl+L/M
12	恢复到上一步	Ctrl+Alt+Z	25	色相/饱和度	Ctrl+U
13	自由变换	Ctrl+T	26	……	……

4.3　图片多样裁剪

相机拍摄的图片，通常会因图片大小、角度、方位等问题而需要裁剪，裁剪工具类似于我们生活中的剪刀。在工具箱中单击"裁剪工具"按钮，如图 4-8 所示，可以在选项栏中设置需要裁剪的尺寸和分辨率。

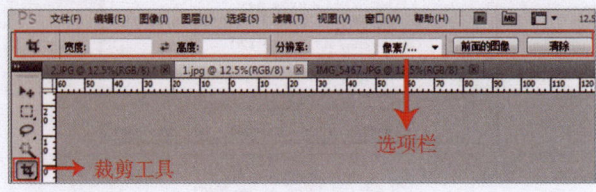

图 4-8　裁剪工具

4.3.1 固定尺寸裁剪

商品的主图通常是正方形（淘宝官方的建议是 800 像素×800 像素~1 200 像素×1 200 像素），而我们用相机拍摄的商品图片长与宽的比例通常为 4∶3，因此需要进行裁剪后才能用于主图。

操作步骤如下：

步骤 1 在菜单栏中选择"文件→打开"命令，找到需要裁剪的图片，双击打开。

步骤 2 单击"裁剪工具"按钮或按快捷键 C，如图 4-8 所示，在选项栏中输入主图的尺寸：宽 800 像素、高 800 像素，分辨率 72 像素/英寸。

步骤 3 将鼠标移至图像区域，当出现双箭头标志时，单击鼠标左键，取好顶点，然后往右下方拖动出主图需要的区域，如图 4-9 所示。

步骤 4 选好裁剪区域后，单击 Enter 键（或单击鼠标右键，选择"裁剪"或"取消裁剪"命令）进行裁剪，效果如图 4-10 所示。

固定尺寸裁剪

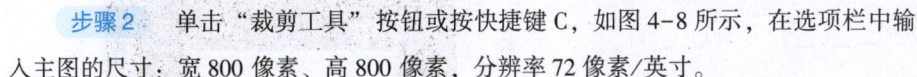

图 4-9 固定尺寸裁剪

图 4-10 裁剪后的正方形主图

步骤 5 选择"文件→存储为"命令，输入主图文件名，格式设为 JPEG（JPG）格式，选好路径，单击"保存"按钮，这张图片即可上传到网店商品主图位置使用（后面操作中，保存文件步骤将省略或者直接写为保存文件）。

> **小贴士**
>
> 固定尺寸裁剪还可以直接裁剪出店招（950 像素×120 像素）、详情页图片（750 像素×X 像素）、导航背景条（950 像素×30 像素）等任何尺寸的图片。

4.3.2 裁剪矫正倾斜图像

如果拍摄的图片角度倾斜，则可利用裁剪工具进行矫正。

操作步骤如下：

步骤1　打开图片，如图4-11所示，水杯有明显的倾斜。

步骤2　用裁剪工具先画出调整框，如图4-12所示（如果前面设置过固定尺寸和像素值，在本案例中先去掉高、宽、像素值，或者单击图4-8选项栏右边的"清除"按钮）。

裁剪矫正倾斜图像

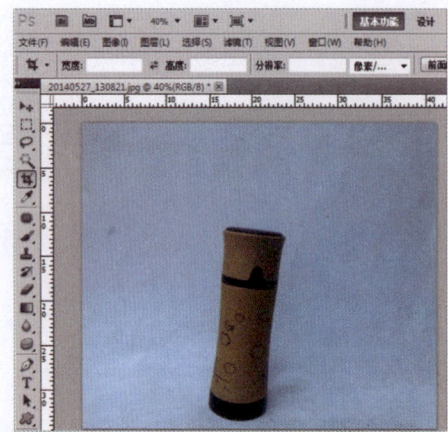
图4-11　原图

图4-12　画出调整框

步骤3　将鼠标移动到调整框的右上角，当鼠标变成双向弯曲箭头时，按下鼠标左键转动调整框，让调整框的水平线与水杯顶端平行，如图4-13所示。

步骤4　单击Enter键完成裁剪，效果如图4-14所示。

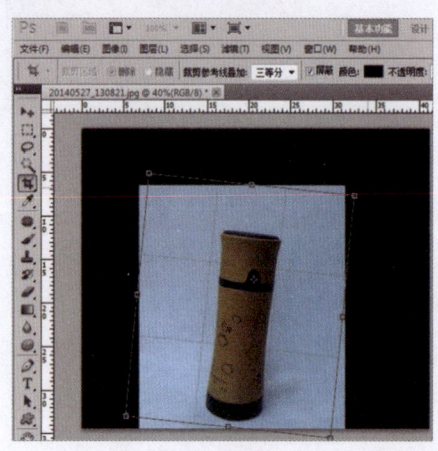
图4-13　调整虚线框

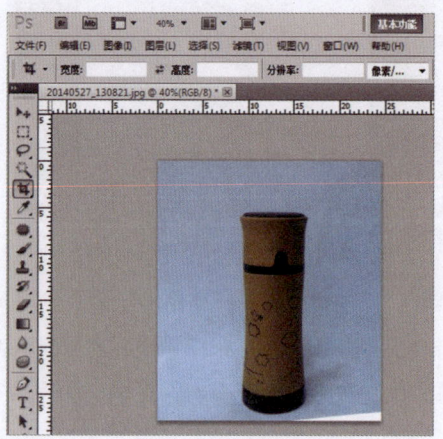
图4-14　裁剪矫正后效果图

4.3.3　裁剪矫正透视变形图像

如果拍摄的图片有透视、变形的问题，可利用裁剪工具进行矫正。

操作步骤如下：

步骤1　打开图片，如图4-15所示（照片中的相框有明显的透视、变形、倾斜的问题）。

裁剪矫正透视变形图像

第4章 视觉美工之 Photoshop 基础

步骤2 用裁剪工具先画出调整框，然后在裁剪工具选项栏的"透视"选项框内打钩，接着用鼠标拖移调整框的四个角，如图4-16所示。

图4-15 原图

图4-16 勾选"透视"选项

步骤3 将调整框的四个顶点拖移到图像中相框的四个顶点上，如图4-17所示。再单击 Enter 键，完成裁剪矫正透视变形操作，如图4-18所示。

图4-17 移动四个顶点至需裁剪部位

图4-18 最终效果图

4.4 修图工具

4.4.1 污点修复画笔工具

污点修复画笔工具主要用于去除较小的污点，比如去斑、去痘等。用工具单击需要修复的地方，软件会根据画笔周边的颜色信息进行自动计算，用得到的结果来替代需要去除的污点。

操作步骤如下：

步骤1 打开图片。

步骤2 单击"污点修复画笔工具"按钮，如图4-19所示（如果没有，请在对应位置单击鼠标右键，再单击"污点修复画笔工具"按钮）。

步骤3 在属性栏中单击"画笔大小"按钮●，将画笔数值调整到稍微大于污点，如图4-20所示。

步骤4 将鼠标移动到需要修复的污点上，单击鼠标左键即可修复污点，最终效果如图4-21所示。

污点修复画笔工具

图 4-19　单击"污点修复画笔工具"按钮　　图 4-20　用污点修复工具修复　　图 4-21　最终效果图

 素养提升

强化基础技能，锤炼职业素养

在视觉营销设计领域中，Photoshop 基础技能的重要性不言而喻。它不仅是我们制作精美视觉营销内容的基础，更是我们展现专业素养、实现创新创意的基石。在这个日新月异的时代，技术的迭代更新迅速，但无论时代如何变迁，对于基础技能的掌握和精通，始终是我们立足于行业的关键。

"打铁还需自身硬"，这句话形象地告诉我们，只有自身具备了扎实的基础，才能在面对各种挑战时游刃有余。在 Photoshop 的学习和应用中，我们不仅要熟练掌握各种工具和技巧，更要理解其背后的设计理念和美学原理。只有这样，我们才能将技术与艺术相结合，创作出既有商业价值又兼具艺术美感的网店视觉作品。

同时，我们也应该认识到，基础技能的掌握并不是一蹴而就的，需要我们不断地学习、实践和积累。在学习的过程中，我们要保持求真务实的态度，不浮躁、不盲从，脚踏实地地提升自己的专业素养和综合能力。只有这样，我们才能在未来的职业生涯中走得更远、更稳。

4.4.2　修补工具

① 作用：将选中区域的像素由其他区域的像素替换或替换其他位置的像素。
② 特色：适合较大范围像素的修改和替换，而且保留了原像素亮度信息。
③ 原理：利用修补工具修补图像的原理如图 4-22 所示。

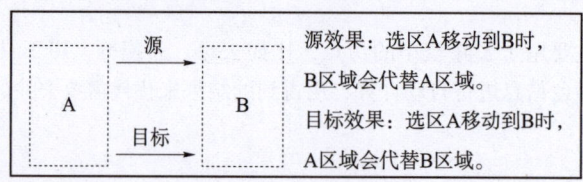 

图 4-22　修补原理　　　　　　　　　　　　　　修补工具

④ 属性栏：修补工具属性栏如图 4-23 所示。

图 4-23　修补工具属性栏

第 4 章 视觉美工之 Photoshop 基础

图 4-24 中右下角的包是赠品，销售一段时间后，包已经送完了，需要删除。那怎么办呢？这时，就可以使用修补工具来完成。

操作步骤如下：

步骤 1　打开图片，如图 4-24 所示。

步骤 2　单击"修补工具"按钮，如图 4-25 所示，并在属性栏中选择"源"，在图片中拖动鼠标，框选将要去除的包。

图 4-24　案例图

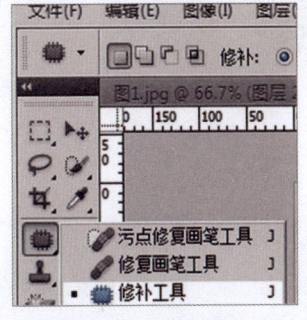

图 4-25　修补工具

修补工具

步骤 3　将鼠标放在选取区域内，将区域拖动到包上面的纯色背景中，如图 4-26 所示。

步骤 4　松开鼠标，即成功完成修复替换，如图 4-27 所示。

图 4-26　修补移动替换

图 4-27　最终效果图

4.4.3　仿制图章工具

图章，顾名思义，是用来盖印图像的。仿制图章工具如图 4-28 所示。

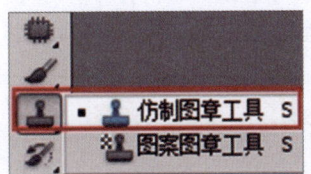

图 4-28　仿制图章工具

仿制图章工具

仿制图章工具通过复制图像的某一部分来达到修复图像的目的，可以用来复制部分图像、消除人物脸部斑点、去除不相干的杂物、填补图片空缺、去水印等（仿制可以在两张图像上进行）。图 4-29

83

和图 4-30 是使用仿制图章工具去除叶子的前后对比图。

图 4-29　原图

图 4-30　最终效果图

操作步骤如下：

步骤 1　打开图 4-29，若需要将左边的叶子去除，则需要将叶子左边的底板进行仿制。

步骤 2　单击"仿制图章工具"按钮，将鼠标放在叶子左边的区域，按住 Alt 键，此时仿制图章工具的图标会变成十字同心圆，如图 4-31 所示，单击鼠标左键，便设置了仿制图章工具的仿制源。

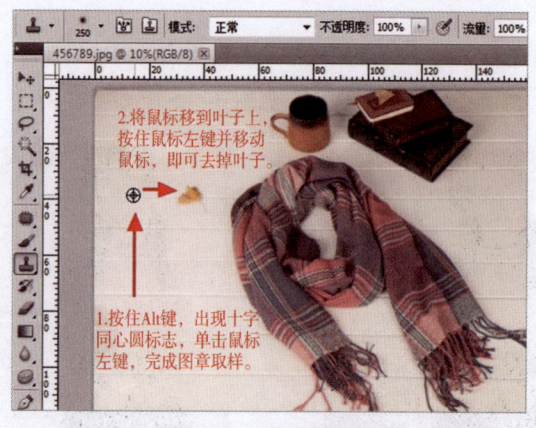
图 4-31　仿制图章工具

步骤 3　将鼠标移至叶子上，按住鼠标左键移动鼠标，即可去除叶子。

4.5　美图调色

相机拍摄的图片经常会因为光线的不合适而产生各种色调问题，如曝光不足或曝光过度、有偏色、太暗或太亮等，对此可以使用 Photoshop 调色工具进行调整。

4.5.1　亮度调整——色阶工具

色阶指的是一张图像中，像素从最暗到最亮区域的分布情况。如图 4-32 所示的西北兰州农特产青城干面，整体色调偏深偏暗，可用色阶工具进行调整，调整好的面条亮度明显好看多了，如图 4-33 所示。

色阶工具

第 4 章 视觉美工之 Photoshop 基础

图 4-32　原图　　　　　　　　　图 4-33　最终效果图

操作步骤如下：

步骤 1　在菜单栏中选择"图像→调整→色阶"命令（快捷键 Ctrl+L），如图 4-34 所示，可打开"色阶"对话框。

步骤 2　将"输入色阶"右下角的白色三角形往左推动，如图 4-35 所示，图像就会渐渐变亮，然后单击"确定"按钮并保存。

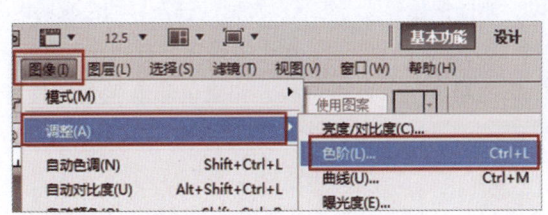
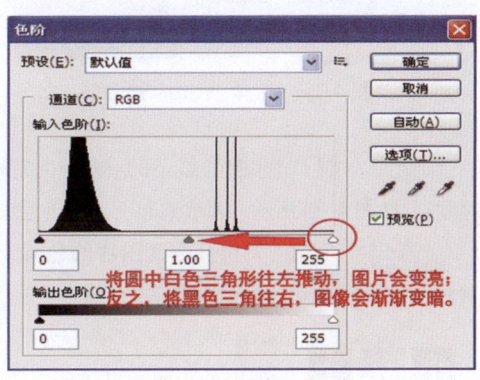

图 4-34　选择"色阶"命令　　　　　图 4-35　"色阶"对话框

小贴士

曲线也有调节亮度的功能：选择"图像→调整→曲线"命令（快捷键 Ctrl+M）。
阴影/高光可以对图像中的阴影和高光部分单独进行调整：选择"图像→调整→阴影/高光"命令。

4.5.2　色彩调整——色相/饱和度工具

图像色彩不够饱满、不够鲜亮可以使用色相/饱和度工具来调整。图 4-36 所示是颜色欠饱满的樱桃，通过色相/饱和度工具调整变成成熟的樱桃，可以增加消费者的购买意愿，如图 4-37 所示。

色相/饱和度工具

85

图 4-36　原图

图 4-37　最终效果图

操作步骤如下：

步骤 1　在菜单栏中选择"图像→调整→色相/饱和度"命令（快捷键 Ctrl+U），如图 4-38 所示，可打开"色相/饱和度"对话框，如图 4-39 所示。

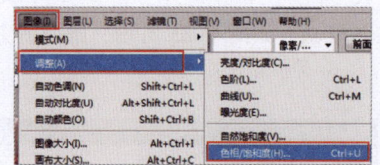
图 4-38　选择"色相/饱和度"命令

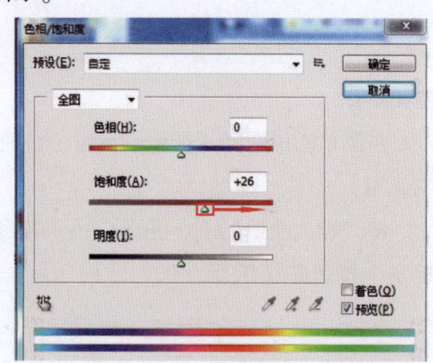
图 4-39　"色相/饱和度"对话框

步骤 2　将"饱和度"线下的三角标向右移动，则图像色彩变得饱满、鲜艳（往左移动会减弱饱满、鲜艳度），如图 4-39 所示。调节饱和度，以接近食物色彩为准，调节好后，单击"确定"按钮并保存。

步骤 3　色相的调整会改变图片的色彩，如果色彩真实，可不调整，如果色彩有偏差，具体可以参照商品真实色彩做轻微调整。

> **小贴士**
>
> 色相工具常应用于将同一款商品制作出不同的颜色，例如制作同一款式不同颜色的鞋，如图 4-40 所示。
>
> 当饱和度的值调到"-100"时，图片就呈现黑白色。
>
>
> 图 4-40　用色相工具制作出同款不同色的洞洞鞋

第 4 章　视觉美工之 Photoshop 基础

4.5.3　清晰图片——锐化工具

锐化工具可以使图像的细节更清晰、更锐利，提高图片的清晰度。
操作步骤如下：

步骤 1　打开要修改的图片。

步骤 2　选择"滤镜→锐化→USM 锐化"命令。

步骤 3　打开"USM 锐化"对话框，如图 4-41 所示，可以分别调整"数量""半径""阈值"，使图像变清晰。

步骤 4　如果想让主体区域更清晰，可以使用羽化命令，设置合适的数值，再进行色阶、曲线、饱和度的调整，这样效果就更完美了，如图 4-42 所示。

图 4-41　"USM 锐化"对话框

图 4-42　最终效果图

锐化工具

清晰图片——
锐化工具

4.5.4　模特美容——液化工具

对于网店中的中小卖家来说，由于资金问题，对于模特的选择是比较有限的。假如有一家女装网店，女模特过于肥胖，不太适合广告宣传，那么在不更换模特的情况下，如何实现模特的瘦身和美体呢？可以使用液化工具进行处理，如图 4-43 和图 4-44 所示，处理后的图片更能吸引消费者。

图 4-43　原图

图 4-44　最终效果图

液化工具

操作步骤如下：

步骤1　打开图片（如图4-43所示）。

步骤2　在菜单栏中选择"滤镜→液化"命令（快捷键Ctrl+Shift+X），进入"液化"对话框。

步骤3　在"液化"对话框左上角单击"向前变形工具"按钮（快捷键W），在上衣处按住并拖动鼠标，向外推或向里推（如图4-45所示，注意拖拉过程中笔型的大小，因为笔型的大小会影响产生液化变形的区域）。

步骤4　单击"确定"按钮，出现如图4-44所示效果图，保存文件。

清晰图片——
锐化工具

图4-45　"液化"对话框

小贴士

液化工具可以实现模特整体的瘦身和局部的瘦身与变形，也可以用于制作艺术变形效果字体等。在"液化"对话框左边工具箱中除了"向前变形工具"，还有"顺时针旋转扭曲工具""褶皱工具""膨胀工具"等，都可以制作出不同效果的特效画面。

【课后练习题】

1. 简述目前网络上最常用的图像格式。为什么它们会被广泛应用于网络上？
2. 简述位图与矢量图的区别。
3. 列出常见的4种颜色模型与6种以上的颜色模式。
4. 列出8个以上Photoshop功能及其对应的快捷键。
5. 请根据本章所学知识，自选案例进行裁剪、修图、美图调色的练习。

【同步训练习题】

二维码中的练习题分为单选题、多选题、判断题、简答题、实训题，具体请扫二维码完成任务。

同步训练习题

第5章 视觉美工之 Photoshop 进阶

【学习目标】
- 了解图层的含义并熟悉图层面板功能。
- 掌握 Photoshop 中常用的抠图技能。
- 掌握文字工具及"fx"特效功能的使用技能。
- 掌握蒙版和通道的使用技能。
- 掌握倒影、切片、动画效果图的制作技能。
- 培养对 Photoshop 高级功能的应用与创新能力。
- 培养一丝不苟、精益求精的工匠精神。

【学习导图】

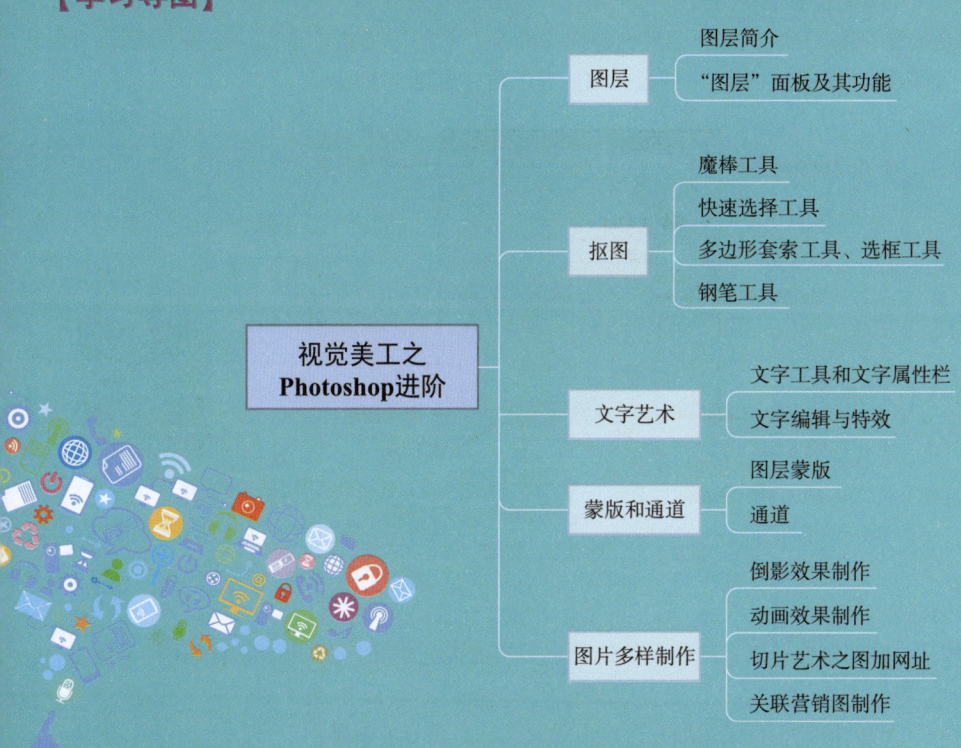

对于视觉设计师（美工）来说，如何更好地用好 Photoshop 软件中的抠图、文字、fx（添加图层样式）、通道、蒙版等功能也是进阶必须课。特别是网店中的移花接木术——抠图技术，更是视觉设计师（美工）的重中之重。本章我们将以网店实际案例来讲解 Photoshop 中常用的视觉美工技能。

5.1 图层

5.1.1 图层简介

图层是构成图像的重要组成部分。许多图像效果都是可以通过对图层的直接操作而得到的，即利用图层可以实现对图像的调整、修改和管理等，非常直观而简便。

通俗地讲，图层是可以在上面绘制图像的多层玻璃板，只要上方的玻璃板是透明的，就可以通过透明的部分看到下面的图像，这样一层层的图像叠加起来就得到了最后的效果图（俯视图）。而每一个图层又相互独立、互不干扰，可以单独管理和操作。

5.1.2 "图层"面板及其功能

"图层"面板是负责管理图层的面板，图层的操作需要在"图层"面板中进行。选择"窗口→图层"命令即可打开"图层"面板，"图层"面板在软件右下角，如图 5-1 所示。

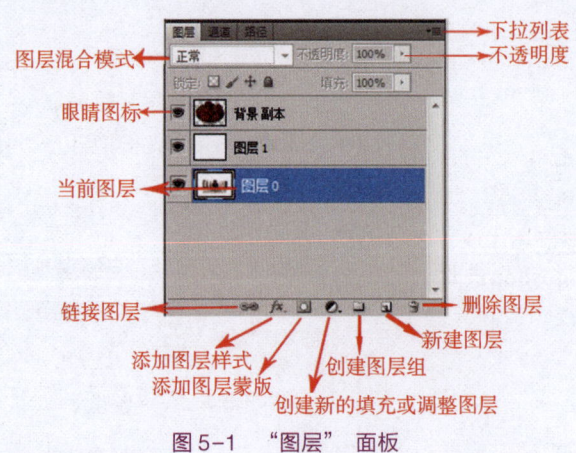

图层简介

图 5-1 "图层" 面板

"图层"面板的部分功能如下所示：

① 图层混合模式：在图层混合模式选框中可以设定图层的混合模式。图层的混合模式种类较多，使用时可根据需要选择。

② 眼睛图标：显示眼睛图标为可见图层，再单击眼睛图标隐藏当前图层。

③ 当前图层：单击某图层，该图层显示为蓝色，表示该图层被选定，称为当前图层，表示进入编辑状态。图 5-1 中的图层 0 即为当前图层。

④ 不透明度：在不透明度输入框中输入数值，可以设定图层的不透明度。不透明度选项值为 0~100%。数值越小，透明度越高，常用于水印效果设置。

⑤ 添加图层样式：单击此按钮，可以为当前图层添加图层样式。

⑥ 添加图层蒙版：单击此按钮，可以为当前图层添加图层蒙版。
⑦ 创建图层组：单击此按钮，可以新建一个图层组。
⑧ 新建图层：单击此按钮，可以新建一个图层。
⑨ 删除图层：单击此按钮，可以删除当前选定的图层或图层组。

5.2 抠图

抠图是网店美工的必修课，也是网店图片处理过程中最重要的工作之一——将抠出的图片合成到新背景中，以增加消费者购买的欲望。抠图其实并不难，但是需要耐心、细心。网店美工常用的Photoshop抠图工具如表5-1所示。

表5-1 网店美工常用的Photoshop抠图工具

序号	抠图工具	工具样式	适合对象	对象特点
1	快速选择工具与魔棒工具	矩形选框工具 M／椭圆选框工具 M／单行选框工具／单列选框工具	简单图像	背景色单一的物体
2	套索工具	套索工具 L／多边形套索工具 L／磁性套索工具 L	简单图像	多边形规则物体（磁性套索工具可沿有弧度的物体边缘线抠图）
3	选框工具	快速选择工具 W／魔棒工具 W	简单图像	圆形、椭圆形、长方形、正方形等规则物体
4	钢笔工具	钢笔工具 P／自由钢笔工具 P	简单图像、复杂图像	直线、多边形和圆弧形物体
5	蒙版工具	图层 通道 路径／RGB Ctrl+2／红 Ctrl+3／绿 Ctrl+4	复杂图像	常用于抠取人物
6	通道工具		复杂图像	毛绒玩具、头发等不规则物体（颜色差别比较大，但边缘又不规则）

5.2.1 魔棒工具

① 适用范围：背景色单一图片的抠图。
② 属性：魔棒工具最重要的属性是容差，容差就是魔棒在自动选择相似的颜色选区时的近似程度。容差越大，选取的范围也越大，其数值为0~255。魔棒工具如图5-2所示。

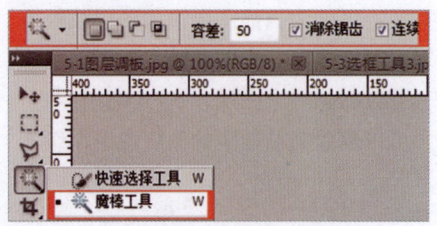

图5-2 魔棒工具

魔棒工具抠图

③ 使用原理：根据魔棒选取处的颜色，选中与其颜色基本一致的区域。如图 5-3 所示，剃须刀的背景是粉色的，颜色单一，可使用魔棒来选择背景。

操作步骤如下：

步骤1　打开图 5-3 和图 5-4，选择魔棒工具（快捷键 W）。

步骤2　在剃须刀图片窗口中，将属性栏中容差值设为 50，勾选"消除锯齿"和"连续"，如图 5-2 所示。

步骤3　用鼠标单击粉色区域，即可出现跳动的虚线将粉色背景选中，如图 5-5 所示。

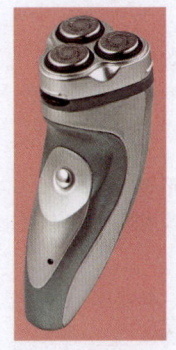
图 5-3　剃须刀

图 5-4　绿色背景图

图 5-5　用魔棒工具选中粉色背景

步骤4　如果要选中剃须刀，则只需将选区反向选择。在粉色选区上单击鼠标右键，然后选择"选择反向"命令（快捷键 Ctrl+Shift+I），如图 5-6 所示，完成后，剃须刀被虚线包围，成为选区，如图 5-7 所示。

步骤5　选择"编辑→复制"命令（快捷键 Ctrl+C），再切换到绿色背景图窗口，执行"编辑→粘贴"命令（快捷键 Ctrl+V）。

步骤6　调整剃须刀的大小（利用自由变换工具，快捷键 Ctrl+T），并移动抠好的剃须刀到相应位置，如图 5-8 所示。

图 5-6　"选择反向"命令

图 5-7　选中剃须刀

图 5-8　最终效果图

第 5 章　视觉美工之 Photoshop 进阶

5.2.2　快速选择工具

快速选择工具可以根据物品和背景的颜色差别来选出物品，也是常用的抠图工具之一，适用于背景色单一的图片。

操作步骤如下：

步骤 1　打开图片，在工具箱中单击"快速选择工具"按钮，如图 5-9 所示。

步骤 2　在属性栏中选择"添加到选区"模式，并设置画笔大小（快捷键"["为缩小，"]"为放大），如图 5-10 所示。

快速选择工具

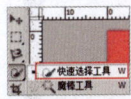
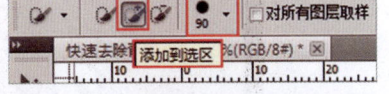

图 5-9　单击"快速选择工具"按钮　　图 5-10　快速选择工具属性栏

步骤 3　将鼠标在剃须刀上单击并拖动，剃须刀部分被选中，如图 5-11 所示。一直单击并拖动鼠标，最终选中整个剃须刀，如图 5-12 所示。

步骤 4　类似于 5.2.1 魔棒工具抠图步骤 5、步骤 6。

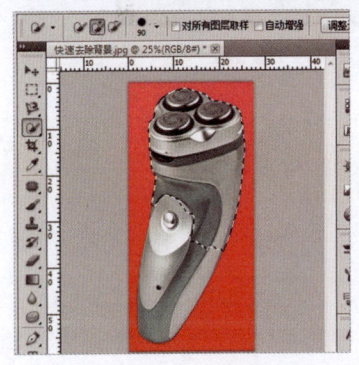
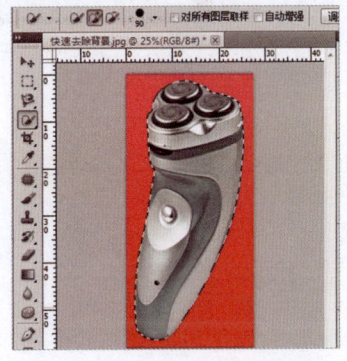

图 5-11　用"画笔"添加选中部分区域　　图 5-12　选中剃须刀全部区域

5.2.3　多边形套索工具、选框工具

多边形套索工具可以用来抠出边界是直线的多边形，如图 5-13 所示。

选框工具分为矩形选框工具和椭圆选框工具，两者都可以实现图像区域的选取和抠图。选框工具在工具箱中，如图 5-14 所示。

操作步骤如下：

步骤 1　打开案例图，然后单击"多边形套索工具"按钮，如图 5-13 所示。

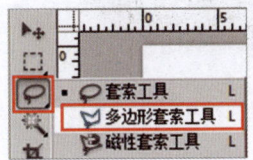
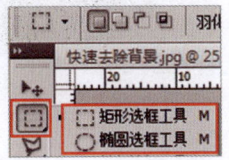

图 5-13　多边形套索工具　　　　图 5-14　选框工具

93

步骤 2　依次单击需要抠出的多边形图像的顶点，最后回到第一个点进行闭合，即可得到图像的选区，如图 5-15 所示。

步骤 3　类似于 5.2.1 魔棒工具抠图的步骤 5、步骤 6。

图 5-15　用多边形套索工具选中全部区域

小贴士

用选框工具画出正方形的选区或正圆形的选区，需要按住 Shift 键。

5.2.4　钢笔工具

钢笔工具常用于对圆弧形物体和直线形物体的精准抠图，在美工的实际工作中非常实用。

操作步骤如下：

步骤 1　打开图 5-16。

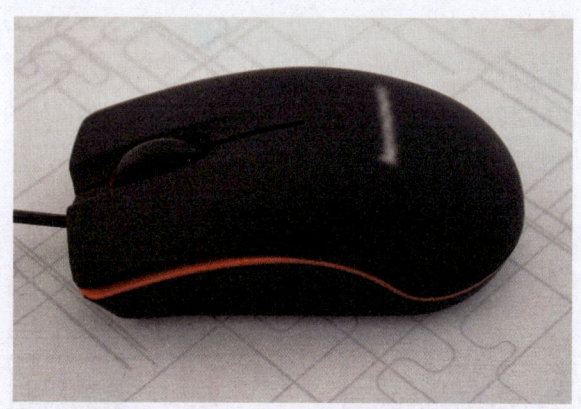

钢笔工具抠图

图 5-16　鼠标原图

第 5 章 视觉美工之 Photoshop 进阶

步骤 2　在工具箱中单击"钢笔工具"按钮（快捷键 P），再单击属性栏中的"路径"按钮，如图 5-17 所示。

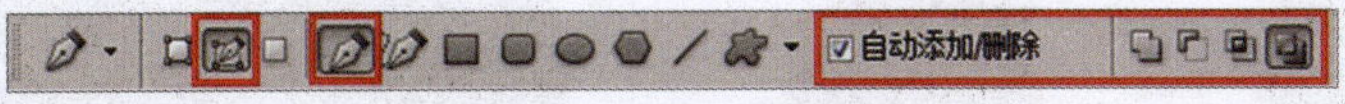

图 5-17　钢笔工具属性栏

步骤 3　在"鼠标原图"主体边缘任何一个位置选择一个起点，单击鼠标左键，出现一个锚点 A，如图 5-18 所示。

步骤 4　顺着抠图的边找下一个点，单击鼠标左键，出现一个锚点 B（此时，鼠标左键不要松开），如图 5-19 所示。沿着边的方向拉出去或左右旋转，当弧度刚好紧贴"鼠标"边的时候松开左键，如图 5-20 所示。

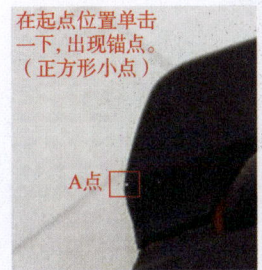
图 5-18　新建起始锚点 A

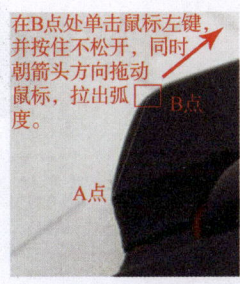
图 5-19　增加锚点

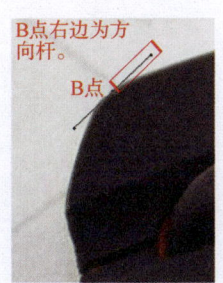
图 5-20　拖出弧度

步骤 5　将鼠标移动至线段的中点，并按住 Alt 键，出现如图 5-21 所示标志，在线段中点单击鼠标左键，去掉方向杆（B 点右半边直线）。

步骤 6　按住 Ctrl 键移动方向杆，精调弧度，力求弧度贴紧"鼠标"边缘，如图 5-22 所示。

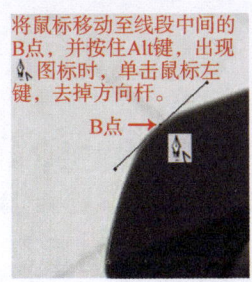
图 5-21　去掉方向杆

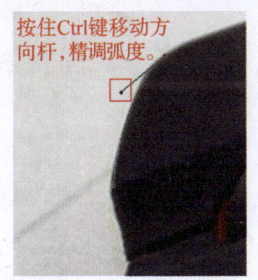
图 5-22　精调弧度

步骤 7　沿着"鼠标"边缘，不断重复上面步骤，将"鼠标"全部选中，并闭合路径，如图 5-23 所示（碰到直线边时，直接单击下一个锚点即可）。

步骤 8　在图 5-23 选中的"鼠标"路径内部，单击鼠标右键，出现菜单，选择"建立选区"命令，设置羽化半径为"1"，建立选区后效果图如图 5-24 所示。

步骤 9　选择"编辑→复制"命令（快捷键 Ctrl+C），再打开背景图 5-25，选择"编辑→粘贴"命令（快捷键 Ctrl+V）。

步骤 10　调整抠好的"鼠标"大小（利用自由变换工具，快捷键 Ctrl+T），并移动抠好的"鼠标"到合适的位置，最终效果图如图 5-26 所示。

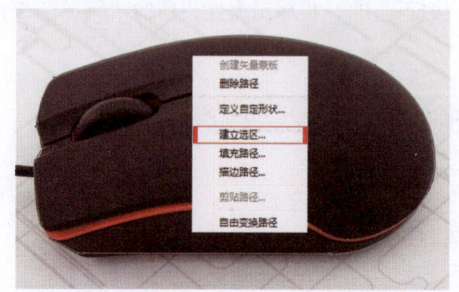
图 5-23 选择"建立选区"命令

图 5-24 建立选区后效果图

图 5-25 米色背景图

图 5-26 最终效果图

5.3 文字艺术

5.3.1 文字工具和文字属性栏

文字工具分为文字工具和文字蒙版工具两类。文字工具做出的文字是以文字图层的形式存在的，文字蒙版工具做出的是文字的选区。文字工具如图 5-27 所示。文字工具的属性栏如图 5-28 所示。

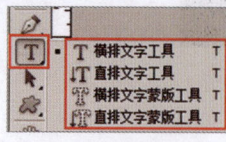
图 5-27 文字工具

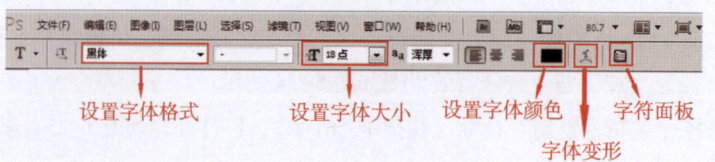
图 5-28 文字工具属性栏

第 5 章　视觉美工之 Photoshop 进阶

> **小贴士**
>
> 在网店图片设计中，最常见的字体为黑体系列，黑体可以营造正规、大气、上档次等多方面的视觉心理。例如天猫、1号店、京东等电商平台的首页图片以及商品主图和详情页图片中的字，大部分都是黑体或微软雅黑等黑体系列。

广告法禁用词汇总

法律意识：新版广告法发布后，需要注意哪些词语是禁止出现在宝贝主图、标题、副标题、详情页以及商品包装等场景内呢？这是电商设计师必须知晓的，否则要付出巨大代价。与"最""一""级/极""首/家/国"等相关的词汇要谨慎使用。

惩罚措施：新广告法第五十七条规定，若有发布有新法第九条规定的禁止情形的广告的，由工商行政管理部门责令停止发布广告，对广告主处二十万元以上一百万元以下的罚款。情节严重的，可以吊销营业执照，由广告审查机关撤销广告审查批准文件，一年内不受理其广告审查申请。具体内容可扫二维码学习。

5.3.2　文字编辑与特效

新建一个 800 像素×800 像素的图像，选择"横排文字工具"命令；在图像空白处单击鼠标左键，出现输入文字的光标，输入文字"秋季首发"；按回车键换行，输入"满 200 减 100 包邮"；按回车键换行，输入"仅限新品 全面上线"；按回车键换行，输入"前 50 名 送价值 19 元洗衣袋一个"；单击属性栏右侧的"√"按钮，确定输入，如图 5-29 所示。

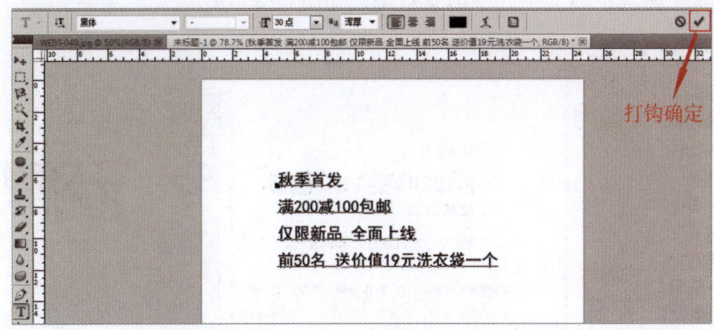

特效文字制作

图 5-29　新建文字

分别选择每行文字，可以进行字体、大小、颜色等设置，如图 5-30 所示。

图 5-30　设置字体

由于改变了字体大小，第二行和第三行行距变小，此时，可以在"字符"面板进行行距的设置。操作方法是：用鼠标选中第二行和第三行文字，打开"字符"面板，在设置行距的框内输入合适的行距，如图 5-31 所示。然后单击属性栏右侧的"√"按钮，确定输入，如图 5-32 所示。

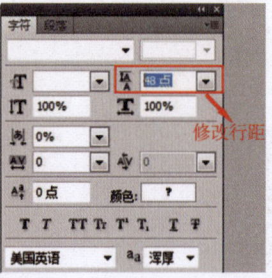

图 5-31　行距修改　　　　　　　　　　　图 5-32　修改后效果图

在文字下方空白处，使用横排文字工具写上文字"NEW ARRIVAL"，打钩确定。然后在"图层"面板中选中这个文字图层，单击面板下方的"fx"按钮，如图 5-33 所示。

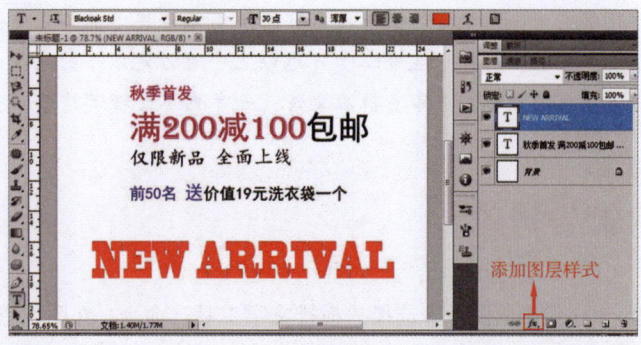

图 5-33　添加图层样式

在"混合选项"中，选择"渐变叠加"命令，如图 5-34 所示，然后打开"图层样式"面板的渐变窗口，选择一种渐变模式，则文字产生渐变效果，如图 5-35 所示。

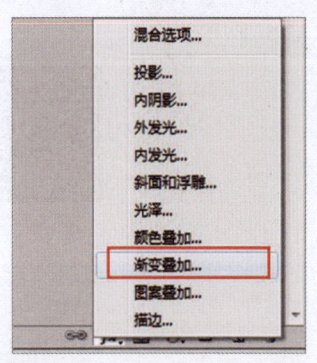 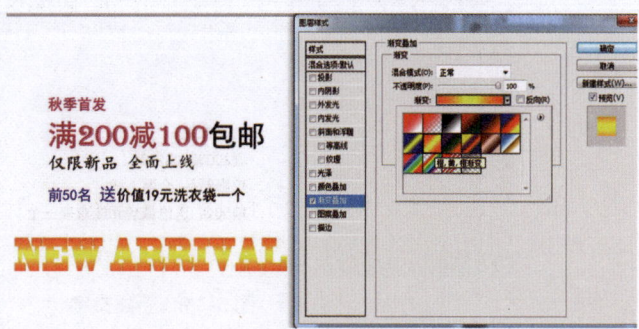

图 5-34　选择"渐变叠加"命令　　　　　图 5-35　渐变后效果图

小贴士

fx 功能适用于对文字和图片进行特效制作。如图 5-34 所示，"投影""外发光""描边"等功能也常用于网店图片特效设计。因此，建议将"图层样式"中的所有功能都操作一遍。

第 5 章　视觉美工之 Photoshop 进阶

5.4　蒙版和通道

5.4.1　图层蒙版

图层蒙版是指给图层加一个特殊的盖罩，在保留图层不被破坏的情况下，让图层部分显示，部分不显示，从而让该图层与其他图层产生融合效果。因此，图层蒙版通常用来制作图像融合。

图层蒙版上只能使用三种颜色：白色（图层显示）、黑色（图层隐藏）、灰色（图层半透明）。

图层蒙版的使用方法通过以下案例来说明：有一张人物图（如图 5-36 所示）和一张海报图（如图 5-37 所示），需要将人物放在海报的右侧，并产生自然融合的效果。

图 5-36　人物图

图 5-37　海报图

操作步骤如下：

步骤 1　将两张图同时在 Photoshop 软件中打开，使用魔棒工具将人物外侧的白色区域选中，并按快捷键"Ctrl+Shift+I"选择反向，选择人物作为选区，如图 5-38 所示。

图 5-38　魔棒抠图

蒙版

99

步骤2　使用移动工具，将人物拖动到海报图中（或按"Ctrl+C"键复制选区模特，再在海报图中按"Ctrl+V"键），放置在右侧，按"Ctrl+T"键将图像调整到合适的大小，如图5-39所示，可以看出人物和海报背景之间没有融合效果，显得不自然。

图5-39　合成后效果

步骤3　在"图层"面板中，选中人物图层，单击面板下方的"添加图层蒙版"按钮，如图5-40所示，人物图层后方出现白色的图层蒙版。

步骤4　在工具箱中选择渐变工具，并将前景色和背景色设置为白色和黑色，如图5-41所示。

步骤5　在渐变工具的属性栏中，单击"径向模式"按钮，如图5-42所示。

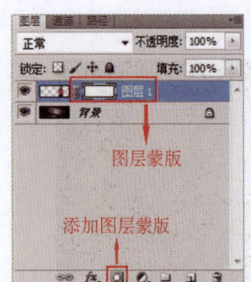 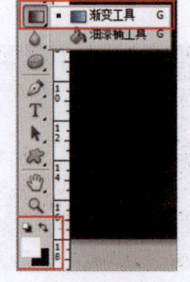 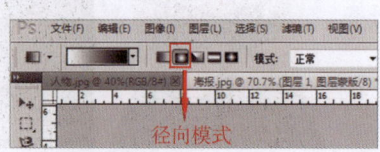

图5-40　单击"添加图层蒙版"按钮　　图5-41　背景色设置　　图5-42　单击"径向模式"按钮

步骤6　用渐变工具从人物中间向头顶上方拖出一条直线，如图5-43所示。

图5-43　选择渐变起止点

步骤7　放开鼠标，人物蒙版上产生渐变图像，人物产生较自然的融合效果，如图5-44所示。

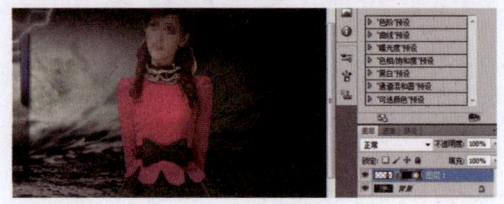

图5-44　最终效果图

第 5 章　视觉美工之 Photoshop 进阶

从 Photoshop 技能看创新时代的工匠精神

Photoshop 作为一款强大的图像处理软件，早已成为网店视觉营销与美工设计的必备工具。然而，掌握 Photoshop 技能，不仅仅是为了追求技术的熟练和效率的提升，更是对工匠精神的一种传承和发扬。

工匠精神，是对职业的敬畏，对产品的热爱，对技艺的精益求精。在 Photoshop 的学习中，我们应该秉持这种精神，不断钻研，追求细节的完美。每一个图层的叠加，每一个滤镜的选择，都蕴含着设计师对美的追求和对创新的渴望。

同时，我们也要认识到，Photoshop 技能的掌握不仅仅是个人能力的提升，更是对社会责任的担当。在网店视觉营销中，我们设计的每一张图片，都可能影响到消费者的购买决策，甚至影响到整个社会的消费趋势。因此，我们更应该以高度的责任感和使命感，去创作出既有美感又有价值的作品。

5.4.2　通道

通道分为颜色通道和 Alpha 通道两类，其中，颜色通道是用来存储颜色信息的，Alpha 通道是用来存储和修改选区的。"通道"面板在"图层"面板的后面，如图 5-45 所示。

通道最常见的应用是抠图。通道抠图的方法适用于烟花、头发、毛绒玩具等。例如将图 5-46 的人抠出，放到另一个背景图像中，效果如图 5-47 所示。

图 5-45　通道面板

图 5-46　原图

图 5-47　通道抠图后合成图

操作步骤如下：

步骤 1　用 Photoshop 打开图 5-46，单击"通道"面板，如图 5-48 所示。

图 5-48　单击"通道"面板

通道工具抠图

步骤 2　用鼠标分别单击红、绿、蓝三个通道，观察头发和背景的颜色差别，选出差别最大的一个通道，这里选择蓝通道，单击鼠标右键，选择"复制通道"命令，如图 5-49 所示。

步骤 3　选择复制的蓝通道，在菜单栏中选择"图像→调整→色阶"命令（快捷键 Ctrl+L），打开"色阶"对话框，调整色阶，让头发更黑，背景更白，单击"确定"按钮，如图 5-50 所示。

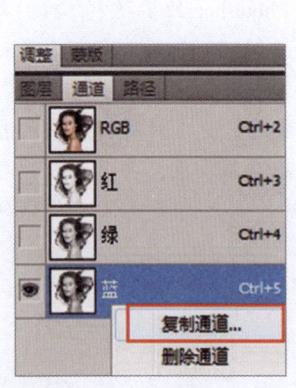
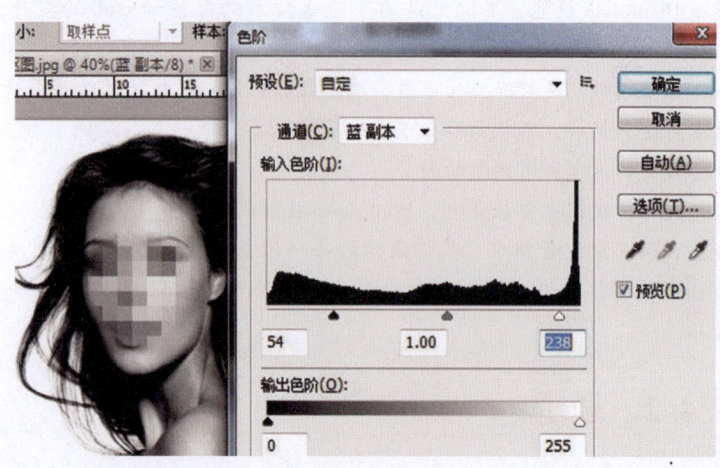

图 5-49　选择"复制通道"命令　　　　　　　　　图 5-50　调整色阶

步骤 4　单击"磁性套索工具"按钮，把人的脸和身体部分套住，如图 5-51 所示。然后填充黑色，如图 5-52 所示（也可以使用钢笔工具精准抠图，再填充黑色）。

图 5-51　用磁性套索工具选中区域　　　　　　　　图 5-52　将选区填充黑色

步骤 5　取消选区（快捷键 Ctrl+D），单击"通道"面板下方的虚线圆圈（将通道作为选区载入），可选出白色部分的选区，如图 5-53 所示。

步骤 6　在选区内进行"选择反向"操作（快捷键 Ctrl+Shift+I），然后单击 RGB 通道，如图 5-54 所示。

步骤 7　用移动工具将选区内的人拖动到另一张图像中，放在合适的位置，如图 5-55 所示。

第 5 章　视觉美工之 Photoshop 进阶

图 5-53　将通道作为选区载入

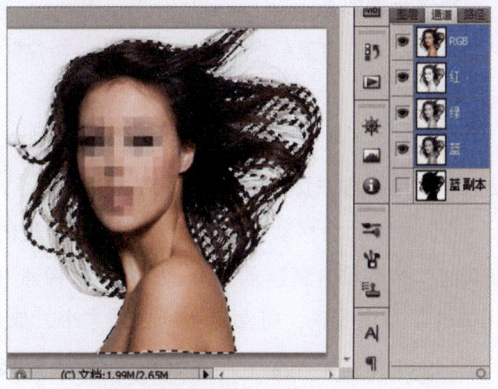

图 5-54　选区反向

图 5-55　最终效果图

5.5　图片多样制作

5.5.1　倒影效果制作

在网店中，为了增强消费者的购买欲望，往往会给商品图添加倒影效果。如图 5-56 所示，有一个女包，原图为白底图，且图像尺寸较大，现将该图像做成带倒影效果的主图。

图 5-56　女包原图

倒影效果制作

103

操作步骤如下：

步骤 1　在菜单栏中选择"文件→新建"命令，打开"新建"对话框，创建 800 像素×800 像素的图像。

步骤 2　打开女包原图，用魔棒工具选择白底部分，然后按快捷键"Ctrl+Shift+I"进行"选择反向"操作，选中女包，如图 5-57 所示。

步骤 3　用移动工具将女包移动到新建的图像上（或者在完成步骤 2 后按快捷键"Ctrl+C"复制选区，然后单击新建的 800 像素×800 像素主图，再按快捷键"Ctrl+V"粘贴），然后按快捷键"Ctrl+T"自由变换，将女包变到合适大小，放到图中间位置，如图 5-58 所示。

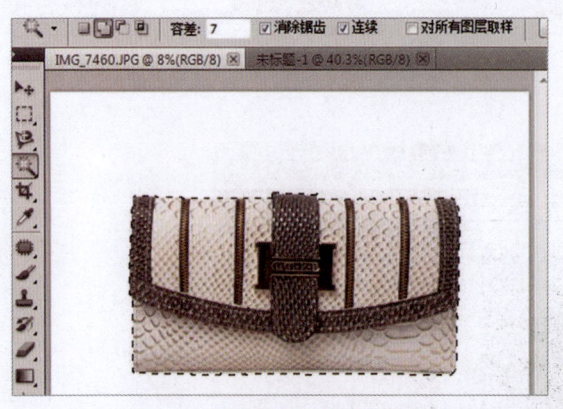 

图 5-57　用魔棒工具选择女包　　　　　　　图 5-58　移动女包至图像中间

步骤 4　复制女包的"图层 1"，得到图层 1 副本。选择图层 1，按快捷键"Ctrl+T"自由变换，然后单击鼠标右键，选择"垂直翻转"命令，如图 5-59 所示。

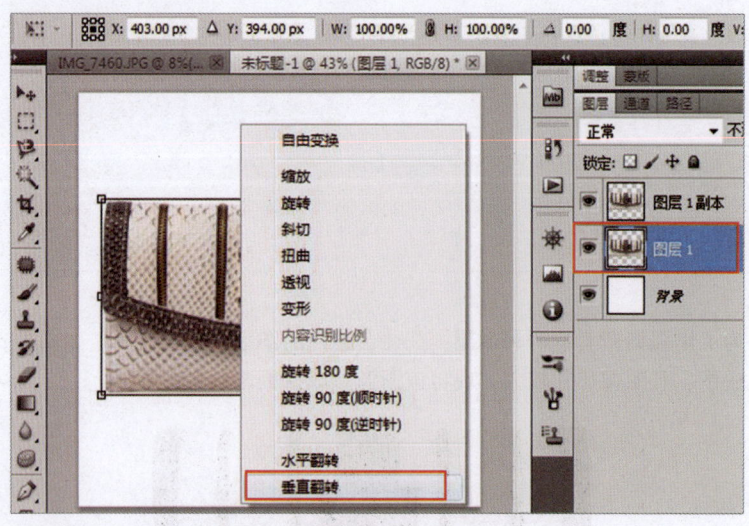

图 5-59　复制图层并"垂直翻转"

步骤 5　用移动工具将"图层 1"向下移动，移动的同时按住 Shift 键，将倒立的女包放到正立的女包下方，给"图层 1"添加图层蒙版，如图 5-60 所示。

第 5 章 视觉美工之 Photoshop 进阶

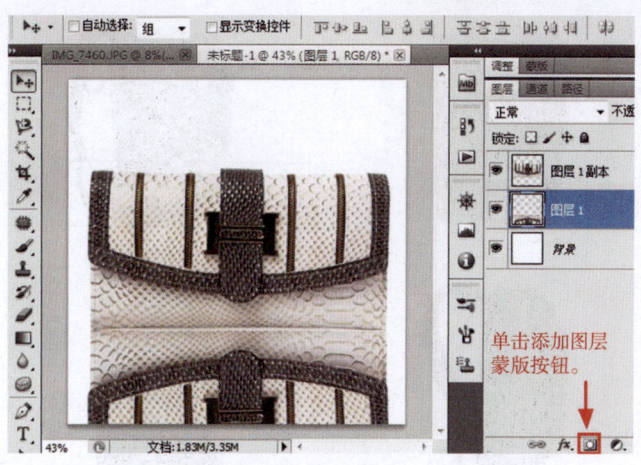

图 5-60 移动并添加图层蒙版

步骤 6　在工具箱中单击"渐变工具"按钮 ▇，并将前景色和背景色设置为黑色和白色，在渐变工具的属性栏中，单击"线性模式"按钮，如图 5-61 所示。

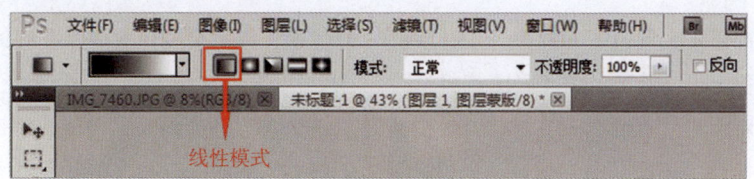

图 5-61 单击"线性模式"按钮

步骤 7　用渐变工具从图像最下方向图像中部拖出一条直线，如图 5-62 所示。
步骤 8　放开鼠标，产生倒影效果，如图 5-63 所示。

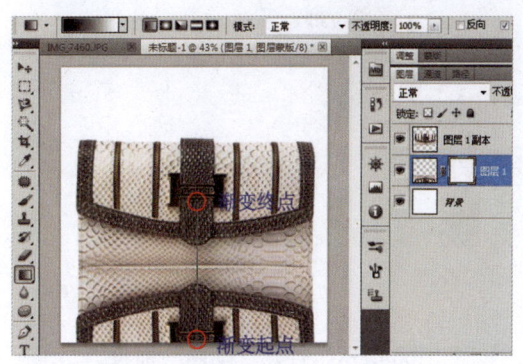 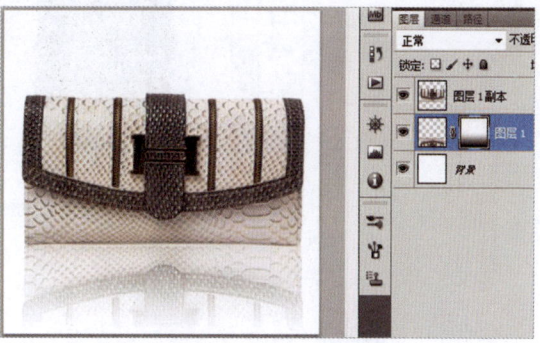

图 5-62 从起点往终点拉直线渐变　　　　　图 5-63 最终效果图

5.5.2　动画效果制作

网店中经常会用 GIF 动态图来展示产品，Photoshop 可以制作简单的 GIF 格式动态图像。
如图 5-64 所示，有一个背包的 4 张图像，分别从正面、右侧、侧面和背面进行拍摄，并处理为相同尺寸；可以将这 4 张图做成动画图，以刺激消费者的购买欲望，促成订单的达成。

105

动画效果制作

图 5-64　背包多角度图片

操作步骤如下：

步骤 1　打开 4 张背包图（原图为 750 像素×750 像素，如果要制作 600 像素×600 像素的，也可以使用前面讲的固定尺寸裁剪，将 4 张图裁剪为同一个尺寸）。

步骤 2　切换到"右侧.jpg"窗口，按快捷键"Ctrl+A"全选画面，再按快捷键"Ctrl+C"复制选区，然后切换到"正面.jpg"窗口，按快捷键"Ctrl+V"将背包右侧图粘贴到"正面"图中。再重复以上步骤，将"侧面.jpg"和"背面.jpg"粘贴放入"正面.jpg"窗口，如图 5-65 所示。

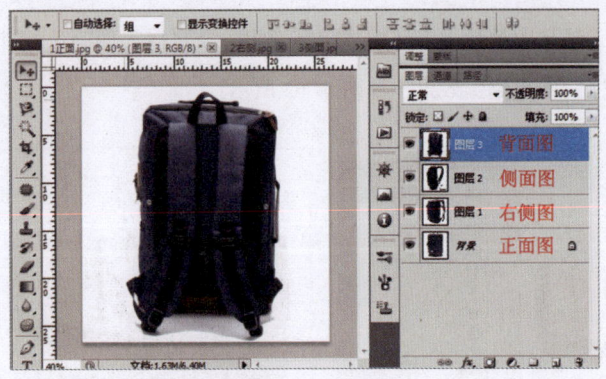

图 5-65　多图层叠加

步骤 3　在菜单栏中选择"窗口→动画"命令，如图 5-66 所示，打开"动画"面板，"动画"面板在图像的下方，如图 5-67 所示。

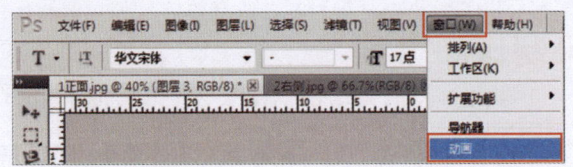

图 5-66　选择"动画"命令

第 5 章 视觉美工之 Photoshop 进阶

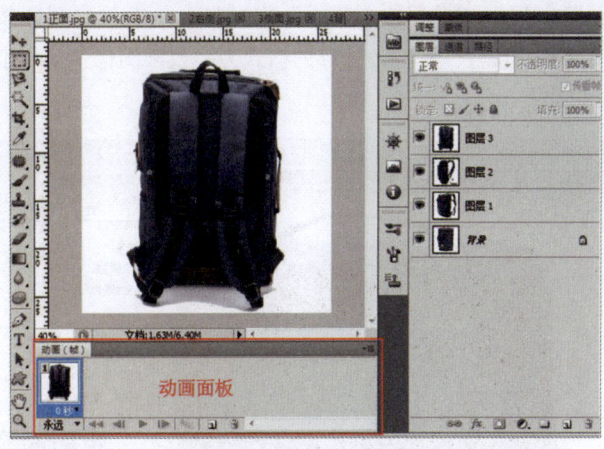

图 5-67 "动画"面板

步骤 4　单击"动画"面板右上角的"菜单"按钮，再选择"从图层建立帧"命令，如图 5-68 所示，此时"动画"面板中会出现其他几个图层的帧，如图 5-69 所示。

图 5-68　选择"从图层建立帧"命令

步骤 5　单击每一个帧下方的"0 秒"处，设置帧停留的时间。本例中可以设置为 1 秒，如图 5-70 所示。

图 5-69　从图层建立帧后效果

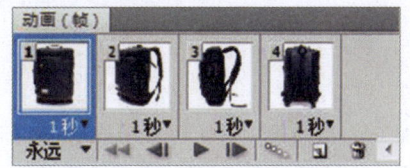

图 5-70　设置帧停留时间

步骤 6　在图 5-70 中单击"播放"按钮，可以看到图片播放效果。

步骤 7　在菜单栏中选择"文件→存储为 Web 和设备所用格式"命令，如图 5-71 所示。

图 5-71　选择"存储为 Web 和设备所用格式"命令

107

步骤8　打开"存储为 Web 和设备所用格式"对话框，单击"存储"按钮，如图 5-72 所示。打开保存对话框，选择要保存的位置，并修改保存的格式为"仅限图像"，如图 5-73 所示，动画图像制作完成。

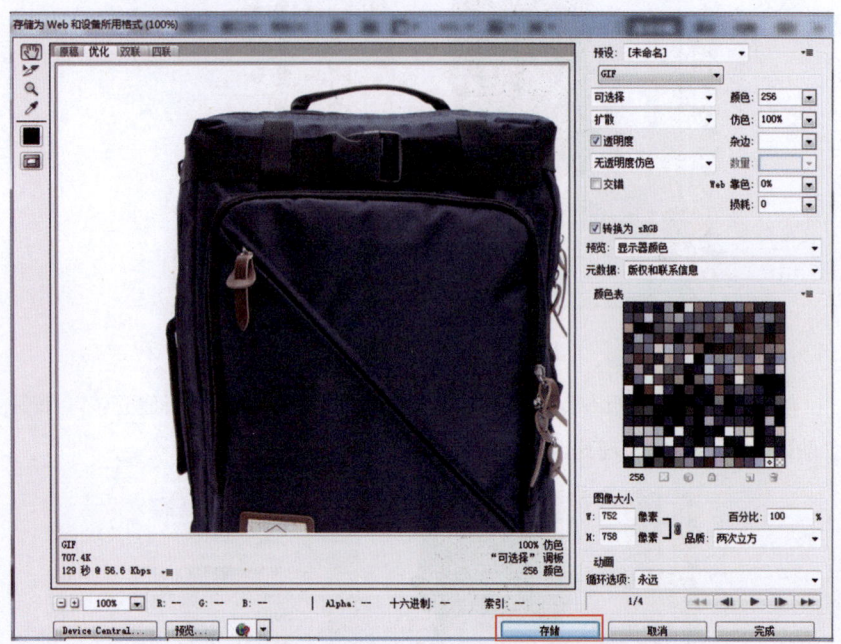

图 5-72　保存 GIF 格式动画

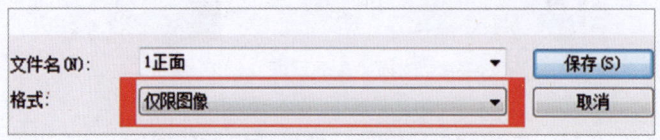

图 5-73　保存为"仅限图像"格式

5.5.3　切片艺术之图加网址

在网店的海报图中，通常可以单击标签进入商品的网址链接，这样的图可以用切片来完成。如图 5-74 所示，想在"PIPI系列""口手系列""清爽系列"上设置网址链接。

图 5-74　原图

第 5 章　视觉美工之 Photoshop 进阶

操作步骤如下：

步骤 1　在软件中打开图像，在工具箱中上选择"切片工具"命令，如图 5-75 所示。

切片艺术之图加网址

步骤 2　将鼠标放在"清爽系列"右下角，按住并拖动鼠标至"清爽系列"左上角，如图 5-76 所示。

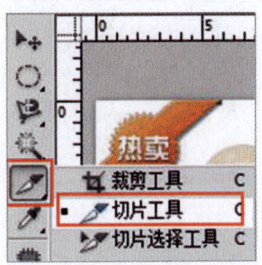

图 5-75　选择"切片工具"命令　　　图 5-76　按住鼠标拖动至左上角

步骤 3　放开鼠标后，图像产生多处切片，如图 5-77 所示。

图 5-77　切片划分"清爽系列"区域

步骤 4　用同样的方式，在"口手系列""PIPI 系列"右下角分别做出切片，如图 5-78 所示。（步骤 2~步骤 4，也可以按快捷键 Ctrl+R，先调出标尺，再从标尺中拉出对应的横、竖参考线，将需要的部分用参考线分开，最后在"切片"属性栏中选择"基于参考线的切片"，完成切片过程。）

图 5-78　切片划分多区域

步骤 5　在"PIPI 系列"上单击鼠标右键，选择"编辑切片选项"命令，如图 5-79 所示，打开"切片选项"对话框。

步骤 6　在"切片选项"对话框的"URL"和"目标"栏中，输入链接网址（这里以百度网址为例），单击"确定"按钮，如图 5-80 所示。

109

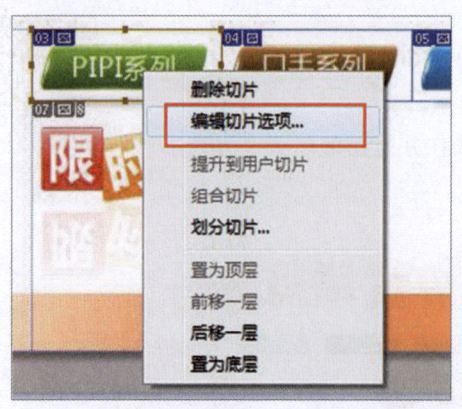
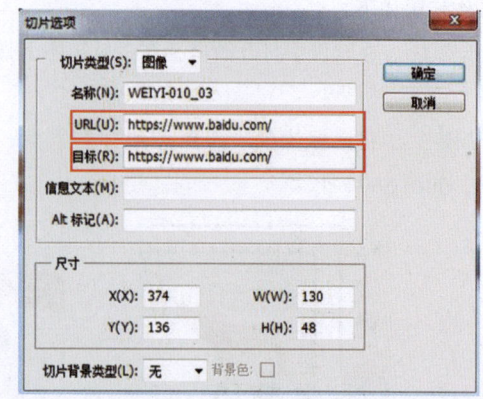

图 5-79 选择"编辑切片选项" 命令　　　图 5-80 在"切片选项" 中添加 URL 和网址

步骤 7 在"口手系列""清爽系列"上进行同样编辑，图像的切片设置完成，然后对图像进行保存。保存图像的方式与其他图像有所不同，在菜单栏中选择"文件→存储为 Web 和设备所用格式"命令，如图 5-81 所示。

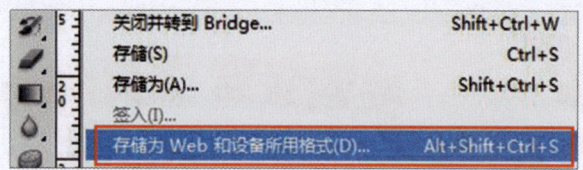

图 5-81 选择"存储为 Web 和设备所用格式" 命令

步骤 8 打开"存储为 Web 和设备所用格式"对话框，在"格式"中选择 JPEG，然后单击"存储"按钮，如图 5-82 所示。

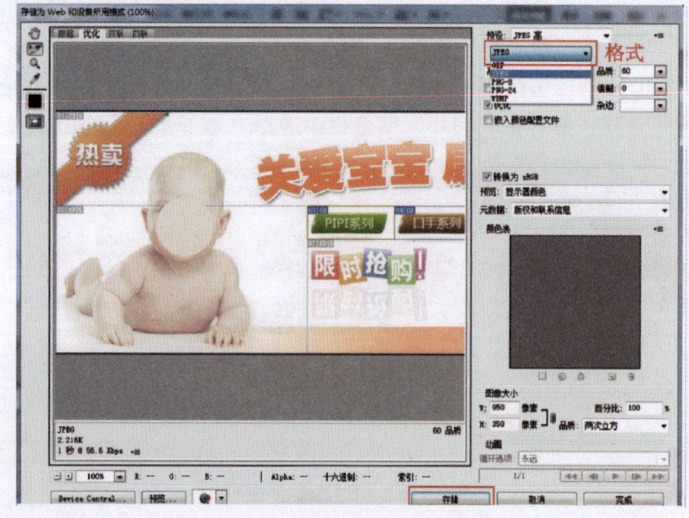

图 5-82 存储图像为 JPEG 格式

步骤 9 在"存储为 Web 和设备所用格式"对话框的"格式"中，选择"HTML 和图像"，如图 5-83 所示。单击"保存"按钮，就会生成一个 html 格式的网页和一个图片文件夹，如图 5-84 所示（在网页中可以单击设置过链接的部分，就会跳出对应的网址界面）。

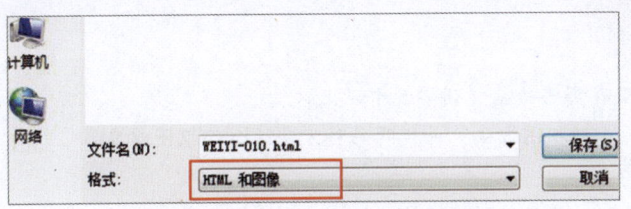
图 5-83　保存为 "Html 和图像" 格式

图 5-84　切片后网址和图片文件夹

> **小贴士**
> 切片能够将大图片通过切割分成若干个小图片，从而加快网络对图片的加载速度。

5.5.4　关联营销图制作

关联营销是一种建立在双方互利基础上的营销，它通过挖掘商品、品牌等所要营销实物的关联性，实现深层次的多面引导。

关联营销具有以下三大优势：

① 能够提高转化率，让更多的消费者来购买。

② 提高客单价，让消费者一次买更多。

③ 提高店面商品的曝光率。

常见的关联营销图制作方法有三种：

① 用 Photoshop 切片制作关联营销图。如图 5-85 中的关联营销图和对应的网址，可以参考本章 5.5.3 切片案例步骤来制作关联营销图。

② 用 Dreamweaver 软件制作关联营销图。有 Dreamweaver 软件功底的可以使用此法来制作关联营销图。

③ 用淘宝卖家中心后台 "心选" 功能制作关联营销图。目前，"心选" 属于免费制作关联营销图的工具之一，入口如图 5-86 所示。具体步骤可在百度搜索 "心选关联营销" 或参考淘宝论坛文章：bbs.taobao.com/catalog/thread/154503-267197541.htm。

图 5-85　商品详情页中的关联营销图

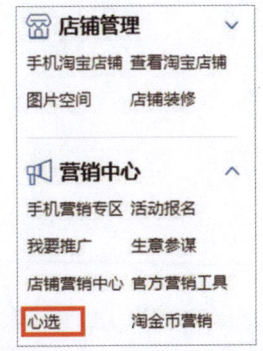
图 5-86　"心选" 工具入口

【课后练习题】

1. 简述什么是图层,"图层"面板里有哪些功能(列举5个以上)。
2. 列举Photoshop中网店美工常用的6种抠图方法,并说明每种方法适合的抠图对象。
3. 文字工具栏中有哪4种文字工具?
4. 列出本章用到的8个以上Photoshop功能及其对应的快捷键。
5. 请根据本章所学知识,自选案例进行抠图、文字工具、蒙版、倒影效果制作、动态图制作的练习。

【同步训练习题】

二维码中的练习题分为单选题、多选题、判断题、简答题、实训题,具体请扫二维码完成任务。

同步训练习题

下篇

视觉之"术"

第6章 网店首页视觉营销设计

【学习目标】
- 掌握网店店标的设计方法。
- 熟悉网店首页框架布局。
- 掌握店招和首页轮播图的设计方法。
- 掌握优惠券、活动专区的布局和设计方法。
- 掌握分类导航区、商品陈列区、页尾的布局和设计方法。
- 能设计店标、首页、店招、轮播海报图。
- 培养学生的团队协作能力和沟通能力,使他们能够与团队成员有效配合,共同完成任务。
- 强调职业道德和操守,确保设计作品合法合规。
- 培养品牌形象塑造能力,通过视觉设计传递品牌价值和理念。

【学习导图】

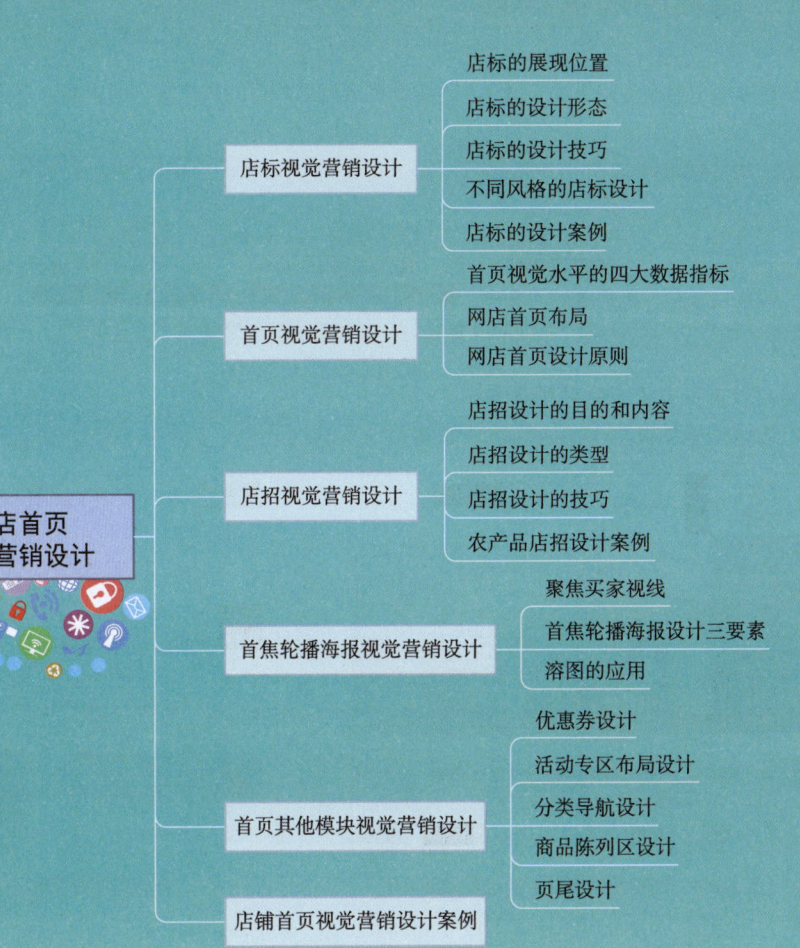

网店首页视觉营销设计对于卖家来说非常重要，高级上档次的装修，不管是从视觉上还是从感官上都能给买家带来良好的感受和体验。网店首页视觉营销设计的美观性，不但可以起到品牌识别的作用，让买家容易认知该品牌，从而产生心理认同感，还可以让买家在浏览网店的过程中，感受到卖家的品位、网店的艺术氛围。那么在网店首页视觉营销设计上有哪些要点呢？

网店首页视觉营销设计首先要在色彩方面科学搭配，不同的色点会让人产生不同的联想，因此在色系选择上要结合不同的商品进行选择。其次，要结合人眼观看和浏览信息的习惯，按照一定的规律来进行布局设计和调整。最后，在网店首页设计过程中，要对网店的"焦点"进行凸显，要让买家第一次进入网店后就抓住这个"焦点"内容，引导买家的消费行为，同时也更好地衬托出品牌形象。

6.1 店标视觉营销设计

为了提高互联网经营的辨识度，大到国际连锁品牌，小到零售网店，都有各自独特的店铺标志，简称店标。店标代表着企业的经营理念、文化特色、价值取向，反映企业产业特点、经营思路，是企业精神的具体象征。店标的作用是将网店的经营理念和服务作风等要素传达给买家。一个好的店标设计不但能吸引人眼球，更能增加网店的浏览量，因此店标设计对一个网店来说非常重要。店标视觉营销设计要整体构思、切合主题，凸显网店的主营业务，也可强调店名内涵，同时也要围绕主题选择合适的素材和色调。

6.1.1 店标的展现位置

店标在网店中的许多位置都有展现，对提高网店经营项目的辨识率与网店品牌宣传起着重要作用。

店招中的店标展现如图 6-1 所示。

微课：店标的设计（上）

图 6-1 店招中的店标展现

天猫商城首页中的店标展现如图 6-2 所示。

淘宝店铺搜索结果页中的店标展现如图 6-3 所示。

图 6-2 天猫商城首页中的店标展现

图 6-3 淘宝店铺搜索结果页中的店标展现

第6章 网店首页视觉营销设计

用别人的Logo会涉及侵权吗

版权侵权是指未经版权所有者许可而发布、复制或展示受版权保护的作品。最常见的侵权形式之一是一家公司试图使用一个看起来相似的Logo或使用类似语言作为另一个受版权保护的Logo。如果一个Logo使竞争对手的Logo造成混乱，那么该Logo的所有者将面临侵权的法律诉讼。但是，如果相似的Logo代表明显不同的产品或者该Logo属于不同地理区域的公司，则侵权行为可能不会发生。

6.1.2 店标的设计形态

店标是网店视觉传达要素的核心，也是网店开展信息传达的主导力量，这意味着店标作为一个固定标志会长期、反复地出现在各种场合，代表着网店的形象及经营内容和更多与营销有关的信息。店标常以文字的形式、图片的形式、文字和图片相结合的形式出现，而文字形式又可以分为中文、英文、中文与英文结合等三种形式。所以，一般来说，可以把店标分为以下五种形式：

1. 中文型店标

中文型店标主要由汉字单独构成，如图6-4所示。汉字作为古老的文字体系，包含了典雅而丰富的内涵，它的艺术形式独特而强烈，是世界上独特存在的一种艺术形式。中文型店标设计具有表达意思明确、视觉效果良好、易认易记等优点。

图6-4 中文文字型店标

玉环市农产品区域公用品牌：
鲜玉奇缘品牌视觉识别手册

行业视野

"鲜玉奇缘"是浙江省玉环市的农产品区域公用品牌，其品牌视觉识别手册详情可扫二维码学习。

如果要选择中文型店标，特别要注意文字的精练和信息的传达。因为店标的尺寸大小有限，能够把字看清楚并且醒目是最好的，想给予太多的信息反而会让传达效果大打折扣。

让汉字发扬光大

汉字是世界上最古老的文字之一，已有六千多年的历史。汉字是汉民族文化的瑰宝，是中华民族智慧的结晶。汉字具有集形象、声音和辞义三者于一体的特性，这一特性在世界文字中是独一无二的，因此它具有独特的魅力。在为国内企业和品牌做标志设计时，我们应充分发挥汉字的独特优势，重视汉字特点的挖掘，这样有助于汉字标志民族特性的发扬，有助于在世界艺术舞台上创造出具有鲜明中国特点的品牌标志！

2. 英文型店标

英文型店标主要是由英文字母构成，如图6-5所示。英文型店标具有几何化的造型特征，它的优点是言简意赅，形态变化多样，易懂易识别。

图6-5 英文型店标

如果选择英文型店标，特别要注意网店出售商品的范围和商品的风格是否和店标的感觉贴近。同样，因为英文标志不好理解，所以应该以简单和强烈的视觉冲击力为主。至于颜色搭配，也以冲击力强的对比色搭配为主。

3. 中文和非中文组合型店标

中文和非中文组合型店标让买家有一种中西结合、和国际接轨的大牌感觉，如图6-6所示。在表达形式上，因为英文部分设计感比较强，视觉冲击力比较大，形式也多种多样，所以给人的视觉感受都不错。

图6-6 中文和非中文组合型店标

在设计中文和非中文组合型店标时，如果英文的部分比较简单，那么它本身就很有视觉冲击力，可以模仿前两种店标的形式将其充分表现；如果英文部分比较长，比较复杂，那么可以把中文部分做得比较有视觉冲击力。

4. 图形型店标

图形型店标就是直接用图形来作为店标，如图6-7所示。其主要特点就是生动形象，便于识别与记忆。不仅如此，好的店标甚至能传递企业文化，赢得客户认可。但其缺点也显而易见，就是不便称呼和描述。

图6-7 图形型店标

5. 图文结合型店标

图文结合型店标就是图形与文字相结合的店标，如图6-8所示。这种店标既具有图形化的视觉冲击力，又能清楚地表述网店品牌信息，所以应用得非常广泛。如果只用图形作店标，而不带上店名或者品牌名，那么记忆是有限的；店标带上文字信息后，会让人一目了然。

图6-8 图文结合型店标

第6章 网店首页视觉营销设计

6.1.3 店标的设计技巧

一个出色的店标设计，不仅能吸引买家的眼球，还能增加网店的浏览量。在设计店标时，可以运用以下设计技巧：

1. 设计要有造型

在设计店标时，最好要有造型。因为店标造型的优劣不仅决定了其传达网店信息的效果，还会影响到买家对商品品质的信心与网店形象的认同，如图6-9所示。

2. 设计要有主导性

店标视觉营销设计是网店视觉传达的核心要素，也是网店信息传达的主导力量。店标是网店经营理念和经营活动的集中表现，不仅具有权威性，还是其他视觉要素构成的核心。因此，店标设计的前提就是要有主导性。

3. 设计要有统一性

店标的形象设计需要与该网店的经营理念、文化特色，以及经营的商品和特点相统一，只有这样才能获得买家的一致认同。

4. 设计要有识别性

识别性是店标设计的基本要求。通过独具个性的标志与其他网店及商品进行区别，是现代电子商务市场竞争的利器。因此，通过整体规划和设计的视觉符号必须具有独特的个性和强烈的冲击力，才能具有较高的竞争力。在企业识别系统设计中，标志是最具视觉认知、识别信息传达功能的设计要素，如图6-10所示。

5. 设计要有时代性

面对发展迅速的电商市场，以及不断的市场竞争形式，有必要对现有的标志形象进行改进，才能使网店标志更加与时俱进，具有鲜明的时代特征，如图6-11所示。

图6-9 有造型的店标

图6-10 有识别性的店标

图6-11 有时代性的店标

6. 设计要有系统性

店标的设计一旦确定，随之展开的就是标志的精致化，其中包括标志与其他基本设计要素的组合规定，目的就是要对未来标志的应用进行规划，达到系统化、规范化、标准化的科学管理。

7. 设计要有延伸性

标志是应用最为广泛、出现频率最高的视觉传达要素，有时需要在各种传播媒体上广泛应用。因

119

此，标志要根据印刷方式、制作工艺技术、材料质地和应用项目的不同，采用多种对应性和延展性的变体设计，以产生适宜的效果与表现。

6.1.4 不同风格的店标设计

在设计店标时，不同的行业和类目，针对不同的买家和不同的营销目的，会有一些设计上的共性和个性。

微课：店标的设计（下）

1. 柔美型店标设计

女性相关的行业和类目，在字体上可以选择能体现圆润感觉的圆角，能体现女性身段的纤细、高挑感的瘦型；把字体做一些变形处理，或者给字体做一些修饰，使线条的弧度感觉比较女性化。这样才能表现出女性的柔美与娇媚，如图6-12所示。

图6-12 柔美型店标设计

2. 阳刚型店标设计

针对男性的行业和类目，要重点表现男性的阳刚之美，如图6-13所示。

图6-13 阳刚型店标设计

和柔美型店标相比，明显可以看出阳刚型店标的字体要更加刚硬一些，字的棱角也要硬一些，体现出力量感。

阳刚型店标在颜色上多以黑白灰为主，也有深蓝色的，如"海澜之家"，这些都是男性化的颜色。大红色和深红色是在男性化颜色以外可能使用到的，而玫红、紫色这些女性化的颜色几乎不会用到。

3. 可爱型店标设计

针对婴幼儿的行业和类目，要突出可爱、卖萌的感觉。在图形的设计上会偏向于简单的线条、明快的颜色、鲜明的对比，线条和小动物用得比较多，如图6-14所示。

图6-14 可爱型店标设计

第6章　网店首页视觉营销设计

6.1.5　店标的设计案例

下面通过一个实际案例介绍店标的设计流程。在设计店标前，设计人员首先要和设计需求方进行沟通，沟通是极为重要的，这样可以大大提高工作效率，最好需求方能够提供设计工单。在本案例中，首先得知网店名称是"鲜果"，主营项目是水果，希望从店标上可以体现出水果网店的风格。

步骤1　经过分析和构思，首先想到的是用水果的图形来表现，所以第一步就是去素材库挑出卡通水果的素材图形，如图 6-15 所示。

步骤2　运行 Photoshop 软件，选择"文件→新建"命令，在弹出的"新建文档"对话框中设置图像宽 1 000 像素，高 500 像素，分辨率 72 像素/英寸等基本参数。

步骤3　导入水果素材图像，使用魔棒工具 单击白色背景，选择"选择→反向"命令反选选区，抠出水果图像，如图 6-16 所示。使用移动工具 把素材图像拖至新建的店标文件窗口中，按"Ctrl+T"键调整图像的大小和位置，如图 6-17 所示。

　　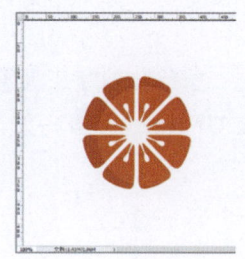

图 6-15　水果素材图形　　　图 6-16　抠出水果图像　　　图 6-17　调整素材图像

步骤4　选择横排文字工具 ，输入文字"鲜"。打开"字符"面板，设置文字的各项参数，其中设置字体颜色为 RGB（71、139、55），如图 6-18 所示。

　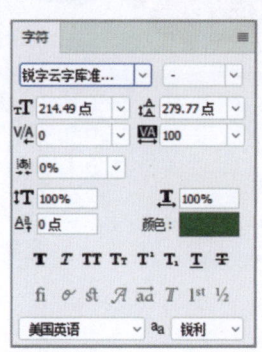

图 6-18　输入并设置文字

步骤5　为了体现出水果店的特色，对网店名称做一些文字变形处理。选择矩形选框工具 ，在按住"Alt"键的同时单击"图层"面板中的"添加图层蒙版"按钮 ，隐藏文字的一部分，效果如图 6-19 所示。

步骤6　导入"叶子"素材图像，按"Ctrl+T"键调整图像的大小和位置。选择椭圆工具 ，绘制一个圆形，并设置填充颜色为 RGB（230、109、16），如图 6-20 所示。

步骤7　采用同样的方法添加文字"果"，并为其添加修饰图案，如图 6-21 所示。

图 6-19　添加图层蒙版

图 6-20　文字变形处理　　　　　图 6-21　添加文字及修饰图案

步骤 8　选择横排文字工具 T，输入修饰文字"—XIANGUODIAN—"，然后调整文字的大小和位置，并设置文字属性，如图 6-22 所示。

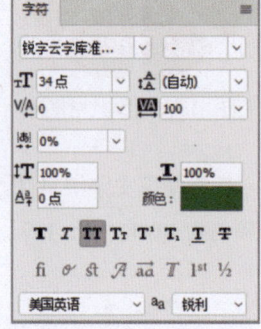

图 6-22　添加修饰文字

6.2　首页视觉营销设计

6.2.1　首页视觉水平的四大数据指标

网店的首页相当于一家实体店的门面，用于体现网店形象，展示商品和导购信息。网店首页装修设计直接影响买家的购物体验和转化率。判断一个网店首页设计是否合格，要从以下四大指标来评判：首页跳失率、首页点击率、首页人均点击次数和首页平均停留时间。

1. 首页跳失率

跳失率其实是指买家已经通过相应的入口进入，但只访问了一个页面就离开的访问次数占该页面总访问次数的比例。首页跳失率就是指买家通过某种渠道进入店铺，只访问了一个首页就离开的访问

第6章 网店首页视觉营销设计

次数占该入口总访问次数的比例。店铺的跳失率越高，说明店铺的生意越差，因此降低跳失率对于店铺来说极为重要。因此，电商运营者需要随时观测店铺的各项数据，并根据数据变化情况对页面进行优化与调整。

根据店铺规模和所售商品的类型，可以参照这样的判断标准：如果是心级店铺，那么跳失率在70%及以下都属于正常，不需要进行优化；冠级店铺如果跳失率在60%以上，就需要考虑是否是海报设计和商品信息的问题了，需要根据具体的数据做出相应的优化与调整。

以淘宝为例，买家进入店铺首页的渠道有很多，大致可以分为以下四种渠道，如图6-23所示。

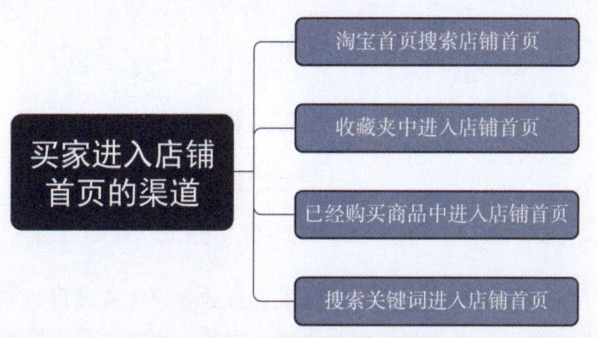

图6-23 进入店铺首页的渠道

买家从淘宝首页直接搜索店铺进入首页、从收藏夹中进入店铺首页以及从购买商品中进入店铺首页的买家一般都属于老客户，不易产生跳失率；而通过搜索关键词进入店铺首页的买家为选择性进入，容易产生跳失率。

2. 首页点击率

首页点击率是指首页页面上某一内容被点击的次数与被显示次数之比，即：首页点击率=首页点击量÷首页展现量。通过首页点击率可以看出店铺推广的商品是否吸引人，首页点击率越高，说明商品越吸引买家；首页点击率越低，说明商品对于买家的吸引力越低，这时就需要优化店铺中的商品，优化商品图片和推广标题，或者优化商品详情页面中的信息，让商品的展现尽可能多地带来点击量。

有了展现就会产生点击，有了点击就会有流量。店铺首页承载着导流和分流的重要作用，不同类型买家的关注点和需求点也不同，所以首页的前三屏设计就显得非常重要。

店铺首页设计大致可以分为两类：一类是首页罗列出各种光彩夺目的商品，希望可以有一款商品吸引到买家的眼球；另一类是首页没有单品展示，都是以全屏商品海报的形式吸引买家，如图6-24所示。那么，什么样的首页设计才可以激发买家的深度访问，提高单品的点击率呢？

图6-24 两类店铺首页设计

大多数店铺的首页都会有自定义区域的构架，这是做关联推荐比较好的区域，可以添加热销商品的轮播海报图或最新的促销活动，也可以用作新品上架的展示区，从而提高新品的曝光率和转化率。

3. 首页人均点击次数

首页人均点击次数，指在一段时间内人均点击了多少次。假设某日点击该店铺的唯一访问者数为150人，在此期间内点击本店铺首页的总访问数为600次，那么首页人均点击次数为：600次÷150人＝4次/人。图6-25展现的是某店铺某时间段内的首页人均点击次数变化趋势。

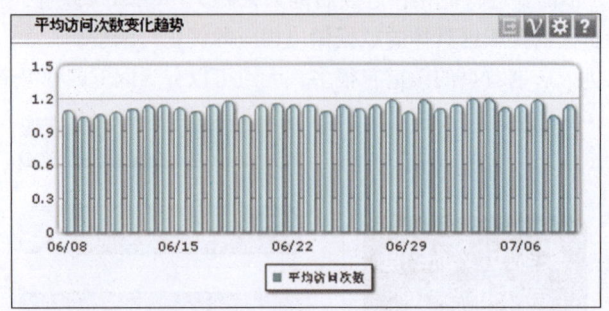

图6-25 某店铺某时段内的首页人均点击次数变化趋势

首页人均点击次数可以用来测试用户黏度。如果首页的客户体验做得很差，让买家进入首页后不知所措，找不到自己想要的商品，买家自然就会离开。因此，运营者要根据首页人均点击次数来优化整体导航，美化网页导航图片或商品图片，这些对买家的引导非常重要。

4. 首页平均停留时间

首页平均停留时间是指买家浏览首页页面所花费的平均时间。页面的停留时间＝进入下一个页面的时间－进入本页面的时间。由于行业性质的不同，导致每个行业买家在店铺中停留的时间差异很大。一般来说，达到12秒以上较好。在进行分析时，可以以一段时间内买家在店铺首页的平均停留时间作基数，并记录下这段时间的销售量。以后再拿新数据作对比，就知道平均停留时长内销量是提高了还是下降了。买家平均停留时间越长，说明店铺的留客工作做得越到位。

如果买家在首页平均停留时间很短，就要考虑在商品的图片设计、优化等方面是否把商品特点都展现出来了，店铺首页设计是否能够吸买家，然后根据后台的数据统计作出相应的调整。

6.2.2 网店首页布局

规划合理的布局能使首页形成一定的视觉引导效果，带领买家浏览更多的商品，从而提高买家下单的机会。如图6-26某坚果类目天猫旗舰店首页所示，PC端店铺首页主要由以下功能模块组成：店招和导航栏、首焦轮播图、优惠券、活动专区、分类导航区、商品陈列区、页尾。这些主要模块的功能如下：

① 店招：位于店铺首页顶端，传达店铺重要信息。店招展示店铺名称、品牌标志、品牌标语、促销商品信息、店铺收藏等内容。

② 导航栏：展示店铺内的商品分类，便于用户快速找到想要买的商品。

③ 首焦轮播图：以海报形式展现，占据店铺首页中最重要的位置，作用在于传达店铺主推商品、店铺的优惠活动，树立品牌形象。

④ 优惠券：卖家给买家提供的一种优惠，需要领取后再使用。

⑤ 活动专区：展示店铺进行的促销活动，包括促销商品列表、促销活动海报或商品海报等。

⑥ 分类导航区：设置分类导航和热词搜索来进行分流，可以按照买家的消费诉求和搜索习惯来进行分类，提供便捷的客户体验。

⑦ 商品陈列区：陈列店铺中的商品。
⑧ 页尾：可以展示店铺优势、品牌历史文化、服务等内容。

以上分析的网店首页模块是出现在大部分网店中的，但并不是每一个模块都要出现在一家店铺的首页上，也没有绝对的顺序。在设计网店首页时，需要根据商品类目、商品列表、企业战略以及营销策略的不同，对这些功能模块进行重新排列组合，同时要根据浏览数据对页面布局作出动态调整，以期达到最优化的首页布局。

图6-26　某坚果类目天猫旗舰店首页

6.2.3　网店首页设计原则

1. 店铺首页要有"形"

这是指利用形状构图来设计网店首页，生动地把页面内容分割成几个区域，通过这些区域引导买家视线，使其按照制定路径预览页面；或者在设计页面时使用Photoshop形状图层功能，制造出活动气氛。

2. 色彩搭配

在视觉传达设计的各种元素中，最直观、最容易影响人们心理的设计元素就是色彩。色彩搭配合理，能发挥出意想不到的效果。每一种色彩都有特定的情感，有冷色调和暖色调之分。例如：人们看见红、黄橙、黄等颜色后，就会立马联想到太阳、热血等物像。在设计网店首页时，要根据商品的属性特点和商品使用人群心理特征来合理选择主辅色，网店首页的标准色彩最好控制在3~5种。

3. 质感

色彩的质感是指作品给人的感觉是硬朗还是柔和。有一个判断方法，就是当把作品去色之后，观察作品中的黑、灰、白的存在比例。空间的质感是指设计元素要有远有近、有实有虚，这样才会符合人的视觉习惯，将画面中的平面变得立体。营造画面空间的质感，使人第一眼就能将视觉中心放到画面的正中央。

4. 氛围环境

在营造页面氛围的时候要注意周边视觉的处理，让买家能通过页面的周边视觉感知到店铺的活动主题、品牌风格。另外，营造意境的另一个秘诀就是统一，主题风格、色彩、形状等各种因素都统一才能产生合力作用——营造意境。

6.3 店招视觉营销设计

6.3.1 店招设计的目的和内容

网店的店招是由户外店铺招牌延伸而来的。店招位于店铺首页的最顶端，是店铺留给买家的第一印象，店铺的定位、优惠活动、核心产品等都可以从店招图看出来。好的店招能起到传达经营理念、突出经营风格和彰显店铺形象的作用。

通常淘宝网 PC 端店铺默认店招尺寸为 950 像素×120 像素（不包括高度为 30 像素的导航栏），在制作 PC 端店招时，也可以将店招、导航和页头背景融合在一起制作成全屏店招，此时尺寸通常为 1920 像素×150 像素。

微课：店招视觉营销设计

从内容上来说，店招上可以有店铺名、店铺标志、店铺标语、收藏按钮、关注按钮、促销商品、优惠券、活动信息/时间/倒计时、搜索框、店铺公告、网址、第二导航条、旺旺、电话热线、店铺资质、店铺荣誉等一系列信息。以上几乎所有能想到的内容都能在店招上进行展现，但是除了店铺名必然会出现，其他内容都可以按照卖家具体情况进行安排。

6.3.2 店招设计的类型

根据店铺定位及功能划分，可以将店招分为四类。

1. 品牌宣传型

这类店招首先要考虑的内容是店铺名、店铺标志、店铺标语，因为这是品牌宣传的最基本内容；其次是关注按钮、关注人数、收藏按钮、店铺资质，可以侧面反映店铺实力；再次是搜索框、第二导航条等方便客户体验的内容（如图 6-27 所示）。最好不要出现店铺活动、促销等打折信息，从而影响店铺整体形象。

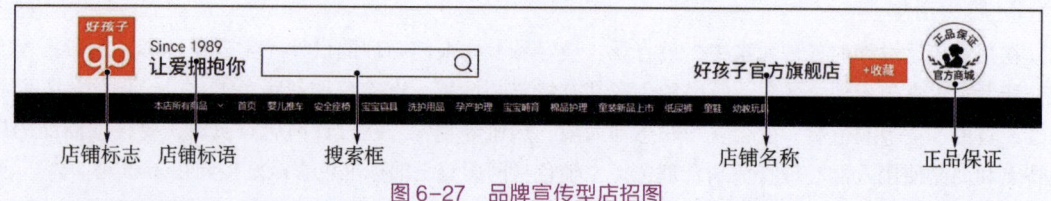

图 6-27　品牌宣传型店招图

2. 活动促销型

这类店铺的特点是店铺活动、流量集中增加，有别于店铺正常运营。所以店招首要考虑的因素是活动信息/时间/倒计时、优惠券、促销产品等活动或者促销信息；其次是搜索框、旺旺、第二导航条等方便客户体验的内容；再次才是店铺名、店铺标志、店铺标语等品牌宣传内容。（如图 6-28 所示）。

第6章 网店首页视觉营销设计

图 6-28　活动促销型店招图

3. 商品推广型

店铺想要主推的商品就像杰出青年一样，需要满足表现突出、对店铺有贡献等条件。店铺特点是有主推商品、想要主推一款或几款商品。在店招图上，这类店铺要主打促销商品、优惠券、活动信息等促销信息；其次是店铺名、店铺标志、店铺标语等品牌宣传内容；再次是搜索框、第二导航条等方便客户体验的内容（如图 6-29 所示）。

图 6-29　商品推广型店招图

4. 目录导航型

这种店铺的所有分类在导航栏上一目了然，这样可以提高买家的体验度和亲近度。就好比到了自己熟悉的超市，买什么样的商品都可以按照超市的导向轻松找到。在店招图上，这类店铺首先展现合理和明显的分类信息，引导买家轻松找到自己想要的商品；其次是店铺名、店铺标语和促销信息等内容（如图 6-30 所示）。

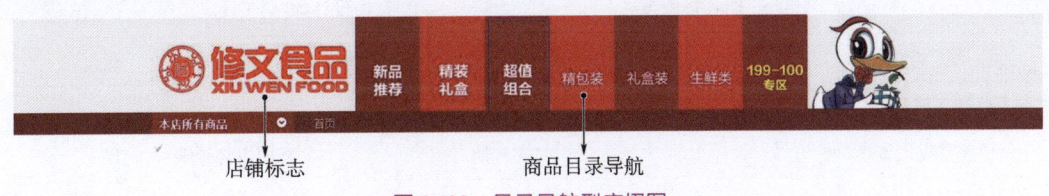

图 6-30　目录导航型店招图

6.3.3　店招设计的技巧

① 店招的视觉重点不宜过多，有 1~2 个就够了，一定要把重要信息传达出来，重点突出。

② 要根据店铺现阶段的运营情况来分析，如果现阶段是做大促，则可以重点突出促销信息，但是品牌性也不能忽略。

③ 店招的设计一定要店名醒目，页面吸引人，经营的商品一目了然，和店铺整体风格一致。

④ 色彩不要复杂，一定要保持整洁性，不要使用过多色彩。店招本来需要表达的信息量就不大，不需要把店招做得太花哨，给买家造成视觉疲劳，因为这样很可能就会造成买家关注度的流失。尽量只使用 1~3 种色彩，减少使用过于刺激的色彩。

6.3.4 农产品店招设计案例

下面以某蜂蜜合作社淘宝店招为例,讲解店招设计的思路。

1. 分析设计制作工作单

通过对工单(如表6-1所示)的分析可知,需要设计的是店招图,尺寸为950像素×150像素,风格为简洁大气,暖色调,吸引买家眼球。通过对工作单的解读,了解店招制作的整体方向,有利于更准确地完成作品。

店招案例视觉营销设计(御蜂堂)

表6-1 视觉(美工)设计制作工单

项目名称(图片类型)	御蜂堂淘宝店招图		提交日期	6月1日
提交部门/人员	运营部—童小话		期望完成时间	6月4日
任务类型	常规	紧迫程度	特急单经理签字	
任务接受人	设计部—童小设		任务接受日期	
设计风格及调性需求	简洁大气,暖色调,吸引买家眼球			
设计中必须出现元素(如图片、Logo、文字等)	御蜂堂旗舰店、产品图片、收藏			
制作规范	图片尺寸	950像素×150像素		
	字体	无		
	色彩	由设计师/美工设定,塑造温暖、丰收的感觉		
	图片排版布局	由设计师/美工设定		
客户群体	老年人、女性、成长期的儿童等一般人群			
参考范例(或商品信息)				
任务完成人签字		完成日期	部门主管签字	
备注	1. 工单至少提前3天提交,以便进行工作安排;如需紧急处理,需由部门经理签字认可,以方便其他工作另行调整。 2. 工单一式两份,一份提交需求部门备份,一份留给设计师/美工备份。			

2. 准备相关素材

首先从众多的蜂蜜产品图片中,找出此次在店招上进行展示促销的产品图片(如图6-31所示)。

3. 确定店招字体和制图颜色

首先要设计的主题为蜂蜜,为迎合买家网购关注页面时更舒适,选择各大网站常用字体微软雅黑,如图6-32所示。

4. 确定店招的主体色调和运用色彩

因为蜂产品店铺面对的客户群体主要为女性、老年人等,而且蜂蜜产品主要

图6-31 店招所选蜂蜜产品

第6章 网店首页视觉营销设计

颜色为黄色和橙色，所以本次店招背景以黄色为主体，同时考虑增加橙色做辅助色，给人一种温暖、灿烂、丰收和希望的感觉，从而吸引买家眼球，提高情感、情绪的刺激，提升购买欲（如图6-33所示）。

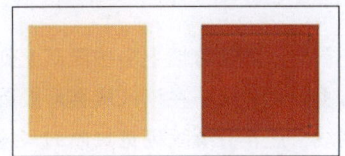

图6-32　店招设计所选字体　　　　　图6-33　店招设计所选颜色

5. 确定店招布局

根据工单要求进行设计制作，如图6-34所示。

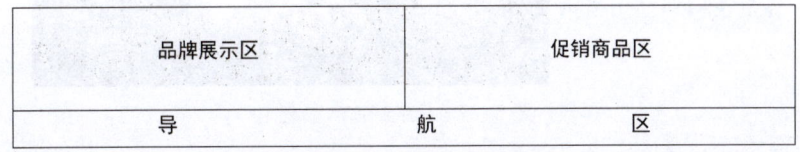

图6-34　店招设计布局

6. 设计定稿效果

店招设计最终效果图如图6-35所示。

图6-35　御蜂堂旗舰店店招设计最终效果图

家居生活馆店招案例视觉营销设计

请结合给定素材为某家居生活馆设计店招，最终效果图如图6-36所示。

图6-36　慧生活家居生活馆店招设计最终效果图

6.4　首焦轮播海报视觉营销设计

首焦轮播区位于网店导航条下方位置，是整个网店首页中最醒目的部分，在这一位置可以循环播放多张海报，主要作用就是告知买家店铺活动、商品信息、店铺动态等。下面介绍首焦轮播海报的设计方法。

129

6.4.1　聚焦买家视线

进入网店首页后买家习惯上会按照从上到下的顺序进行浏览，第一时间出现在视线中的区域，其实就是店铺首页的第一屏，在该区域会形成首焦位置。在此位置放置单张海报图片可以在一定程度上聚焦买家的视线，让其有继续浏览页面的兴趣。如图6-37所示为某店铺第一屏，可以看出海报图非常突出，吸引买家视线。

图6-37　店铺的首焦位置

目前在首焦位置展示上，图片结合文案的设计形式更符合买家追求轻阅读与轻松购物体验的心理。同时，放置买家最渴望看到的信息内容也是这个板块设计的重点。如图6-38所示，首焦位置有吸引人的商品图片和明显的促销信息文案，这样的安排与表现能让买家有进一步浏览店铺的欲望。

图6-38　商品和促销文案相结合的首焦图

小米的极简主义

近几年来，伴随众多小米公司旗下以"MI"与"米家"品牌现身的数百件好设计在全球各大设计奖屡获重量级奖项，越来越多参与评审的欧、美、日等国家的评审委员、著名设计师对小米系的参评设计由陌生到熟悉，已能较准确地判别具有高度统一特性的小米公司产品设计。远远看到一件外形简洁、光洁平整、安静雅致、无任何装饰、或白或黑的消费产品时，感性化的口语自然流出——MI Look。其实在小米海报设计中同样存在着极简主义，一直以来小米的海报设计遵循两个要点：一是够直白；二是能打动用户。所以其海报一直以简洁的小米风著称，小小的Logo，大大的产品图，加上层次分明的文案排版，一下就能抓住用户的眼球。

6.4.2　首焦轮播海报设计三要素

店铺首页中的首焦轮播海报图基本上是由三个要素组成的，即完整、精致的商品形象，唯美、绚丽的背景，以及精心编排的广告文字，如图6-39所示。

第 6 章　网店首页视觉营销设计

图 6-39　首焦轮播海报设计三要素

1. 背景

背景和商品的关系就像白和黑，它位于所有图层最底层，主要是为了衬托主体，创造强烈的对比，使整个画面更具视觉冲击力，更突出更美观。空间感比较强的背景会使商品主体显得更具有层次感、立体感。首焦轮播海报的背景一定要与商品的形象保持一致风格，这样才能够烘托出某种特定的气氛。图 6-40 分别是以七夕节为主题的背景和以天猫店铺活动为主题的背景，可以清楚地看出两者的差别。

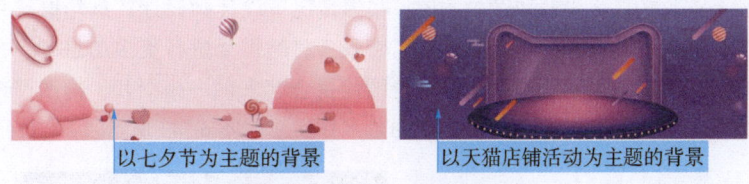

图 6-40　不同主题的背景图

2. 商品

商品图是首焦轮播海报的核心，直接关系到转化率的高低。色彩得当、画质清晰的商品图能够树立良好的商品形象。因此，首焦轮播海报中的商品图一定要经过色调和光影处理，能够真实再现商品的色彩和品质，或者根据背景和文字的风格与影调做过适当修饰。图 6-41 为处理前后的商品形象对比，处理前色调灰暗、画质朦胧、背景色调不理想，处理后色彩纯净、画面清晰，商品形象更突出，可以看出处理后的商品形象更能打动人心。

图 6-41　处理前后的商品形象对比

131

3. 文字

文字是轮播海报中重要的组成部分，文字具有直观、可识别性强等特点，很多不能用图片表达的信息都需要通过文字来传达，如活动内容、商品名称、商品价格等。因此，文字排版设计在首焦轮播海报中就显得尤为重要。

图 6-42 为几种风格的首焦轮播海报文字元素的设计，从中可以看出文字的字体与字号、色彩的变化、文字的排版等是设计中最为关键的环节。

图 6-42　首焦轮播海报文字元素的设计

首焦轮播海报图设计具体案例实操，请参照 7.1 店内海报图视觉设计。

6.4.3　溶图的应用

背景是决定整个首焦轮播区设计成败的关键，很多情况下设计师设计首焦轮播区并不是为了表现某种风格明显的节日气氛，所以在选择首焦轮播区背景素材时需要进行更多的思考，在此介绍一个方法，那就是使用溶图。溶图是用两张或两张以上的图片拼合起来的一张图片，构图严谨，细节处理得当。制作精良的溶图配上文字可以形成一幅优美的艺术作品，如图 6-43 所示。

图 6-43　溶图

在选择溶图时要注意，要么溶图的色调与商品相似，要么溶图的影调与商品能够和谐搭配；只有满足了其中的一个要求，才能保证首焦轮播区具备较理想的视觉冲击力和浑然天成的视觉效果。

6.5　首页其他模块视觉营销设计

6.5.1　优惠券设计

在店铺运营过程中，发优惠券是常见的促销手段，买家通过领取优惠券可得到一定金额的减免，

第6章 网店首页视觉营销设计

利用好优惠券可以刺激买家的购买欲望，进而产生冲动消费，提高转化率。一般在店铺首页、商品详情页、活动页等位置都有优惠券的出现。

1. 优惠券分类

优惠券从发放主体的角度来说可分为平台券和店铺券。

平台券是由店铺所在的电商平台发放的，可以跨店使用，在购物结算的时候，优惠金额会按照一定规则进行分摊，分摊部分将由平台补贴给卖家。买家可以通过平台活动、平台积分兑换、邀请新人等方式获取平台优惠券。

店铺券由店铺自行发放，使用范围是本店铺内，在购物结算的时候，优惠金额会按照一定规则分摊到商品中，优惠金额由卖家自行承担。

店铺优惠券的常见类型有满减券、折扣券、无门槛券等。

满减券是使用比较广泛的优惠券，订单金额需要满足一定的最低金额才能使用。满减券一般也可分阶梯减、每满减两种方式。阶梯减是最常见的优惠方式，即在不同的价格区间会有不同的优惠价格，一般来说优惠力度是逐渐变大的。图6-44和图6-45都是店铺设置的满减优惠券，在图6-44中，比如满159减20元优惠券，其中"159"和"20"可以根据店铺实际推广力度进行自定义。

图6-44 满减优惠券

优惠券设计案例视频

图6-45 优惠券设计效果图

折扣券是买家使用后会按一定折扣打折，如图6-46所示。比如订单金额为100元，用户使用6.8折折扣券后，该订单实付金额68元。当订单金额过大时，商家又担心让利太多，所以针对部分商品限制使用打折券，当一个订单含有不能使用该券的商品，那么整个订单就无法使用打折券了。折扣券一般来说数量会比较少，买家抢购比较困难。

无门槛优惠券不限制订单金额，可以直接使用，优惠金额不会很大，需要买家按时间要求去抢购，获取难度比较大。图6-47是一张20元无门槛优惠券。

图6-46 折扣优惠券　　　　　　图6-47 无门槛优惠券

2．优惠券设计要点

① 内容设计要简化。优惠券上的内容越精简，买家就越能掌握核心内容。如果优惠券可以让买家在 3 秒内知道它想要表达的内容并引起注意，那么它将成功一半。

② 面值越大越好。优惠券的优惠价值是影响优惠券使用的最重要因素之一。

③ 时间和范围的限制。优惠券的使用时间和范围对买家使用产生重大影响。覆盖范围越广，买家数量越多。

6.5.2　活动专区布局设计

促销活动是店铺运营过程中最常见的活动，做好促销活动不但能提高商品销量，还能推广品牌的知名度。我们要通过视觉手段把店铺营销活动的形式、内容表达清楚，同时吸引买家参与促销互动。所以在首页设计中一定要做好活动专区的设计。

活动专区的排版样式非常多，在设计时要根据店铺当时的运营情况有针对性地进行设计。活动专区常见的布局形式有整体型布局、主次分明式布局、艺术感布局三种。

1．整体型布局

整体型布局是活动专区一种常见的布局形式。此种形式弱化了商品间的排序，让买家对专区的所有商品一视同仁；弱化商品之间的对比，使得专区所有商品浑然一体，这样就能更好地突出整体（如图 6-48 所示）。

2．主次分明式布局

这种布局方式使活动专区整体上布局分明，通过大图小图对比，使布局清晰的同时也突出了大图的商品，如图 6-49 所示。此种形式将空间交给买家更感兴趣的商品，可以大幅度提高商品的点击率。

图 6-48　整体型活动专区　　　　图 6-49　主次分明式活动专区

3．艺术感布局

艺术感布局的活动专区适合商品较少或者主推商品少的店铺，这样的布局会给买家一种轻松愉悦的购物感觉，艺术气息浓厚，提升买家的停留时间（如图 6-50 所示）。

第6章　网店首页视觉营销设计

图 6-50　艺术感活动专区

6.5.3　分类导航设计

在店铺首页中，按照位置不同可以将导航划分为三个区域，即顶部导航、左侧栏导航、分类导航。分类导航可以位于首页中的任意位置，它是首页设计中的重要环节。对于商品种类繁多的店铺，好的分类导航能让买家快速找到自己想要的商品，从而有助于最终下单。

1. 分类导航设计形式

一般情况下，我们可以把分类导航的设计形式分为两种，即纯文字形式和图文结合形式。

纯文字形式的表达简单直接，让买家一目了然，能够快速找到自己想要的商品类型（如图 6-51 所示）。但是纯文字形式的导航看上去比较单调，不如带有商品形象的吸引人。

图文结合形式是目前主流的分类导航设计方式（如图 6-52 所示），这种形式能够让买家直观地看到商品，好的商品形象会吸引买家点击查看，最终促成下单。但是，在设计时注意不要让商品形象看上去排列混乱，以至于影响买家的观察。

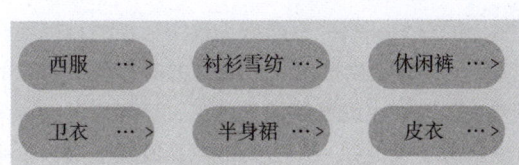

图 6-51　纯文字的分类导航

图 6-52　图文结合的分类导航

2. 分类导航设计要点

① 分类数量不是越多越好，一般建议 4~8 个主营类目即可。
② 充分考虑商品属性和人们的浏览习惯。
③ 新品和主打商品尽量靠前排。
④ 清晰明了是基本的要求，不要出现重复包含的分类，以免浪费资源。

6.5.4　商品陈列区设计

商品陈列区是在首页将店铺里的部分商品按一定的顺序和规则展示出来，让买家大致了解店铺中商品的形象、风格和价格。好的商品陈列不仅能够完成商品的展示，影响买家的购买决策，还能够提升品牌的形象。

1. 买家浏览模式

通常情况下，人们已经习惯了从左向右、从上到下的阅读模式，这样的习惯也延续到了网页上。但与阅读书籍不同的是，互联网用户习惯于以快速扫描、捕捉关键点的方式进行浏览。这一浏览习惯也影响了人们对首页商品展示图片布局的观感，如果在店铺首页放置过多的图片，其效果如同密密麻麻的文字一般，就会让买家失去浏览的耐心，而这也直接导致了F形浏览模式的形成，如图6-53所示。

①浏览初期，视线水平移动，且浏览范围最大。刚开始浏览时，买家对商品展示图充满了新鲜感和好奇，很可能将第一排图片全部浏览完毕，并根据从上到下的浏览经验，转向对第二排图片的浏览。

②水平浏览范围缩短。此时图片的布局没有任何变化，买家对于图片浏览的新鲜度就会降低，开始失去浏览的耐心，于是对第二排图片的水平浏览范围便会缩短。

③失去耐心，开始进行垂直浏览。当买家看到第三排仍然是一成不变的图片排列后，浏览的耐心就会减少，还可能会想图片怎么这么多，大概地往下看看吧，于是形成对左边的垂直浏览。

图6-53　F形浏览模式

因此，在进行商品展示图片的排列设计时，要首先使用整洁的排列让买家获得轻松感。在此基础上还要注意图片不宜过多，横排图片最好不要超过5张，因为过多的图片容易让买家感到浏览压力并产生疲倦感。

除此之外，通过灵活多变的排列方式形成图片组合的视觉动线，也能减少过于死板的排列组合带来的枯燥与乏味感。如图6-54所示，商品陈列区的布局打破了横排图片以固定的数量单一摆放的形式，灵活的排列组合形成了视觉浏览动线，不仅能够缓解买家在浏览时的枯燥感，让买家可以更多地注意到所展示的商品图片，而且让商品的展示有了主次的层级关系——主要的商品放在上部以单张海报形式进行展现，次要的商品则在海报下方以两排或者一排的形式进行排列展示，在图中形成了主次—主次—主次的重复，便于买家进行浏览。

2. 商品陈列布局方式

商品照片的布局是影响商品陈列区整个版式的关键，也是确立首页风格的关键。为了吸引买家的眼球，可以根据商品的功能、外形特点、设计风格来对商品陈列区布局进行精心的规划与设计，将店铺中的商品艺术化地展现出来。常见的商品陈列区布局方式有三种，传统型布局、折线型布局和随意型布局，下面分别对其进行介绍。

第6章 网店首页视觉营销设计

商品海报展示图：将重点推荐的商品以单张海报的方式呈现，较为丰富的表现形式能很好地让买家注意到商品信息。

4张商品展示图：在单张海报下方，将同类商品以两排形式进行排列展现。

商品海报展示图：将重点推荐的商品以单张海报的方式呈现，较为丰富的表现形式能很好地让买家注意到商品信息。

3张商品展示图：在床垫单张海报下方，将同类商品以一排的形式进行展现。

商品海报展示图：将重点推荐的商品以单张海报的方式呈现，较为丰富的表现形式能很好地让买家注意到商品信息。

4张商品展示图：在单张海报下方，将同类商品以两排形式进行排列展现。

图 6-54　商品展示图排列设计

　　传统型布局是将商品展示图片整齐划一地排列在店铺首页之中，如图 6-55 所示。之所以选择这种方式，可能是因为这些卖家认为与将商品乱七八糟地摆放相比，买家更愿意看到整齐排列的商品货架。

　　折线型布局就是将商品图片按照错位的方式进行排列，如图 6-56 所示。可以看出买家的视线会沿着商品图片做折线运动，这样的设计可以给人一种清爽、利落的感觉，具有韵律感。

　　随意型布局就是将商品图片随意地放置在页面中，如图 6-57 所示。这种随意往往需要营造出一种特定的氛围和感觉，让这些商品之间产生一种联系，否则画面中的商品会由于缺乏联系而显得突兀。随意型布局在女装搭配、组合销售中使用较多，是一种灵活性较强的布局方式。

图 6-55　传统型布局

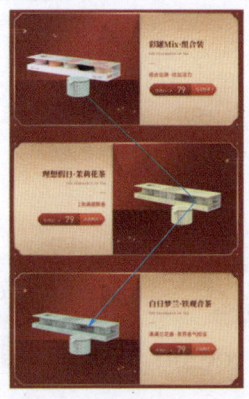

图 6-56　折线型布局

图 6-57　随意型布局

6.5.5 页尾设计

要做好网店首页视觉营销设计，就不能忽视其中的每一个细节。很多新手卖家会觉得买家极少会翻到页尾，其实利用好页尾可以为店铺起到很好的分流作用。页尾的设计必须符合店铺的风格和主题，色彩上也要一致，越简洁越好。一般情况下，页尾可以加入一些店铺的优势、品牌历史文化、店铺服务等内容，因此，我们可以把页尾大致分为以下三类：

1. 店铺优势型页尾

店铺优势型页尾着重强调店铺的优势，如工厂直销、产地优势、认证服务等内容，这样更容易增加买家对店铺的信任，最终促成下单，如图6-58所示。

图6-58　店铺优势型页尾

2. 品牌历史型页尾

品牌历史型页尾注重企业品牌的自我介绍，通过介绍品牌发展历史，让买家认知品牌的同时也打消了买家的疑虑，实现了品牌的自我增值，如图6-59所示。

图6-59　品牌历史型页尾

3. 服务型页尾

服务型页尾强调的是店铺的服务，一般包括店铺介绍、退换货、会员介绍、店铺收藏、返回顶部（一般都有）等，如图6-60所示。

图6-60　服务型页尾

第6章 网店首页视觉营销设计

6.6 店铺首页视觉营销设计案例

在本案例中，要为某化妆品店铺设计首页装修图，图6-61为该店铺的整体视觉营销设计图效果，设计详细步骤及实操视频可扫二维码学习。

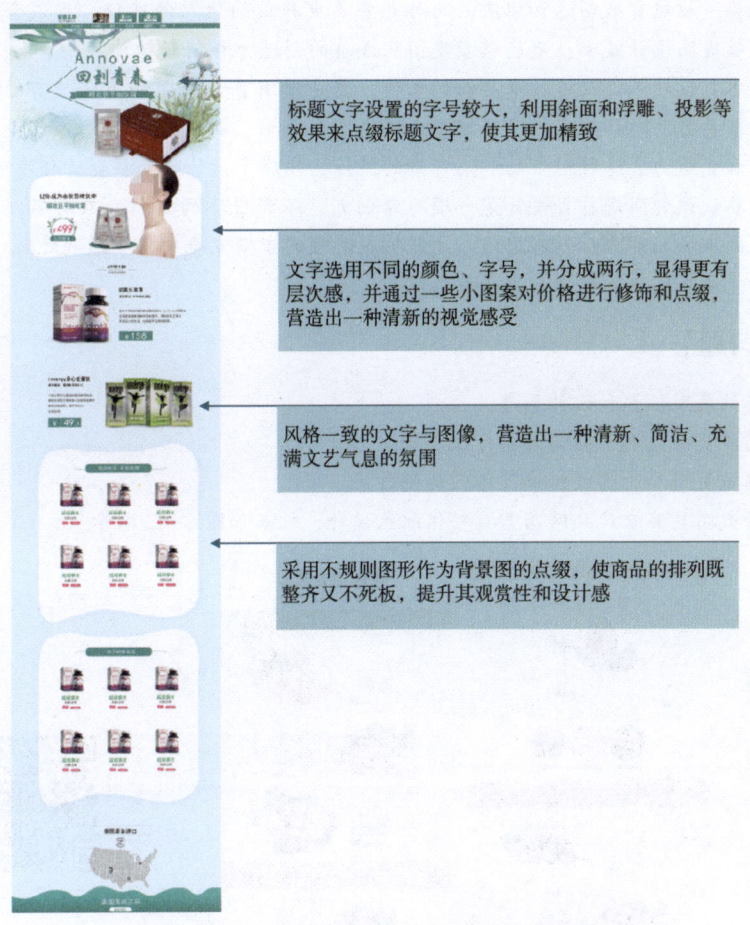

图6-61 某化妆品店铺首页视觉营销设计效果图

化妆品店铺首页视觉营销设计案例实操步骤

化妆品店铺首页视觉营销设计案例实操视频

网店装修设计

关于网店装修设计理论及实操的内容，可扫二维码进一步学习。

素养提升

网店首页视觉营销设计与团队协作精神

在网店首页视觉营销设计的过程中，我们不仅要追求美观与创意，更要深刻理解其背后的团队协作精神和责任感。正如现代社会的各个领域，网店首页设计也是一项需要集思广益、协同作战的工作。

首先，网店首页设计的工作量庞大，需要团队成员间的密切协作与沟通。每一位设计师都应该发挥自己的专业优势，积极贡献创意和想法，同时也要尊重并吸纳他人的建议，形成合力。这种团队协作精神，不仅能够提高设计效率，更能够激发团队成员的创造力和创新精神。

其次，网店首页设计不仅仅是技术层面的工作，更是对消费者心理和市场趋势的深刻洞察。在这个过程中，我们需要关注时事热点，了解消费者的需求和喜好，将这些元素融入到设计中去，让网店首页更具吸引力和竞争力。这种对市场和消费者的关注，体现了设计师的社会责任感和使命感。

最后，我们要认识到网店首页设计是一项持续创新、不断进步的工作。只有不断学习新知识、新技术，保持敏锐的市场洞察力和创新思维，才能够在激烈的市场竞争中立于不败之地。这种不断进取、追求卓越的精神，是我们作为设计师的必备品质。

【课后练习题】

1. 简述店标的展现位置和设计形态。
2. 简述网店首页视觉水平的四大指标及其含义。
3. 简述网店首页布局的构成模块及各模块的作用。
4. 请为陕西武功县某农产品网店首页整体配色设计，效果如图 6-62 所示。

【课后实操题】 农产品网店首页整体配色设计

图 6-62 农产品网店首页整体配色设计效果图

【同步训练习题】

二维码中的练习题分为单选题、多选题、判断题、简答题、实训题，具体请扫二维码完成任务。

同步训练习题

第7章
高点击率推广图视觉营销设计

【学习目标】
- ➢ 掌握店内海报图视觉营销设计要点。
- ➢ 熟悉直通车和钻展图的特点,并掌握其视觉营销设计要点。
- ➢ 掌握聚划算活动图视觉营销设计要点。
- ➢ 掌握直播封面图与海报图视觉营销设计要点。
- ➢ 能设计高点击率的各类推广图。
- ➢ 在进行作品创意时,可植入红色文化等元素,增强三农情怀和民族自豪感。
- ➢ 培养依法经营、诚实守信、公平竞争的意识。
- ➢ 培养学生的设计审美能力和表现力,使他们能够创作出既符合市场趋势又具备个人特色的视觉营销作品。

【学习导图】

高点击率推广图视觉营销设计
- 店内海报图视觉营销设计
  - 店内海报图的分类
  - 海报图的设计案例
- 直通车图视觉营销设计
  - 直通车图的特点解析
  - 直通车图的设计要点
  - 直通车图的案例解析
  - 直通车图的设计案例
- 钻展图视觉营销设计
  - 钻展图的特点解析
  - 钻展图的设计技巧
  - 钻展图的审核及推广
  - 钻展图的设计案例
- 活动图视觉营销设计
  - 活动图的设计要点
  - 活动图的案例解析
  - 活动图的设计案例
- 直播封面图视觉营销设计
  - 直播封面图的设计原则
  - 直播封面图的设计案例
  - 直播海报图的设计案例

随着电商的发展，推广的成本越来越高，流量更是来之不易。伴随着直钻结合，对于真正能提升图片点击率的推广图要求也是越来越高。没有点击率，首先我们想到的原因就是推广图不行，是的，有一张好的推广图，还会怕买家不点进来吗？推广图会直接影响我们的点击率，因此，还是需要好好想一想如何才能做出一张高点击率的推广图。

① 推广图要突出商品的卖点。可能有很多人觉得商品的卖点有很多，那么就选出最核心的卖点，就突出这个卖点，至于其他卖点，可以用商品详情页体现出来。

② 推广图要有自己的闪光点，要有跟别人不同的地方，一定要做到淋漓尽致的完美，要通过区别同行的表达方式让它脱颖而出。

③ 推广图中可以利用买家的心理做一些促销活动。人人都有图便宜的心理，只要你有优惠，买家点进来的概率就会高，这是对点击率最有利的帮助。但是不要想着为了拉流量而去做虚假广告，也不要用虚假的促销活动来诱骗买家，不然对店铺会产生负面影响。

7.1　店内海报图视觉营销设计

7.1.1　店内海报图的分类

店内海报图大体分为两类：一类是店铺首页的整店海报图，如图7-1所示；另一类是店铺内单品详情的单品海报图，如图7-2所示。整店海报图通常也叫通栏海报图，一般放在店铺首页轮播图的位置，因此也叫整店轮播海报图。在尺寸方面，整店海报图一般的尺寸是宽1 920像素、高600像素，也可以根据实际需要将高度增大，但不要超过1 100像素。单品海报图的宽度：淘宝是750像素，天猫是790像素，高度一般不要超过1 500像素。

微课：海报图视觉营销设计

图7-1　整店海报图

图7-2　单品海报图

整店海报图和单品海报图虽然都是对商品及其风格等信息的展现，但表现形式、内容和表达重点还是有所不同的。整店海报图占据首页大面积的区域，主要展现的是店铺风格、商品类型以及活动等，可以提高买家对本店铺的认知度，也可以对热销商品或新推商品进行优先展示，通过海报链接到买家想了解的商品售卖页面中去。单品海报图则是针对具体某一款商品的风格、卖点、营销活动等进行展示，或用带模特的场景将买家带入所要表达的内容中，从而促使买家产生购买的欲望。

 素养提升

新华社：《送你一张船票》描绘建党百年恢宏画卷

第7章　高点击率推广图视觉营销设计

红船精神、拼搏精神： 2021年是中国共产党成立100周年，面对这一年度重要话题，媒体推陈出新，用精心的策划、新颖的海报等形式为读者呈现阅读盛宴。

新华社推出的产品《送你一张船票》，用一张带有红船及二维码的海报，如图7-3所示，串联起建党100年间的大事，用动画长卷形式展现了在中国共产党领导下国家发展富强、人民生活幸福的喜人场景，精致的画面、简洁的文字与恰到好处的音乐相得益彰，十分具有感染力。

百年时间，可以让树木成长为栋梁。既要讲好百年故事，又要符合人们的阅读习惯，讲得简洁明了又活泼有趣，极其考验策划者取舍与创新的能力。《送你一张船票》一个重要的成功之处便在于其思路清晰、场景设置巧妙。在中国共产党诞生的场景后，一艘红船便成了串联起此后场景的线索，而这一设置也隐含有"红船精神"指引党前进的寓意，十分巧妙。具体内容可扫二维码学习。

图7-3　《送你一张船票》海报图

7.1.2　海报图的案例解析

下面以农产品——大米为例，讲解海报图视觉营销设计。

1. 分析设计制作工单

通过对工单（如表7-1所示）的分析可知，需要设计的海报图为首页的整店海报图，尺寸为1 920像素×600像素，风格为大气简洁，专业表达此大米是可以追溯源头的放心大米。通过对工单的解读，了解海报图设计制作的整体方向，有利于更准确地完成作品。

微课：海报图视觉营销设计案例实操

表7-1　视觉（美工）设计制作工单

项目名称（图片类型）	首页整店轮播海报		提交日期	6月1日
提交部门/人员	运营部—大师兄		期望完成时间	6月4日
任务类型	常规	紧迫程度	特急单经理签字	
任务接受人	设计部—静姐		任务接受日期	
设计风格及调性需求	简洁大气，突出大自然的健康			
设计中必须出现元素（如图片、Logo、文字等）	可追溯源头的大米，安全，健康			
制作规范	图片尺寸	1 920像素×600像素		
	字体	无		
	色彩	由设计师/美工设定，塑造靠近大自然的感觉		
	图片排版布局	由设计师/美工设定		
客户群体	便民的配送网站，客户主要为家庭主妇			
参考范例（或商品信息）				
任务完成人签字		完成日期		部门主管签字	
备注	1. 工单至少提前3天提交，以便进行工作安排，如需紧急处理，需由部门经理签字认可，以方便其他工作另行调整。 2. 工单一式两份，一份提交需求部门备份，一份留给设计师/美工备份。			

143

2. 准备相关素材

首先从众多的商品图片中，找出符合这次设计主题需要的图片；其次搜集关于大自然的素材以烘托气氛，用稻米来突出大米的原生态，用柔和的暖阳来渲染温馨的氛围。如图7-4所示。

图7-4　海报图所选商品及大自然的素材

3. 确定海报图字体

为使买家网购关注页面时更舒适，选择各大网站常用字体——方正兰亭黑系列字体，如图7-5所示。

4. 确定海报图的主体色调和色彩

因为本海报面对的客户群体主要为家庭主妇，在以大自然的绿色为主色的同时，考虑到家庭主妇的群体特性，选择增加暖色做辅助色，以期让客户看到时心里更舒适。主题文字为橙色，背景色为绿色添加橙色后的混合色，搭配暖阳柔和的光线，渲染出符合家庭主妇气质的温馨、柔和的氛围，如图7-6所示。

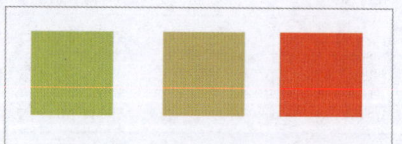

图7-5　海报设计所选字体　　　图7-6　海报设计所选色彩

5. 确定海报版式

这里我们用九宫格的排版方式进行设计制作，如图7-7所示。

图7-7　海报设计所用版式

第 7 章 高点击率推广图视觉营销设计

最终效果如图 7-8 所示。

图 7-8 大米整店海报图设计最终效果图

> **小贴士**
>
> 首页海报图的宽度为 1 920 像素，但一般设计时把主体内容放在居中宽度约为 1 000 像素的位置，这样买家在浏览海报的时候不至于视点太分散。并且在排列布局的时候要适当并大胆留白，这样表达更直观，买家在短时间内浏览的信息才更有效。

同步实训

整店海报练习

图 7-9 为科技部定点帮扶县——陕西榆林佳县东方红公司和十月谷娘联合推出的有机小米的商品白底图。请为十月谷娘有机小米设计一张首页整店海报图，可以按照之前作图的步骤进行制作（产品关键词：有机小米、古老品种、一年一收、可溯源、绿色基地种植；产品营销词：9 月 30 日前预订，买两袋送一袋）。

图 7-9 商品白底图

7.2 直通车图视觉营销设计

7.2.1 直通车图的特点解析

淘宝直通车是专门为卖家量身定制，按点击付费的 CPC 营销推广工具。

直通车具有精准推广、智能预测等特点，能给广大卖家带来更多的潜在客户，用一个点击，产生一次或多次的店内转跳，所以直通车图也是网店美工经常接触的图片类型。

微课：直通车视觉营销设计

$$直通车费用 = \frac{下一名出价 \times 下一名质量得分}{自己质量得分} + 0.01 元$$

当买家在淘宝搜索页搜索某个商品词时，在搜索页面出现的橱窗中，直通车图会有固定的排列位置。在搜索首页中排在左上角第一个（从搜索页的第二页开始排在左侧的前三个）、每页最右边从上

向下的 12 个、每页最下面 5 个为链接单品的直通车图，最右边从下往上 3 个橱窗位置为链接店铺的直通车图，标有"掌柜热卖"的是直通车图。淘宝 PC 端直通车图在第一搜索页中的位置如图 7-10 所示。

图 7-10　淘宝 PC 端直通车图在第一搜索页中的位置

7.2.2　直通车图的设计要点

① 商品图片要清晰，不清晰会导致买家没有点击欲。
② 商品图片不要过小（一般要占到图片面积的 1/2 或 2/3），尽量不要被遮挡。
③ 不要有多余的文字，营销活动不要太多。
④ 直通车图的尺寸为 800 像素×800 像素。
⑤ 背景不要太花哨，以免喧宾夺主。
⑥ 不要出现"标题党"，这样会丧失买家对店铺的信任。
⑦ 直通车图应具有简洁大气的特点，不要有太多的无用信息，一般会添加商品 Logo 以增加买家的点击率。
⑧ 商品特性及活动内容表达清晰，让买家看到时在最短时间内明确自己能得到什么。
⑨ 设计直通车图一定要与同行业的直通车图从表达形式及表达角度上区别开来，以保证可以在众多直通车图中脱颖而出。

7.2.3　直通车图的案例解析

1. 案例 1

如图 7-11 所示，两款鞋子都是要展示轻便透气，但是图 a 中的翅膀特效反而严重破坏了产品的整体性，而图 b 中产品的悬空效果即可很好地显示出鞋子的轻便。

图 a 的背景感觉厚重压抑，不符合透气的氛围，而图 b 中以蓝色为主色的背景则会给人清爽透气的感受。

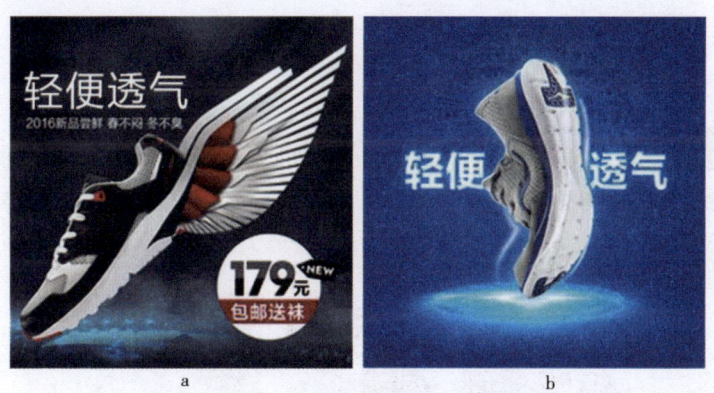

图 7-11　直通车图案例解析图 1

2. 案例 2

如图 7-12 所示直通车图的问题主要在于产品展示不明确，干扰元素太多，没有给顾客轻松的视觉体验。

3. 案例 3

图 7-13 是一款表现信息还不错的直通车图。首先，背景利用大海的氛围烘托出鞋子的凉爽；其次，商品拍摄出了户外的动感和景深的效果；最后，商品清晰并且表达卖点简洁明确。如果卖点文字排版再调整一下会更好一些。

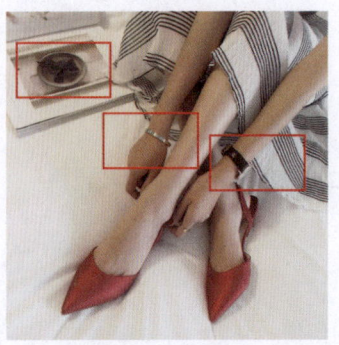
图7-12 直通车图案例解析图2

图7-13 直通车图案例解析图3

品牌经销授权不等于可以使用品牌全部图片

版权意识：天猫店主老刘，最近获得了某品牌的经销权，在天猫注册了品牌店，才运营一个月，生意蒸蒸日上。老刘成功报名了"双11"主会场活动，本次活动主推自己家的榨汁机。老刘在网上看到了和自己同一个品牌的一位同行的图片做得超好看，于是拿来放在了自己的网店中。"双11"前夕，老刘收到了一个盗图违规信息！使用同行的那张好看的图片居然涉嫌盗图了！

老刘于是在平台向平台小二提起了申诉，老刘留言道："你好，我获得了品牌的授权，不算盗图吧？"同时，老刘向平台提供了品牌授权许可证明等材料，但是小二并未支持老刘的申诉请求。

建议：品牌经销授权不代表可以随意使用这个品牌下的所有图片，若图片是他人拍摄，图片版权归属于拍摄者，而不是品牌方。因此，在使用某品牌图片时，如果不是品牌方或自己实拍的，建议使用品牌方官网图或者是已经获得许可的图片。

更多内容要点可扫二维码学习。

小测试

观察下面的直通车图（如图7-14所示），哪些是符合直通车图视觉要求的？哪些出现的问题比较多？分别都是什么问题？

图7-14 直通车图案例解析

微课：直通车视觉营销设计案例实操

第7章 高点击率推广图视觉营销设计

7.2.4 直通车图的设计案例

1. 分析设计制作工单

通过对设计制作工单（如表7-2所示）分析可知，在直通车图上需要展示樱桃给人视觉上的冲击，及顺丰包邮的活动表达。

表7-2 视觉（美工）设计制作工单

项目名称（图片类型）	樱桃直通车图		提交日期	6月1日
提交部门/人员	运营部—童童		期望完成时间	6月4日
任务类型	常规	紧迫程度	特急单经理签字	
任务接受人	设计部—话话		任务接受日期	
设计风格及调性需求	底色纯净，突出樱桃能引起食欲的感觉			
设计中必须出现元素（如图片、Logo、文字等）	醉鲜品牌标志，顺丰包邮，坏果包赔			
制作规范	图片尺寸		800像素×800像素	
	字体		无	
	色彩		由设计师/美工设定	
	图片排版布局		由设计师/美工设定	
客户群体	一、二线城市20~30岁，爱吃、爱美的女性白领群体			
参考范例（或商品信息）				
任务完成人签字		完成日期	部门主管签字	
备注	1. 工单至少提前3天提交，以便进行工作安排，如需紧急处理，须由部门经理签字认可，以方便其他工作另行调整。 2. 工单一式两份，一份提交需求部门备份，一份留给设计师/美工备份。			

2. 准备相关素材

这款商品在淘宝上搜索会出现太多的直通车图，很多是直接放上了产地图或樱桃在树上的情景，再搭配上一些营销信息，让人看得眼花缭乱。综合此类因素，在樱桃直通车图设计上，可以选择干净点的背景，让买家在琳琅满目的直通图中一下子看到我们设计的图，所以我们选择一个色泽让人看着新鲜的樱桃图片，如图7-15所示。

图7-15 直通车图素材

3. 确定直通车图字体

这款商品的直通车图只出现简单的营销字体，所以在这里选用视觉明显、笔画大方的方正兰亭黑系列字体，如图7-16所示。

4. 确定直通车图色彩

因为需要干净的效果，所以背景选择白底。为突出营销信息，选择在图片上制作比较有视觉冲击的黄、红搭配色块来表达售后及活动的营销信息，如图7-17所示。

149

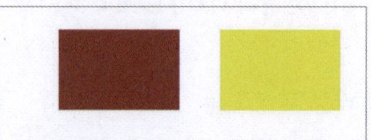

图 7-16　直通车图字体　　　　图 7-17　直通车图色彩

5. 确定直通车图版式

结合需要展示的卖点和商品特点，我们这里采用排版常用的均衡构图，如图 7-18 所示。樱桃的直通车图最终效果图如图 7-19 所示。

图 7-18　直通车图版式示意图　　　图 7-19　直通车图最终效果图

7.3　钻展图视觉营销设计

7.3.1　钻展图的特点解析

微课：钻展图视觉营销设计

淘宝的钻石展位推广图简称钻展图，是典型的 CPM（按展现付费）营销推广工具（钻展也有点击付费模式，即 CPC 模式）。钻展是按千次展现收费，例：1 个 CPM 8 元，就是这个广告展现 1 000 次收费 8 元，无论点击与否都进行收费。

$$钻展总展现量 = \frac{预算金额}{CPM价格} \times 1\,000$$

展位就类似于街道上或公路边的广告牌。由于互联网广告可以精准投放给受众，广告位链接到店铺后，可以直接产生成交，所以与线下广告相比，钻展推广可以实现直接达成销售额的功能。之前讲过直通车推广，直通车推广的精准主要是基于关键词，并不能定位客户的个性化特征，比如风格、价位等。钻展推广对于那些制订了严格的推广计划，能够承接大流量的店铺来说，无疑是非常适合的一种营销推广方式。

7.3.2　钻展图的设计技巧

① 主题：主题要突出，主打品牌定位或促销信息。

第 7 章 高点击率推广图视觉营销设计

② 文字信息：字体和颜色不能超过 3 种，信息表达明确，文字创意与图片相结合。
③ 色彩搭配：创意主色不要超过 3 种。
④ 排版布局：黄金分割和适当留白。

7.3.3 钻展图的审核及推广

钻展活动后台对报名卖家提供的图片有着非常严格的审核，钻展图审核流程如图 7-20 所示。

钻展图的位置众多而且尺寸各异，在位置方面，仅投放大类就包括天猫首页、淘宝旺旺、站外门户、站外社区、无线淘宝等，对应的钻展图尺寸更是多达数十种。所以在制作图片之前，首先要确定放置图片的位置，然后根据不同的位置来确定相应的尺寸。图 7-21 为淘宝 PC 端首页钻展图的位置。

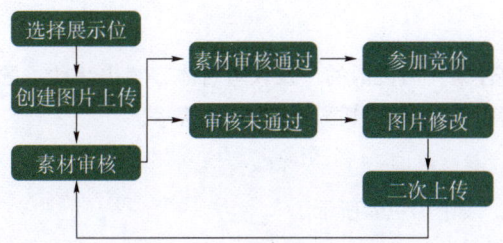

图 7-20 钻展图审核流程　　图 7-21 淘宝 PC 端首页钻展图的位置

7.3.4 钻展图的设计案例

1. 分析设计制作工单

通过对工单（如表 7-3 所示）分析可知，本次制作的图片为钻展首焦推广图，商品为头戴式耳机，突出的内容为质感和活动。

微课：钻展图视觉营销设计案例实操①

微课：钻展图视觉营销设计案例实操②

表 7-3 视觉（美工）设计制作工单

项目名称（图片类型）	头戴式耳机钻展图		提交日期	6月1日
提交部门/人员	运营部—童小话		期望完成时间	6月3日
任务类型	常规	紧迫程度	特急单经理签字	
任务接受人	设计部—童话		任务接受日期	
设计风格及调性需求	突出商品质感、卖点和科技调性			
设计中必须出现元素（如图片、Logo、文字等）	赠品图片、促销内容			
制作规范	图片尺寸		520像素×280像素	
	字体		无	
	色彩		由设计师/美工设定	
	图片排版布局		由设计师/美工设定	
客户群体	22~35岁青年白领			
参考范例（或商品信息）				
任务完成人签字		完成日期	部门主管签字	
备注	1. 工单至少提前3天提交，以便进行工作安排，如需紧急处理，需由部门经理签字认可，以方便其他工作另行调整。 2. 工单一式两份，一份提交需求部门备份，一份留给设计师/美工备份。			

2. 钻展图素材的选择

通过对工单的分析，从商品照片中选择一张能够展示商品整体的，如图 7-22 所示。另外由于是头戴式耳机，所以从持久佩戴的舒适性提炼的商品特点为轻柔（轻便、柔软）。

3. 钻展图设计初稿

构图结构基本为左右结构，突出商品的卖点为轻柔；用灵活的"汉仪雪君体"突出活动主题，用"汉仪细圆简"突出活动内容，用整个黑色背景来衬托商品的品质，如图 7-23 所示。

4. 钻展图再次推敲

通过推敲发现以上钻展图有几个细节需要完善，如图 7-24 所示。
① 商品与背景色彩过于相似，局部不够突出。
② 色彩统一，但活动区域过于平静，缺少购买冲动，另外内容也显得烦琐。
③ 整个画面缺少少许的创意渲染。

第 7 章　高点击率推广图视觉营销设计

图 7-22　耳机商品原始图片

图 7-23　耳机钻展图初稿

5. 钻展图最终定稿

针对以上发现的问题，利用多种方式进行修改。

① 在商品的背景上半部分添加少许的深蓝色光晕，突出科技元素的同时，增加背景与商品的局部对比。

② 促销内容的色块改为更有点击欲望的淡黄色。同时，文案也进行了简化，便于买家快速浏览。

③ 在商品的背景上，点缀了几片羽毛。利用了设计中的通感原理，让人联想到耳机的轻盈、舒适。

耳机钻展图最终定稿如图 7-25 所示。

图 7-24　耳机钻展图修改示意图

图 7-25　耳机钻展图最终定稿

7.4　活动图视觉营销设计

7.4.1　活动图的设计要点

微课：活动图视觉营销设计

在营销中卖家经常参与电商平台的官方活动，来吸引流量或提高商品销量。一般活动会对图片的尺寸等方面进行相应的规定，如果不满足某些规定，将不能参加活动，因此图片是否规范，对于活动的参加者来说非常重要。现在就以聚划算的活动为例，介绍聚划算对图片的要求和规范。

1. 图片整体尺寸

聚划算图片的整体尺寸为 960 像素×640 像素。

2. Logo 区域

① 商品图上必须放品牌 Logo。
② Logo 显示尺寸最宽不超过 180 像素，最高不超过 120 像素，如图 7-26 所示。
③ Logo 不出现店铺名称、产品定位、营销文案等信息。

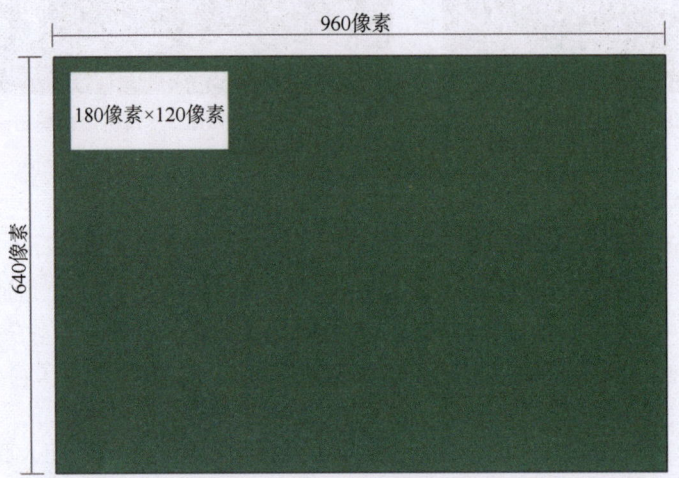

图 7-26　活动图整体尺寸

3. 商品图规范

① 商品图片居中放置，有模特的不可截掉头部，安全区域为 800 像素×480 像素。
② 商品图片角度以展示商品全貌为最佳。
③ 商品图数量，同款式不要超过 2 件（量贩团、套件商品除外）。
④ 商品图片内禁止出现任何营销文案、自制标签。
⑤ 商品图必须主次分明。

7.4.2　活动图的案例解析

① 无模特商品图片居中放置，如图 7-27 所示。

图 7-27　活动图案例解析图 1

第7章 高点击率推广图视觉营销设计

② 商品图片以展示商品全貌为最佳,如图 7-28 所示。

图 7-28 活动图案例解析图 2

③ 商品图片上禁止出现任何营销文案、自制标签,如图 7-29 所示。

图 7-29 活动图案例解析图 3

7.4.3 活动图的设计案例

1. 分析设计制作工单

视觉(美工)设计制作工单如表 7-4 所示。

微课:活动图视觉营销设计案例

表 7-4 视觉(美工)设计制作工单

项目名称		吸尘器聚划算活动图		提交日期	6月1日
提交部门/人员		运营部—小梦		期望完成日期	6月2日
任务类型	常规	紧迫程度		特急单经理签字	
任务接受人				任务接受日期	
设计风格及调性需求			突出科技感、现代简洁		
设计中必须出现元素			商品标志、商品亮点		
制作规范	图片尺寸		960 像素×640 像素		
	字体		无		
	色彩		由设计师/美工设定		
	图片排版布局		由设计师/美工设定		
参考范例(或商品信息)					
任务完成人签字		完成日期		部门主管签字	
备注	1. 工单至少提前 3 天提交,以便进行工作安排,如需紧急处理,须由部门经理签字认可,以方便其他工作另行调整。 2. 工单一式两份,一份提交需求部门备份,一份留给设计师/美工备份。				

2. 整理素材

活动图素材如图 7-30 所示。

图 7-30　活动图素材

3. 确定活动图尺寸

设置尺寸为 960 像素×640 像素，分辨率为 72 像素/英寸，颜色模式为 RGB 颜色，如图 7-31 所示。

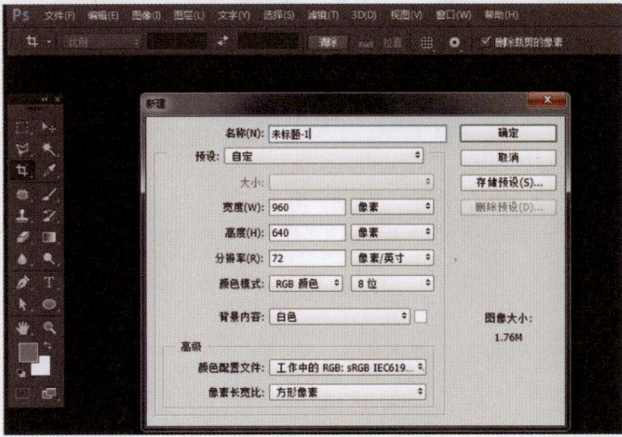

图 7-31　活动图尺寸设置

4. 初稿完成

活动图初稿如图 7-32 所示。

图 7-32　活动图初稿

第7章 高点击率推广图视觉营销设计

5. 进行修改后定稿

在背景中添加光线，以增加商品的科技感，使构图更加丰满，更有张力，色调和谐统一，如图7-33所示。

图7-33　活动图终稿

7.5　直播封面图视觉营销设计

直播封面图是直播的门面，可以提升观众观看的欲望。亮丽或有趣的封面图，是直播间流量高低的直接关联因素。点击进入直播间的流量越高，相应的观看量和转化率也越高。同等直播间排名条件下，封面图越好，能获取的流量越多。要注意封面图展示和直播间商品的一致性，否则容易导致直播间跳失率高，直接影响直播间数据的考核。

7.5.1　直播封面图的设计原则

直播封面图不宜过大也不能太小，做到清晰、美观很重要。以淘宝直播封面图为例，它没有固定的尺寸要求，一般为750像素×750像素，最小不能低于500像素×500像素。

如果主播需要在手淘首页推广自己的直播内容，那么手淘首页的封面图要求如下：需要保证图人相符；不能出现任何文字内容，品牌的Logo也不能出现；不可以使用大面积黑色的背景；尺寸需要按照16∶9比例进行设计。

直播要想吸引人，封面图就需要将观众的眼球抓住，这样才能引流从而提高流量。要想打造优质的直播封面图，主播在设计直播封面图时要遵循以下原则：

1. 符合直播主题

直播封面图要尽量契合直播主题，让观众在看到直播封面图时就知道直播的内容是什么，并且决定要不要进入直播间。例如，如果主播直播的内容为在工厂实地看货，封面图可以选择工厂、车间等实景图，如图7-34所示；如果主播要在直播间详细介绍商品，封面图最好不用模特或主播的人像图片，而应选择精美的商品细节图，如图7-35所示。

2. 封面图要美观、清晰

直播封面图要保持美观、干净、整洁，除了官方提供的角标、贴图等带有促销元素的内容，不要添加任何文字和其他贴图，否则封面图会显得杂乱无章，影响观众阅读，导致观众在看到封面图的第一眼就不会选择进入直播间。图7-36所示封面图干净、整洁、清晰，能够给人良好的视觉体验。

图7-34　货架店直播封面图　　图7-35　水果店直播封面图　　图7-36　浴巾店直播封面图

3. 色彩和文字要适当

直播封面图的色彩要鲜艳，但不要过分华丽，文字不宜过多，只要能够体现直播主题即可。坚决杜绝任何形式的"牛皮癣"（如图7-37所示），否则会影响重要内容的呈现效果。另外，直播封面的背景本身就是白色，如果封面图的背景仍然选择白色，就会导致图片不够突出、醒目，很难吸引观众，所以封面图的背景一般不要选择白色。

4. 不要妨碍重要内容的展现

封面图的固定信息包括左上角的直播观看人数和右下角的点赞量（如图7-38所示），封面图的重要内容要避开左上角和右下角，以免与直播观看人数、点赞量等部分相互干扰，影响观众的观看体验。

5. 禁用合成图

为了不影响整体的浏览体验，直播封面图要放置一张自然、简洁的图片，让其看起来美观，禁用合成图（如图7-39所示）。

图7-37　"牛皮癣"式　　　图7-38　直播封面图　　　图7-39　直播封面
　　直播封面图　　　　　　重要内容解析图　　　　　　拼接合成图

6. 拒绝不当信息

直播封面图中不要出现过度修饰的照片、令人不适的图片、低俗图片或呈现模特不雅坐姿的图片等，这样的图片被官方检测到后，轻者会被要求重置封面图，重者会被封号。考虑到这一点，类似内衣等贴身衣物的直播封面图中一般不要出现任何人物元素，直接展示商品即可。

第 7 章 高点击率推广图视觉营销设计

7. 封面图不要雷同

如果直播次数很多,直播封面图不要使用同一张或极其相似的图片,否则会让观众以为直播内容都是相同的,从而降低直播间的点击率。

7.5.2 直播封面图的设计案例

直播封面图不需要过多的设计,只要找出最能代表商品特点且清晰的图片,做适当的美化即可。例如做一个沾化冬枣的直播封面图,买家选择沾化冬枣最大的原因是口感好,那么可以通过冬枣切面水润的图片来体现口感清脆,图上不需要有太多冬枣,只需几个个头大的冬枣即可,如图 7-40 所示。

图 7-40　冬枣直播封面图

7.5.3 直播海报图的设计案例

下面将结合本章所学知识进行直播美妆海报图的设计,最终效果如图 7-41 所示。

图 7-41　直播美妆海报图最终效果

操作步骤如下:

步骤1　打开 Photoshop CC2018,选择"文件→新建"命令,在弹出的"新建文档"对话框中设置各项参数,然后单击"创建"按钮,如图 7-42 所示。拖入背景素材,如图 7-43 所示,调整其大小和位置。

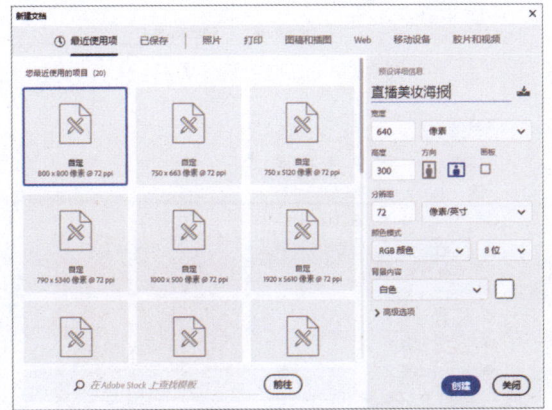

图 7-42　设置参数

图 7-43　背景图

步骤2　选择矩形工具，绘制一个矩形，在工具属性栏中设置"形状描边宽度"为 8 像素，如图 7-44 所示。选择椭圆工具，绘制一个正圆图形，如图 7-45 所示。

图 7-44　绘制矩形后效果图

图 7-45　绘制正圆后效果图

步骤3　双击圆形图层，在弹出的"图层样式"对话框中设置各项参数，其中渐变色为 RGB（255、161、165）到 RGB（255、209、209），如图 7-46 所示。在"图层"面板中设置"椭圆 1"形状图层的"填充"为 0%，如图 7-47 所示。

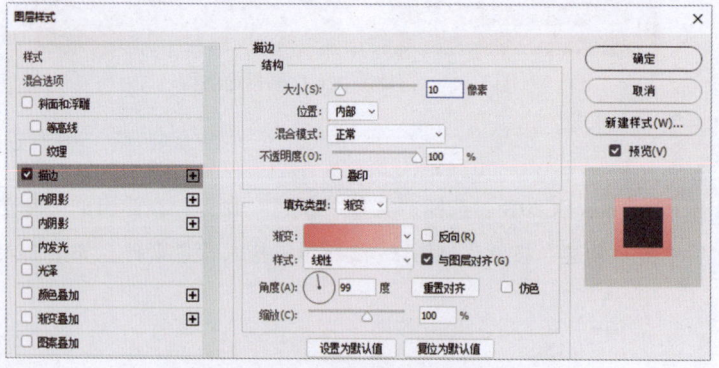

图 7-46　渐变色设置界面

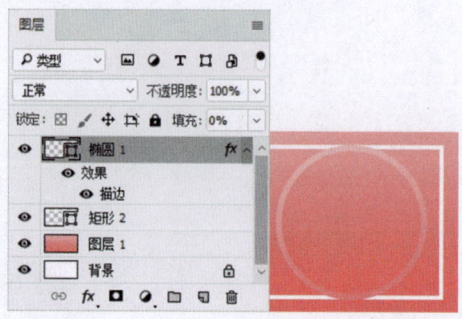

图 7-47　形状图层"填充"为 0%后效果图

第 7 章　高点击率推广图视觉营销设计

步骤 4　复制两个圆环，分别调整它们的大小，如图 7-48 所示。选择矩形工具，绘制一个矩形形状，设置填充色为 RGB（254、136、141），如图 7-49 所示。

图 7-48　复制两个圆环后效果图

图 7-49　绘制矩形形状后效果图

步骤 5　双击矩形图层，在弹出的"图层样式"对话框中设置各项参数，设置描边颜色为 RGB（172、49、55），如图 7-50 所示，投影颜色为 RGB（204、146、149），然后单击"确定"按钮，如图 7-51 所示。

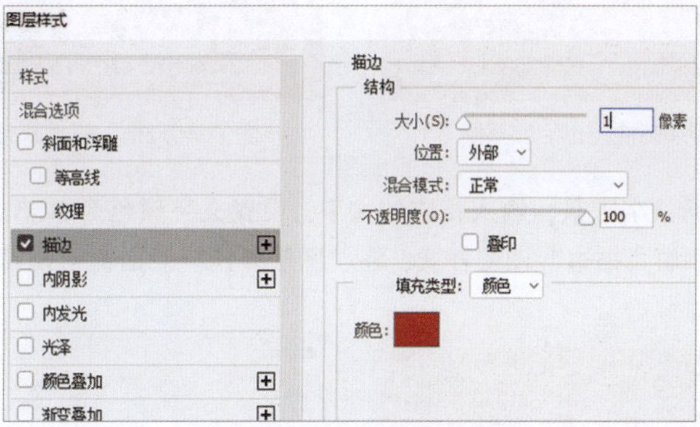

图 7-50　描边颜色界面图

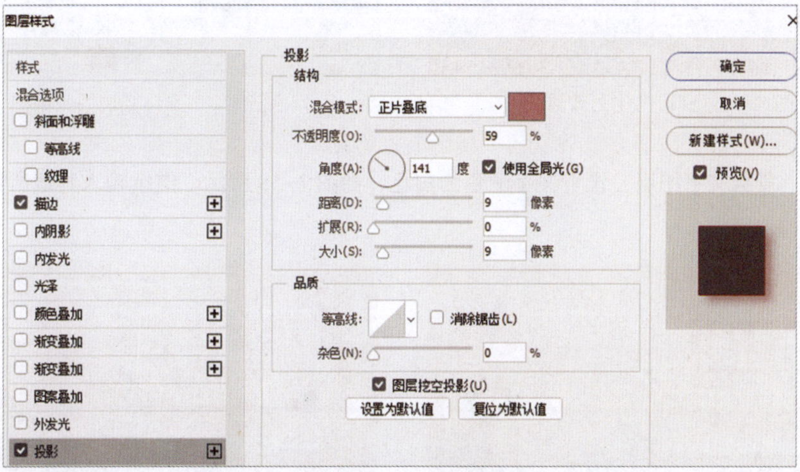

图 7-51　投影界面图

步骤 6　继续绘制一个白色矩形和粉色矩形，为它们添加描边图层样式，如图 7-52 所示。拖入素材文件"格子"，按"Alt+Ctrl+G"键创建剪贴蒙版，如图 7-53 所示。

161

图 7-52　添加描边图层样式后效果图　　　　图 7-53　创建剪贴蒙版后效果图

步骤 7　继续绘制其他装饰性图形，如图 7-54 所示。依次拖入其他素材文件，并调整它们的位置，如图 7-55 所示。

图 7-54　绘制装饰性图形后效果图　　　　图 7-55　拖入其他素材文件后效果图

步骤 8　选择横排文字工具，输入相应的文字，设置文字颜色为 RGB（254、135、140），如图 7-56 所示。为文字添加"描边"图层样式，在"图层样式"对话框中设置各项参数，如图 7-57 所示。

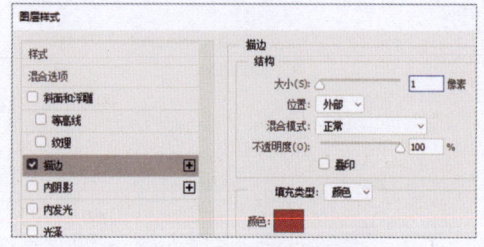

图 7-56　文字优化后效果图　　　　图 7-57　文字描边后效果图

步骤 9　复制文字图层，设置文字颜色为白色，如图 7-58 所示。继续输入其他所需文字，效果如图 7-59 所示。

图 7-58　设置文字颜色为白色后效果图　　　　图 7-59　输入其他所需文字后效果图

步骤 10　拖入"人物"素材，为其添加投影效果，如图 7-60 所示，在"图层样式"对话框中设置各项参数，然后单击"确定"按钮，最终效果如 7-61 所示。

第 7 章 高点击率推广图视觉营销设计

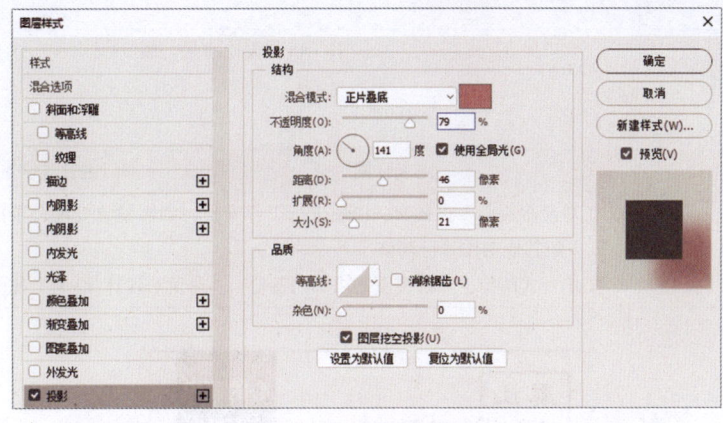

图 7-60　投影设置界面图

图 7-61　最终效果图

【课后练习题】

1. 简述海报图设计的 6 个流程。
2. 简述直通车图设计要点。
3. 简述钻展图设计要点。
4. 根据表 7-5，请你为科技部定点扶贫县——四川屏山县的茵红李果农企业设计一张直通车图，最终效果图如图 7-62 所示。

表 7-5　视觉（美工）设计制作工单

项目名称（图片类型）	茵红李直通车图		提交日期	11 月 1 日
提交部门/人员			期望完成时间	11 月 3 日
任务类型	常规	紧迫程度	特急单经理签字	
任务接受人			任务接受日期	
设计风格及调性需求	底色纯净，简约大气，突出茵红李里外肉质				
设计中必须出现元素 （如图片、Logo、文字等）	品牌屏山字样，脆甜脱骨，坏果包赔				
制作规范	图片尺寸		800 像素×800 像素		
	字体		无		
	色彩		由设计师/美工设定		
	图片排版布局		由设计师/美工设定		

续表

客户群体	18~45 岁爱吃水果一族		
参考范例 （或商品信息）			
任务完成人签字		完成日期		部门主管签字	
备注	1. 工单至少提前 3 天提交，以便进行工作安排，如需紧急处理，须由部门经理签字认可，以方便其他工作另行调整。 2. 工单一式两份，一份提交需求部门备份，一份留给设计师/美工备份。

图 7-62　茵红李直通车效果图

【同步训练习题】

二维码中的练习题分为单选题、多选题、判断题、简答题、实训题，具体请扫二维码完成任务。

同步训练习题

第8章 商品主图与短视频视觉营销设计

【学习目标】
- 了解主图目的、作用及设计原则。
- 掌握不同类型主图视觉营销设计的方法。
- 掌握商品短视频的作用、类型和质量要素。
- 掌握主图视频的作用和内容要求。
- 能用 Premiere 设计制作主图视频和详情页视频。
- 坚定文化自信,积极用作品展示美好生活。
- 树立短视频营销创新意识,具备优化网店视觉效果的实践能力。

【学习导图】

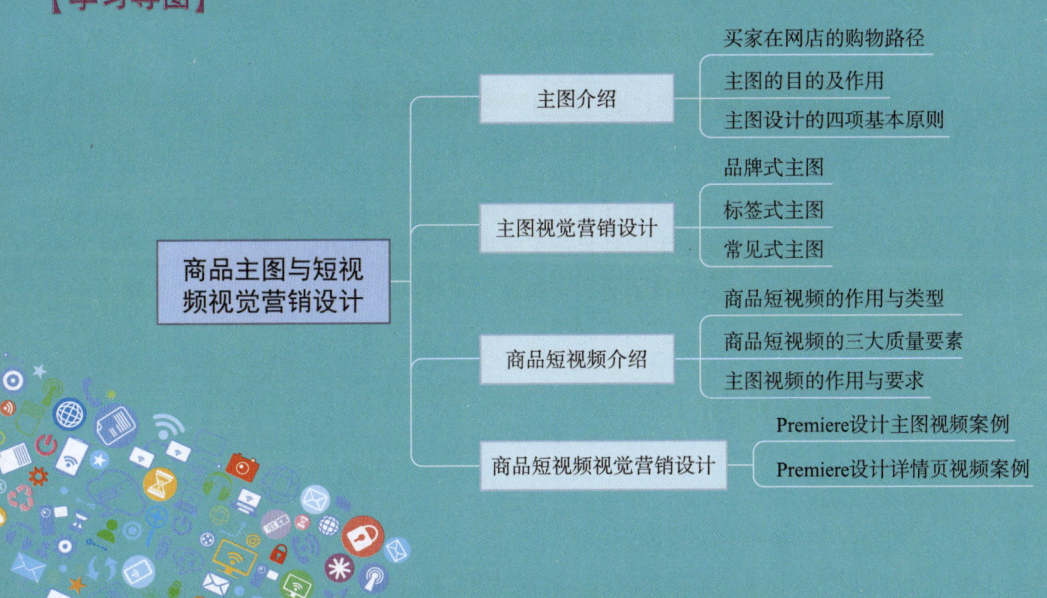

大部分买家都是通过电商平台的搜索引擎来寻找自己需要的商品，而主图又是买家搜索购物的必经之地，其重要性不言而喻。主图要能展现出买家需求点，能吸引到买家，能在海量的商品里让人眼前一亮。短视频，特别是商品短视频的影音动态呈现，能有效地将更多信息在首屏就予以呈现，且更具真实性、更富创意性，无疑会让买家快速对商品功效有所了解，提高商品购买转化率。本章我们将以视觉营销设计为入口，围绕主图与商品短视频进行讲解。

8.1 主图介绍

8.1.1 买家在网店的购物路径

大部分的买家，都会通过淘宝首页的搜索框输入自己想购买的商品名进入搜索排序页面，在排序页面中会呈现各个卖家的主图，买家会通过自己视觉的判断点击适合自己的优质优价又精美的商品主图，然后进入商品的详情页细致了解商品。如果主图和详情页都是买家满意的，买家就会通过旺旺沟通咨询下单。接下来会发生两种情况：第一种情况，下单结束购物；第二种情况，买家觉得商品不错，会继续点击卖家店铺的首页，再继续寻找店铺中喜欢的商品，如图 8-1 所示。

商品主图介绍（视频）

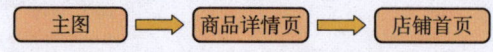

图 8-1 买家淘宝购物路径

在淘宝网店的内功部分中主图的设计，商品详情页、店铺的装修三者都很重要，三者决定淘宝店铺的最终转化率。通过图 8-1，我们会发现主图是目前买家进入卖家店铺的最先入口。主图决定了点击率，详情页决定转化率，主图是详情页的精华所在，是整个详情页的缩影，因此主图的重要性不言而喻。

8.1.2 主图的目的及作用

一张优质的主图主要起到以下三个作用，如图 8-2 所示。
① 抓住眼球。主图的设计讲究醒目和美观。
② 激发兴趣。主图的设计要做到突出商品卖点，展示促销信息。
③ 促成点击。点击就意味着会增加店铺的流量，就会促成转化率的提升。

8.1.3 主图设计的四项基本原则

1. 主图大小

主图一般都采用正方形图片，最小尺寸为 310 像素×310 像素，不具备放大效果。淘宝官方建议尺寸为 800 像素×800 像素~1 200 像素×1 200 像素，该尺寸主图具备放大效果。

第 8 章 商品主图与短视频视觉营销设计

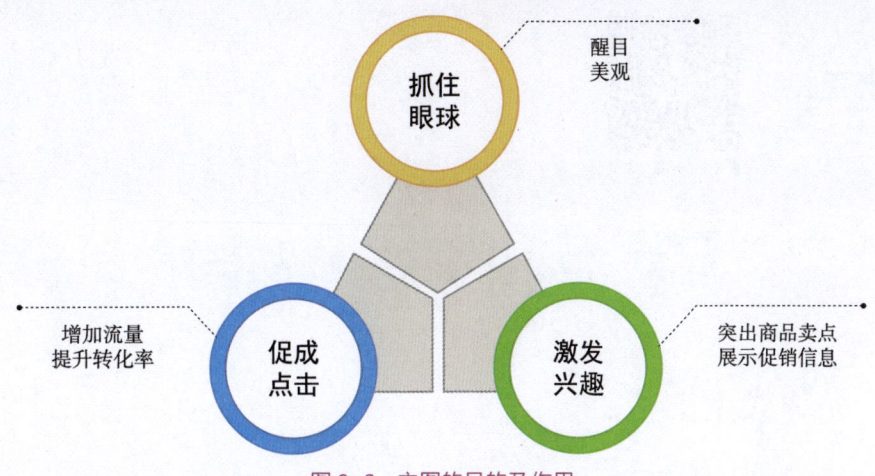

图 8-2 主图的目的及作用

2. 突出主题

在设计主图时候要突出主题，而且背景一般采用纯洁的单色调。

纯色背景的好处：更加突出商品；给人清晰干净的感觉；更容易添加文字说明。

3. 文字搭配技巧

简：简单明了。比如"包邮"而非"国庆包邮"。

精：用最少的字，表达出商品更多的信息。

明：一针见血地指出打折信息、商品优势、产品功能。

4. 文字颜色搭配

常见的最佳搭配颜色系列有红底白字、红底黄字、黑底白字、蓝底白字、红底黑字，如图 8-3 所示。

主图设计需要围绕以下三点展开设计：商品清晰、卖点突出、促销信息明确（如图 8-4 所示）。

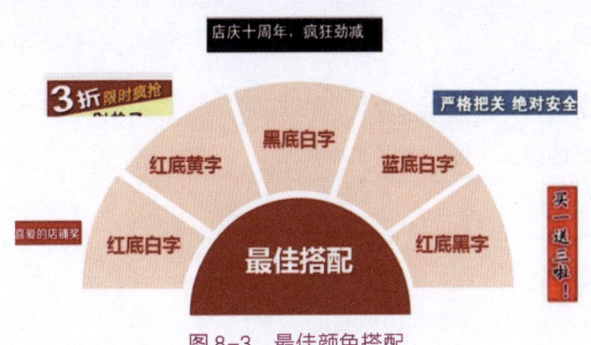

图 8-3 最佳颜色搭配

图 8-4 商品清晰、卖点突出、促销信息明确的主图

 同步阅读

淘宝官方对主图和辅图的建议

详细内容可扫二维码学习。

167

淘宝关于盗用主图的处罚

8.2　主图视觉营销设计

8.2.1　品牌式主图

品牌式主图也可称为品牌 Logo 式主图。对于有品牌商品的卖家来说，不需要制作非常复杂的主图，可以设计一些带有品牌 Logo 的主图上传到店铺即可进行销售。

品牌 Logo 式主图：网店中常应用于品牌商标、驰名商标等具有优质口碑、高影响力、高知名度的商品，如图 8-5 和图 8-6 所示。

图 8-5　男装类目品牌 Logo 式主图　　　　图 8-6　皮鞋类目品牌 Logo 式主图

以图 8-6 中的图片为例，讲解品牌 Logo 式主图的制作过程。

步骤 1　用 Photoshop 打开实际拍摄好的商品主图，如图 8-7 所示。

步骤 2　打开品牌 Logo 图片，如图 8-8 所示。

图 8-7　商品主图　　　　图 8-8　品牌 Logo　　　　品牌式与标签式主图设计

第 8 章 商品主图与短视频视觉营销设计

步骤 3　如图 8-9 所示，单击"矩形选框工具"按钮，用选框工具选中"罗蒙"图标，在"编辑"菜单栏中选择"拷贝"命令，或用快捷键"Ctrl+C"。

步骤 4　按"Ctrl+Tab"键切换图片回主图界面。

步骤 5　在主图界面，按"Ctrl+V"键粘贴图片，如图 8-10 所示。

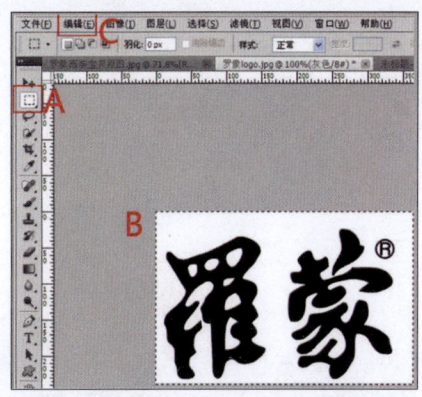
图 8-9　复制图片

图 8-10　粘贴图片

步骤 6　单击"移动"按钮，将"罗蒙"图标移动到左上角位置，再使用自由变换快捷键"Ctrl+T"将图片变小，如图 8-11 所示。

步骤 7　如图 8-11 所示，单击"图层"面板下方"正常"栏右边按钮，出现菜单栏，选择"正片叠底"命令，最终效果图如图 8-12 所示。

图 8-11　自由变换"罗蒙"图标并单击"正片叠底"命令

图 8-12　最终效果图

8.2.2　标签式主图

在广告中以及搜索引擎中我们经常见到带有促销价格及相关信息的标签式主图（如图 8-13 和图 8-14 所示），此种主图会相应地增加商品的点击率。

实战 1：用钢笔工具制作三角标签

具体操作步骤可扫二维码学习，效果图如 8-15 所示。

实战 2：多样标签使用

具体操作步骤可扫二维码学习，效果图如 8-16 所示。

用钢笔工具制作三角标签

多样标签使用

图 8-13　标签式主图 1

图 8-14　标签式主图 2

图 8-15　实战 1 效果图

图 8-16　实战 2 效果图

8.2.3　常见式主图

品牌 Logo 式主图的制作对新手而言相对简单一点，而且很多买家会通过品牌关键词直接搜索选中商品，没有必要在主图上加一些价格和商品卖点方面的信息，加上这些信息反而让买家觉得商品档次下降，画蛇添足。但对于无品牌及影响力较弱的商品来说，主图上加上一些价格信息、促销信息、卖点信息会增加商品主图的点击率及访问量（如图 8-17 所示）。

图 8-17　鞋类商品主图

第 8 章 商品主图与短视频视觉营销设计

下面以图 8-23 为例讲解看下常见式主图的制作过程。

步骤 1　打开已选好的背景图，并把已经抠好的鞋子图放入背景图中（"抠图"请详见第 5 章），如图 8-18 所示。

图 8-18　将已抠好的鞋子图放入背景图

步骤 2　选择"自定义形状工具" ，操作步骤如图 8-19 所示，选择标签图形●，前景色设置为白色，并在鞋子右上角相对应的地方画出一个白色圆形区域，按住 Shift 键画出正圆，如图 8-20 所示。

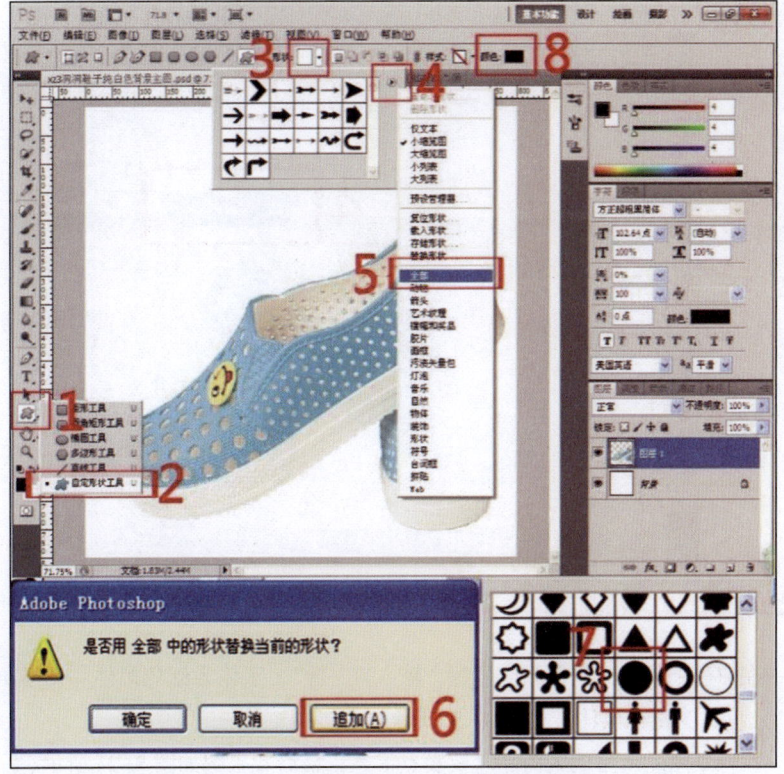

图 8-19　自定义形状工具选择圆形步骤图

171

图 8-20 添加圆形图标

步骤3 单击"钢笔工具"按钮，再单击"形状图层"按钮，同时将背景色选为接近鞋子的蓝色（可使用颜色取样工具），然后使用钢笔工具画出如图 8-21 所示的圆角梯形。此处也可以使用矩形形状结合剪切蒙版（快捷键 Ctrl+ALT+G）工具实现圆角梯形效果。

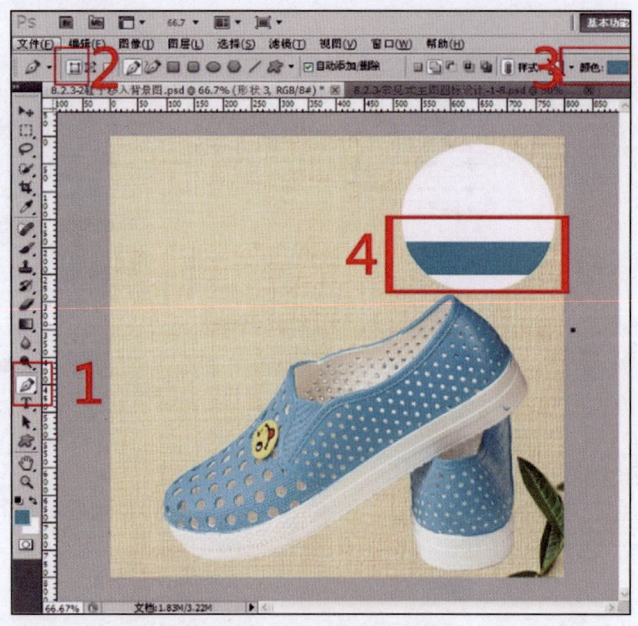

图 8-21 钢笔工具画圆角梯形

步骤4 在白色圆形图标内部相应位置，输入"3 折"，字体为红色黑体。在圆角梯形部分处输入"全国包邮"，字体为白色黑体，如图 8-22 所示。

步骤5 在背景图左上角输入商品名及卖点信息，最终效果图如图 8-23 所示。

第 8 章　商品主图与短视频视觉营销设计

图 8-22　添加文字

图 8-23　最终效果图

 同步实训

聚划算主图视觉营销设计案例

　　下面将结合所学的内容为一款化妆品设计聚划算主图，如图 8-24 所示。在制作过程中使用渐变的背景进行修饰，添加"全国包邮""送"促销方案，以及简单的广告词来突出商品优势。设计详细步骤和设计讲解视频可扫二维码学习。

聚划算主图视觉营销设计案例步骤解析

图 8-24　聚划算主图视觉营销设计案例效果图

8.3　商品短视频介绍

　　近几年，在平台、用户、广告主共赴短视频盛宴的背景下，短视频营销高速增长，互联网巨头也纷纷布局短视频，如图 8-25 所示。短视频是当下乃至未来的趋势，抖音、淘宝、快手等短视频平台的快速发展，也给了网店从业者更多的增长流量机会。

图 8-25　巨头布局下的短视频图谱

微课：短视频的制作方向

微课：短视频内容策划

微课：短视频主题与脚本策划

8.3.1　商品短视频的作用与类型

商品短视频可以帮助卖家全方位地宣传商品，它替代了传统的图文表达形式，虽然只有短短的十几秒或几十秒的时间，却能让买家非常直观地了解商品的基本信息和设计亮点，多感官体验商品，从而节约买家进行咨询的时间，有助于买家快速下单。

1. 商品短视频的作用

（1）增强视听刺激，激发购买欲

商品短视频以影音结合的方式，用最小的篇幅和最短的时间将商品的重要信息完整地呈现出来，通过增强视听刺激来激发买家的购买欲。

（2）多方位、多角度地展示商品细节

网店通过短视频来展示商品，可以真实地再现商品的外观、使用方法和使用效果等，比单纯的图片和文字更加令人信服，能够多方位、多角度地展示商品的细节特征（如图 8-26 所示）。

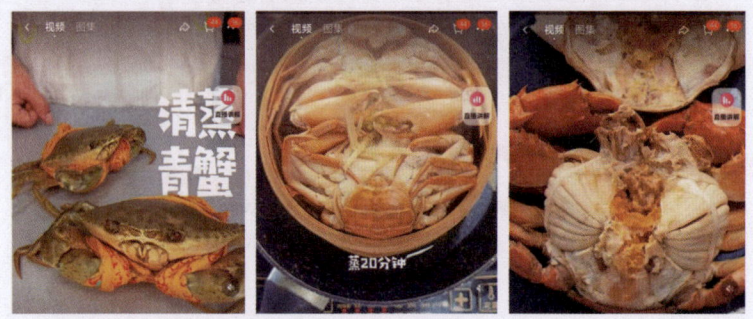

图 8-26　三门青蟹商品短视频

（3）提供贴心、专业的服务

商品短视频除了可以展示商品信息，还可以展示商品的使用方法与注意事项等，作为售后服务的一部分提供给买家，这样既解决了买家使用商品时可能会遇到的问题，又能让买家感觉到卖家贴心、专业的服务，从而提升买家对店铺的满意度和忠诚度。

(4) 提高店铺商品转化率

对于网店来说，商品转化率通常是指浏览网店并产生购买行为的人数与浏览网店的总人数之间的比值。商品短视频能够行之有效地宣传商品，达到提高商品转化率的目的。

2. 商品短视频的内容类型

目前，常见商品短视频的内容类型包括主图视频、详情页视频、评论视频和内容视频。

（1）主图视频

主图视频是在网店主图位置所展示的短视频，以影音动态呈现商品信息，能够在最短的时间内有效提升买家对商品的认知与了解，促使其做出购买的决定。主图视频不仅能够延长买家的停留时间，还能提高店铺购买转化率和静默下单比例。主图视频已经成为衡量电商搜索权重的标志之一。

（2）详情页视频

主图视频为了让买家有更好的体验，时长较短；详情页视频能够对主图视频缺少部分的信息进行补充，呈现更完整的信息。例如，对于一些涉及安装的商品，主图视频可以对商品特点进行呈现，详情页视频可以对安装方法进行讲解，形成完整的体系。对于需要安装的商品，即使用静态图呈现，很多买家还是不清楚整体的安装环节，需要摸索安装过程。如用短视频对完整的安装过程进行展示，买家通过看短视频就可以清楚地看到每一个步骤的细节，便于学习安装方法。

（3）评论视频

评论视频也称用户型视频，拍摄主体不再是卖家，而是买家。买家在购买商品后拍摄视频进行反馈，这类视频在很大程度上会影响商品的销售。电商卖家切不可低估评论的力量，许多买家在购买商品之前都会直奔评论区。视频形式的好评可以增加商品的可信度，提升买家购物的信心。

（4）内容视频

内容视频是指电商平台特色频道中的视频。例如，淘宝中的"淘宝头条""猜你喜欢""每日好店"都可以通过视频展示商品，提高商品的曝光率。这类视频一般要求较高，需要制作精良，要有好的剧本和故事，由专业团队制作。当然，因为每个平台、每个频道的要求不同，所以这类视频的制作要求也不尽相同。

8.3.2　商品短视频的三大质量要素

优质商品短视频有以下三大质量要素（如图8-27所示）。

① 选题——场景化。以"种草"和教学为目的，主讲搭配、攻略、评测、改造、知识、技巧、主题、开箱。

② 视觉——人格化。真实拍摄，有性格，说口语，有料可讲，亲测感受，模特与镜头有互动。

③ 节奏——片段化。前3秒有亮点，一次讲一件事，快节奏的要点表达，语速和背景音乐有节奏感。

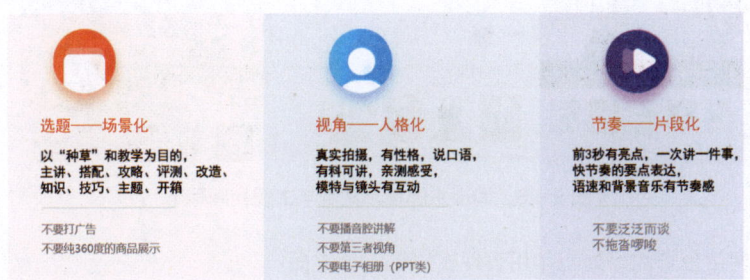

图8-27　优质商品短视频质量要素

以积极健康内容赋能短视频生态　　　　微课：健康内容赋能短视频生态

真善美价值观：短视频行业发展迅速，广受喜爱，受众群体广、影响范围大、用户黏性强，短视频成为新的传播风口，持续收获流量热度。在人气骤升的同时，也出现一些问题，引发人们对当下短视频生态的关注和思考。有的视频平台为炒热度、博关注，以媚俗表演为噱头，频频打"擦边球"；有的视频主播及店家为赚流量、得点赞，上演暴饮暴食的吃播"奇观"……凡此种种，对短视频生态造成破坏，给广大用户尤其是青少年用户带来负面影响。

无论技术条件、市场环境如何改变，传播真善美，信守公序良俗，坚守法律、道德底线，都是短视频制作的基本要求，是生产者和平台方共同的职责。娱乐、分享也好，科普、电商带货也罢，短视频的要义是同时运用好镜头、配乐和剪辑，展现真实健康的生活，传递积极向上的信息。

以积极健康的内容，充分传递主流价值，短视频大有可为。如今电子商务方兴未艾，用短视频形式介绍地方特产，传播老字号文化，助农兴商，有力纾解商品销路问题，成为脱贫攻坚的有力帮手……丰富多样的短视频产品，扩大了我们的生活视野，提升了我们的生活品质，塑造了我们更具"网感"的生活体验。充分发挥独特优势，以正能量为价值底色，短视频成为凝心聚气的重要抓手。新中国成立70周年时，诸多精彩阅兵短视频"刷爆"朋友圈，精彩利落的剪辑、激昂雄浑的配乐、整齐一致的步伐，一个个"爆款"短视频让人看后不禁壮怀激荡，由衷生出强烈的民族自豪感。这样的短视频，洋溢着满满的正能量，激励人心。

当下，5G、人工智能、大数据等新技术推广应用，网民数量持续攀升，短视频发展前景广阔。当此之时，更需要我们以积极健康内容赋能短视频，以主流价值引导行业发展，凝聚更广的社会共识，创造更大的社会价值，惠及更多百姓的幸福生活。

8.3.3　主图视频的作用与要求

1. 主图视频的作用

主图视频的重要性不言而喻，它对商品的曝光率和购买转化率都起着至关重要的作用（如图8-28所示）。

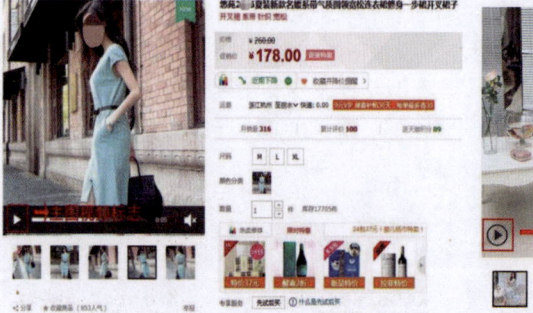 

图8-28　淘宝主图视频案例与主图视频标志　　　微课：淘宝短视频与主图视频

主图视频给网店带来的好处与作用表现在以下五个方面：
① 吸引买家眼球，提升停留时间，提升转化率。

第8章 商品主图与短视频视觉营销设计

② 语音+视频，全方位展示商品特性，让商品更真实，更有创意，消除买家货不对版的心理，让买家愉快购物。

③ 免费资源扶持。例如，主搜入口、日常主题活动。主题活动对商品无折扣要求，并且所有销量计入搜索排名，活动主推资源有以下类目：天天特价、清仓、拍卖、试用、淘女郎、淘金币等。

④ 商品权重增加。有主图视频，特别是有优质内容主图视频的商品，更容易获得淘宝对该商品权重加权及搜索排位的提升，也更容易提升商品的购买转化率和买家在详情页的停留时长。

⑤ 公域流量扶持。淘宝会推荐视频到公域，符合要求的优质内容可以获得更多流量。而被推荐至公域，哇哦视频、猜你喜欢、搜索等公域渠道对于视频内容质量有基本要求，一旦被推荐，就可以获得更多流量。

2. 淘宝短视频与主图视频的要求

（1）淘宝短视频基础规范（如表8-1所示）

表8-1 淘宝短视频基础规范

序号	版块	具体要求
一	基础规范	1. 视频内容不能违反影视行业相关法律法规条例； 2. 视频中不得出现违反广告法的信息； 3. 短视频内容须遵守《阿里创作平台管理规则》； 4. 整体短视频内容符合社会主义核心价值观
二	基础字段	1. 支持格式：WMV、AVI、MPG、MPEG、3GP、MOV、MP4、FLV、F4V、M4V、M2T、MTS、RMVB、VOB、MKV； 2. 时长限制：10~600秒，竖版建议60秒以内，横版建议300秒以内； 3. 文本要求：视频标题10~16字，描述40字以内，符合广告法要求，不能带有明显的"标题党"嫌疑，没有有色情引导类内容； 4. 文件大小：支持140 MB以内的视频上传； 5. 提炼内容看点/商品卖点，不拖沓不冗长； 6. 谢绝纯娱乐（如手势舞）、搞笑段子类视频
三	视频画面	1. 整体高清，主体居中，比例协调无拉伸，视频画面不抖动、不卡顿，背景音乐流畅、令人愉悦； 2. 不做无意义的留白和空镜头，不允许图片拼写式的视频； 3. 支持的视频画面比例：16∶9、9∶16、3∶4、1∶1
四	下挂商品	1. 商品要求：满足营销新七条； 2. 所在店铺：DSR≥46，星级≥1钻； 3. 数量要求：1~9个商品； 4. 促销活动：需参考大促商品打标要求

（2）主图视频基本要求（如表8-2所示）

表8-2 主图视频基本要求

序号	版块	具体要求
1	尺寸要求	3∶4（强烈推荐）、1∶1、16∶9
2	时长限制	10~60秒
3	文件大小	支持140 MB以内的视频上传

续表

序号	版块	具体要求
4	支持格式	WMW、AVT、MPG、MPEG、3GP、MOW、MP4、FLV、F4V、M4V、M2T、RMVB、VOB、MKV
5	视频清晰度	720P 及以上
6	其他要求	无水印、无二维码、无片头片尾、无"牛皮藓"、无外部网站及店铺 Logo

小贴士

主图视频时间长度小于等于 60 秒，建议 30 秒以内短视频可优先在爱逛街等推荐频道展现。

（3）主图视频内容要求

①内容类型：深度评测、开箱体验、搭配攻略、时尚街拍、产地溯源等。
②拒绝的内容类型：单品展示、幻灯片、广告片、纯商品。
③分行业需求：
a. 大服务行业：搭配、讲解、评测；
b. 家居百货：开箱、教程、评测；
c. 美妆行业：护肤评测、彩妆试色、技能教程；
d. 3c 数码：功能评测、开箱、讲解；
e. 家电：功能展示、讲解、评测；
f. 母婴：萌娃穿搭、好物"种草"、安装试玩；
g. 食品：产地溯源、美食教程、开箱试吃。

食品行业视频内容参考如表 8-3 和表 8-4 所示。

表 8-3 食品行业视频内容参考

内容类型	视频内容描述	内容制作重点	内容基本要求
产地溯源	原产地种植农户入镜讲解，展示原产地风貌、采摘、加工过程，展示商品的新鲜度和卖点特质。	1. 头 5 秒镜头很重要，快速进入主图突出重点；	1. 短规频基础规范：https://www.taobao.com/markets/guang/videoup? spm＝5338.12108695.130549.1.335975a09PL0cj#&route2；
美食教程	结合原材料本身的特点。将商品的卖点和美食诱惑力表达出来，不要只关注教程本身。	2. 镜头节不要过慢，不要有过多过长的纯商品展示镜头； 3. 背景音清晰，讲解生活化，要有播音腔；	2. 标题规范：https://www.taobao.com/markets/guang/videoup? spm＝5338.12108695.1305439.1.335975a09PL0cj#&route4；
开箱试吃	针对性展示卖点，解说具有感染力和表现力：食物镜头细节特写或食材加工过程展示，真实试吃心得	4. 视频要突显商品点，重要卖点花字突出	3. 封面规范：https://www.taobao.com/markets/guang/videoup#&route13

第 8 章 商品主图与短视频视觉营销设计

表 8-4 服饰行业视频内容参考表

内容类型	视频内容描述	内容制作重点	内容基本要求
商品展示	通过穿搭/面料解读等角度全面展示商品的美感卖点/穿搭卖点/材质卖点	1. 头 5 秒镜头很重要，快速进入主图，突出重点/设计看点； 2. 镜头节奏和背景音乐节奏也不宜过慢，不要有过多长的纯静态的商品展示镜头/过于局部细节的画面； 3. 背景音清晰，讲解生活化，不要有播音腔，收音不要有杂音； 4. 搭配类内容推荐使用搭配互动组件，进店效果更好； 5. 视频展示内容必须和下挂商品匹配关联； 6. 推荐使用定向优惠券，比如针对新品的优惠券/全店折扣优惠券/渠道特向优惠券，倒计时宝箱功能，提高转化	1. 短视频基础规范； 2. 标题规范； 3. 封面规范
上新变装	结合音乐节奏快速展示变装搭配，多品混剪，音乐踩点，快节奏地展示多套穿搭，提升浏览效率，集合搭配互动组件		
店铺记	红人店主的 Vlog 类内容，可投稿《店铺记》这个栏目，视频观看时间长，互动效果好		
教程评测	对功能性单品做性能测试，比如羽绒服的含绒量、布料耐磨性/防水评测等		

其他行业视频内容参考表，可关注公众号"童话电商"文章：{童话短视频Ⅱ什么样的淘宝主图视频会被官方推荐?}

什么样的主图视频会被官方推荐?

8.4 商品短视频视觉营销设计

商品短视频给很多有雄心的卖家提供脱颖而出的新机会，其影音动态视频呈现的功能，有助于买家在最短时间内了解和认可商品，促成商品的购买和成交。可以设计商品短视频的软件有很多，在这里推荐 PR（Adobe Premiere）和 AE（Adobe After Effects），这是目前主流的专业视频剪辑和特效制作软件。其他软件还有剪映、爱剪辑等，也非常适合新手使用。

8.4.1 Premiere 设计主图视频案例

下面以制作女包主图视频为例（素材如图 8-29 所示），介绍商品主图视频的制作方法，最终效果图如图 8-30 所示。本案例使用 PC 端常用的视频后期编辑工具 Premiere CC 2019 进行设计制作。

图 8-29 女包主图视频素材

Premiere 设计主图视频案例

179

设计制作主要步骤如下：
① 导入并整理素材；
② 粗剪视频素材；
③ 精剪视频素材；
④ 视频调速；
⑤ 添加转场效果；
⑥ 自定义转场效果；
⑦ 制作闪光灯效果；
⑧ 制作片尾动画；
⑨ 导出主图视频。
设计制作详细步骤及视频可扫二维码学习。

Premiere 设计详情页视频案例

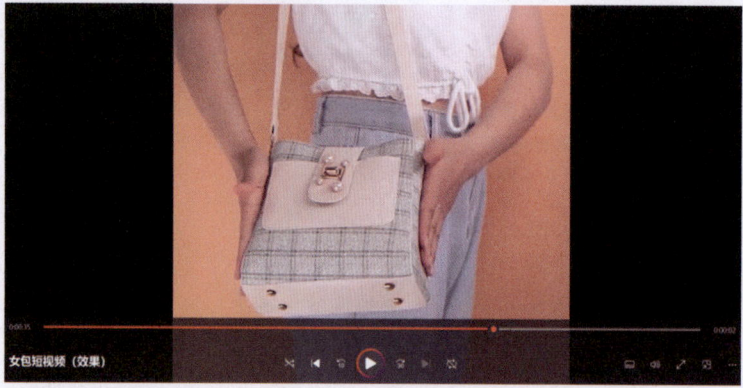

图 8-30　女包主图视频效果图

8.4.2　Premiere 设计详情页视频案例

下面以制作茶叶商品详情页视频为例（素材如图 8-31 所示），介绍商品详情页视频的制作方法，最终效果图如图 8-32 所示。

图 8-31　茶叶商品详情页视频素材

设计制作主要步骤如下：
① 新建项目并创建序列；
② 制作片头动画；
③ 视频剪辑；
④ 制作片尾动画；
⑤ 视频调色；

第8章 商品主图与短视频视觉营销设计

⑥ 添加字幕并导出视频。

图 8-32 茶叶详情页视频效果图

设计制作详细步骤及视频可扫二维码学习。

【课后练习题】

1. 简述主图的目的及作用。
2. 主图可以分为哪几类，各有什么特点？
3. 列举几张你认为有设计感的主图，并说明它好在哪里。
4. 优质短视频有哪三大质量要求，并列举可以制作主图短视频的软件（3个以上）。
5. 请根据本章所学知识设计一张主图，效果如图 8-33 和图 8-34 所示。

图 8-33 跨境网店主图

图 8-34 国内网店主图

6. 全国职业院校技能大赛电子商务技能赛项案例直通车——项链商品主图设计：

A. 设计要求：图片必须能较好地反映出该商品的功能特点，对顾客有很好的吸引力；保证图片有较好的清晰度；图文结合的图片，文字不能影响图片的整体美观、不能本末倒置；图片素材由 ITMC 组委会提供。

B. PC 电商店铺要求：制作 4 张尺寸为 800 像素×800 像素、大小不超过 200 KB 的图片；

C. 移动电商店铺要求：制作 4 张尺寸为 600 像素×600 像素、大小不超过 200 KB 的图片；

① 请根据本章节所学知识和给定的项链原始素材，完成如图 8-35 所示的项链主图设计。

② 请根据本章节所学知识和给定的项链原始素材，完成 PC 端店铺 4 张主图及移动端店铺 4 张主图的设计。

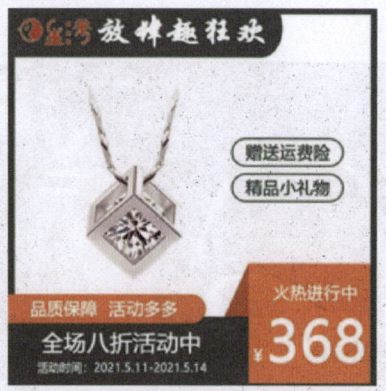

图 8-35　项链主图参考效果图

【同步训练习题】

二维码中的练习题分为单选题、多选题、判断题、简答题、实训题，具体请扫二维码完成任务。

同步训练习题

微课：短视频常用剪辑软件

在移动智能手机盛行的今天，要想实现快速地产出短视频内容，就需要用到一些简单易用的软件，如图 8-36 所示的小影、快剪辑、InShot 等 App 供读者学习使用。当然，对于新手卖家来说，以下 App 既可以制作抖音、快手平台的短视频，也可以制作淘宝的主图短视频。

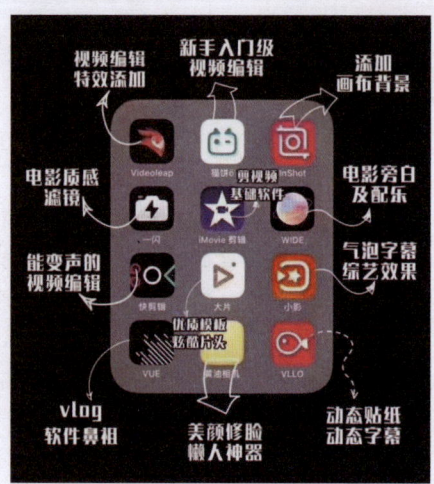

图 8-36　手机短视频制作常用 App

第9章 商品详情页视觉营销设计

【学习目标】
- 熟悉主流平台 PC 端与移动端详情页图片尺寸。
- 掌握详情页视觉营销买家喜好与常见问题。
- 掌握详情页视觉营销设计五部曲。
- 掌握详情页视觉营销设计遵循的原则
- 能够独立完成商品详情页的视觉营销设计。
- 设计内容能够体现社会主义核心价值观，塑造良好的人格。
- 培养坚持不懈、吃苦耐劳的职业素养。

【学习导图】

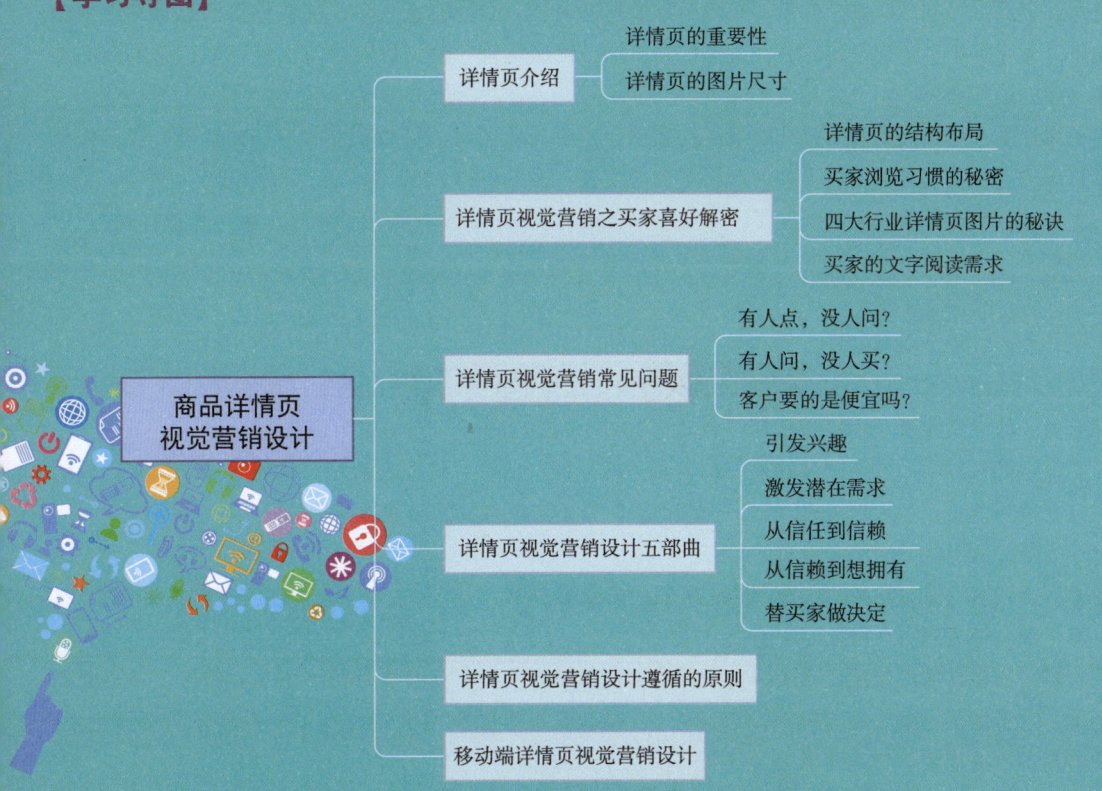

主图决定了点击率，详情页决定了转化率，商品详情页是网店所有营销的落地点。主图就像实体店铺的门面，只有把门面装修好了，才能吸引更多的买家进店铺。进入店铺之后买家会看什么呢？买家会看店铺内的装修怎么样，店铺内的商品是否精美，商品的细节做工是否精致（这部分就是商品详情页）。他仔细看，反复看，甚至对比看，才决定是否咨询客服，是否最终下单。所以说，如果详情页不能满足买家的需求，不能解决买家的实际问题，那么前面的工作做得再好，都会功亏一篑。因此，只要是网店，都要对商品详情页进行系统周密的视觉营销设计。

9.1 详情页介绍

9.1.1 详情页的重要性

我们来思考一些问题，电商平台能提供的资源其实就是展现（搜索的位置排序），目前每一个搜索网页的位置是有限的，例如淘宝搜索页第一页只能展示 52 个商品免费展位和 20 个热卖收费展位，类目页的第一页有 95 个商品展位，那么淘宝凭什么要把有限的免费展位资源给我们呢？

其实，这和我们交朋友是一个道理。人一般都喜欢和比自己优秀且友好的人交朋友，当双方能够给对方正面回应的时候，感情会一直维系下去，当一方长期为对方付出，却得不到回应的时候，这段友情就会岌岌可危。所以，你希望平台给你靠前的展位，给你流量入口，那么你自己也得站在平台的角度，为它着想。作为平台，它会考虑把高销量、优质优价，购买后能获得买家良好口碑的商品展现在排序的最前面。

要想让平台把我们的商品排在靠前的搜索展位，首先要了解关键绩效指标——销售额。我们先从一个订单的产生过程入手，看看如何获得平台的支持，提高它的 KPI。

第 1 步：产生需求。比如天冷了，需要一件长袖的衣服，此刻脑海里面浮现出一件长袖衬衫。

第 2 步：选择淘宝平台，输入关键词"男长袖衬衫"。

第 3 步：看商品主图。

第 4 步：看哪个商品好看，合心意，点击商品。

这一页的搜索结果只有 52 个商品，当我们优先选择了其中一个点击进去，其他的 51 个商品就不会有流量。这里就涉及一个核心指标"点击率"，展现量×点击率＝点击量（流量）。

当淘宝把你的商品放在搜索的第一页上面，得有买家点击后你才有流量。试想，如果淘宝把你的商品放在搜索首页，半天都没人点击，长久下去，就不会把首页的展现位置给你。

第 5 步：从上往下浏览详情页。

第 6 步：看评价，如果评价没问题，一般买家就会买单。

第 7 步：拍下商品，付款。

当然，如果详情页让买家看了一点购买的欲望都没有，买家就会连评价都不看，直接关掉页面离开店铺。这里涉及一个核心指标叫"转化率"，也就是进店的买家中到底有多少人真正购买的比率，转化率高了，销售额自然就高了。

从上面的流程，我们会发现 KPI 的核心是点击率和转化率，而点击率与主图相关，转化率与详情页相关。因此，要想让平台提供更好的展位，在做好主图的同时，做好详情页是重中之重，详情页直接决定买家是否愿意花钱买单。

小贴士
转化率=(成交用户数／访客数)×100%

9.1.2 详情页的图片尺寸

1. PC 端详情页图片尺寸

在各大电商平台的商品详情页中，都有各自不同的图片尺寸和标准，主流平台详情页图片建议尺寸如表 9-1 所示。

表 9-1 主流平台详情页图片建议尺寸

平台	图片宽度/像素	图片高度/像素
淘宝	≤750	≤1 500
天猫商城	≤790	≤1 500
京东商城	≤790	自定义
AliExpress（速卖通）	≤790	自定义

淘宝官方对详情页图片的使用建议为：图片不宜超过 25 张；图片宽度不宜超过 750 像素；高度不宜超过 1 500 像素；常用图片格式有 JPG、PNG 和 GIF 动态图片；详情页单图建议 120 KB 左右，高度 1 500 像素以内，图片最大不宜超过 300 KB。

2. 手机端详情页图片尺寸

淘宝官方手机端详情页图片建议尺寸如表 9-2 所示。

表 9-2 淘宝官方手机端详情页图片建议尺寸

平台	图片宽度/像素	图片高度/像素
淘宝/天猫	480~1 500（建议 750）	≤2 500

对比使用他人店铺商品图是否算盗图？

版权意识：卖家小赵这次年中"6·18"要主推自己家的滚筒洗衣机，让新手美工小娜帮做对比图。小娜找了全网排名第一的商品图片，截下来和自己家的商品放一起做了个优劣对比，放进了该款洗衣机的详情页来突出自己家商品的特性和性价比高。结果"6·18"大促期间，卖家小赵接到了投诉，对比图被投诉有盗图行为。商品盗图违规被删除，无法继续参加活动，这给小赵的店铺造成了极大损失。

卖家小赵因此要求美工制作的图片素材必须自己实拍，避免盗图违规影响店铺日常经营。

9.2 详情页视觉营销之买家喜好解密

9.2.1 详情页的结构布局

详情页是营造良好的客户体验,把浏览者转化为购买者的前沿阵地。那么如何做好详情页呢?我们需要站在买家的角度,了解买家关心什么,买家喜欢什么样的结构布局……本节将结合淘宝官方详情页团队与淘宝用研团队站在买家角度进行深入研究得出的关于买家对详情页的喜好全面调查报告对详情页进行解析。

图 9-1 所示为商品详情页模板总体建议(女装类目)。这个详情页结构布局是由淘宝用研团队通过卡片分类(20 人)+小组座谈会(3 场)+问卷调研(4 558 份)综合分析所得到的结果。

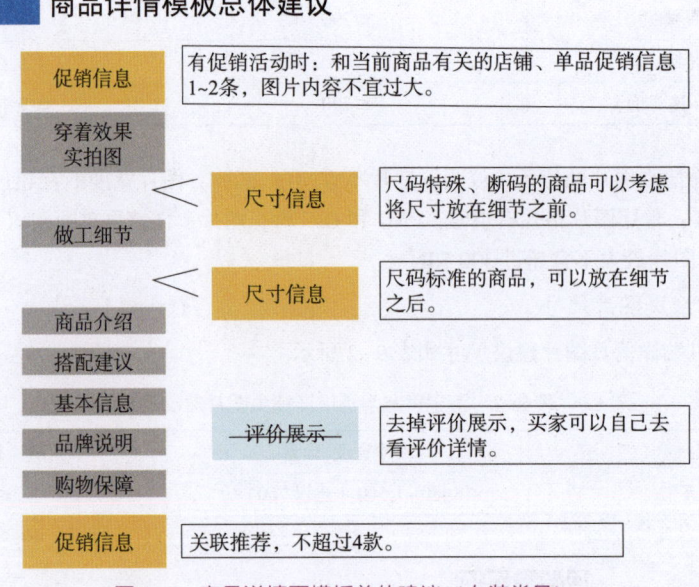

图 9-1 商品详情页模板总体建议(女装类目)

9.2.2 买家浏览习惯的秘密

太短,商品展现不清楚,而太长,买家又不愿意看,商品详情页到底做多长效果最好?当商品详情页已经包含了完整的买家需求模块时,为什么转化率仍然很低?

排除价格因素,买家的浏览习惯至关重要!

卖家还必须考虑在手机、iPad 等多终端媒体上买家的使用习惯。

到底怎样的详情页才能让买家留步?以下图文会让我们更了解买家的习惯。

买家在详情页的停留时间数据如图 9-2 所示。

官方建议:标杆卖家的 PC 端淘宝详情页通常为 20 屏。如果详情页屏数过多,容易让买家失去耐心,跳离详情页,如图 9-3 所示。

第 9 章　商品详情页视觉营销设计

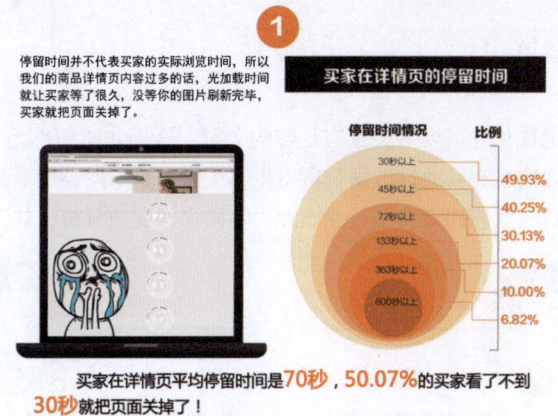

图 9-2　买家在详情页的停留时间数据

官方建议：标杆卖家的手机端淘宝详情页通常为 4 页 10 屏，如图 9-4 所示。

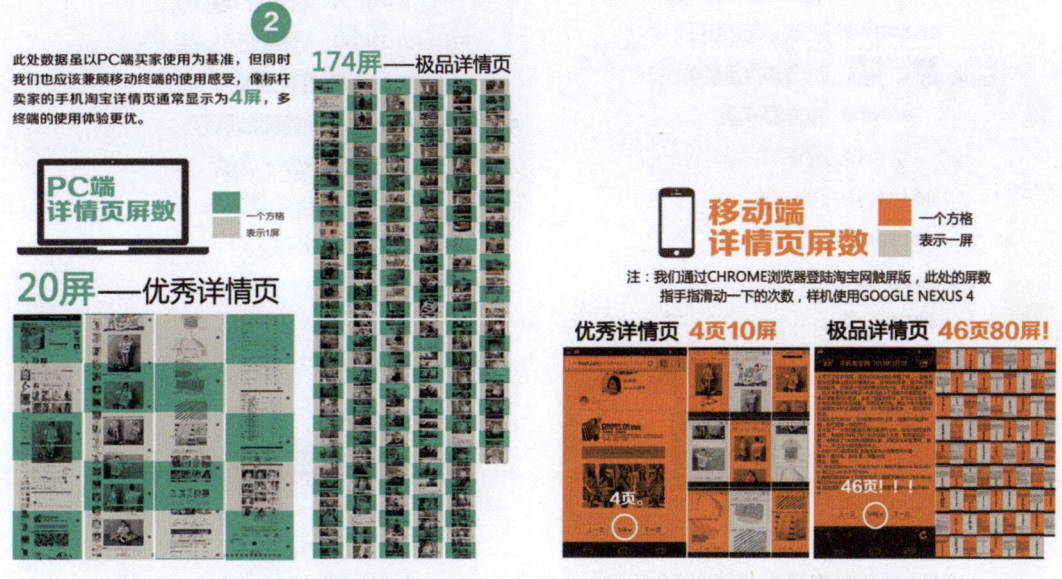

图 9-3　PC 端详情页屏数　　　　　　　　图 9-4　移动端详情页屏数

淘宝官方对详情页图片的使用建议：图片不宜超过 25 张，图片宽度不宜超过 750 像素，高度不宜超过 1 500 像素，单图最大不宜超过 300 KB，如图 9-5 所示。

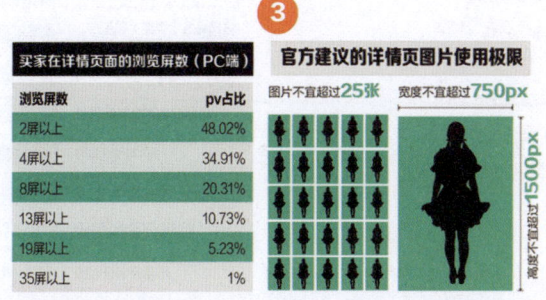

图 9-5　买家在详情页浏览屏数与官方建议的详情页图片使用极限

187

9.2.3 四大行业详情页图片的秘诀

要想做好商品详情页的优化，就要对买家有足够的了解，这样才能精准地锁定买家，让买家下单成交。那么，买家最关注什么信息呢？通过数据分析得出，买家对于不同类型商品图片的需求是不一样的，买家对于女装、美妆、家具、数码四大典型行业图片内容需求程度的分析，如图9-6和图9-7所示。

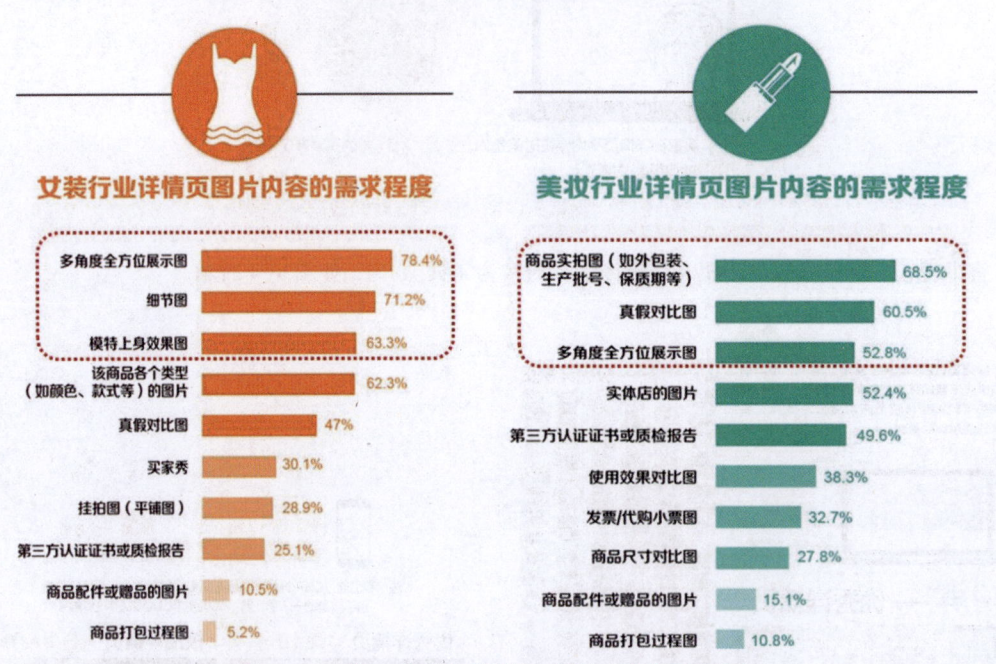

图9-6　女装、美妆行业详情页图片内容的需求程度

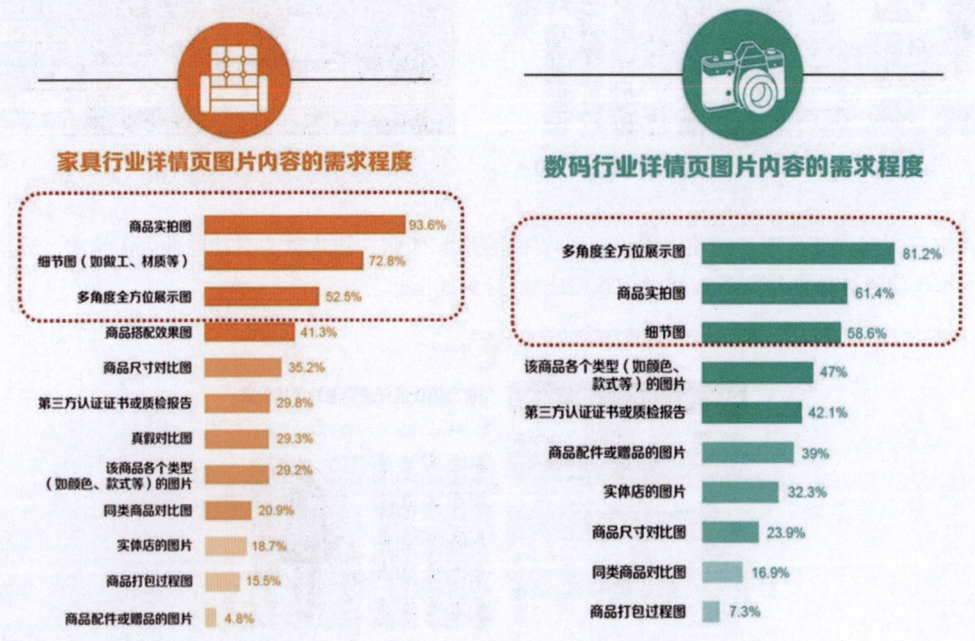

图9-7　家具、数码行业详情页图片内容的需求程度

对四大典型行业详情页图片内容的需求程度分析，可以总结出以下观点：
① 不同行业的商品，买家对于其图片内容的需求程度是不一样的。
② 根据四大行业详情页图片内容的需求程度前三名的数据（红虚线部分），可以发现共性：多角度全方位展示图和细节图都排进了前三名。
通过以上数据可以让卖家更好地了解买家的需求，从而提高转化率。

9.2.4 买家的文字阅读需求

哪些模块用文字描述是受买家喜欢的？哪些模块用文字描述是不受买家喜欢的？以下列举了四大行业对应模块文字阅读需求占比，供卖家参考，如图9-8~图9-11所示。

图9-8 女装行业文字阅读需求占比

图9-9 美妆行业文字阅读需求占比

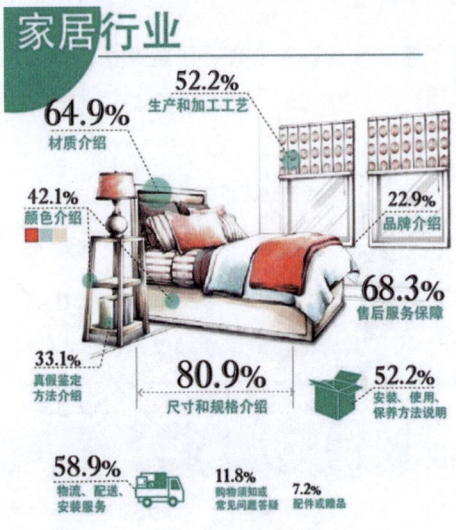

图9-10 家居行业文字阅读需求占比

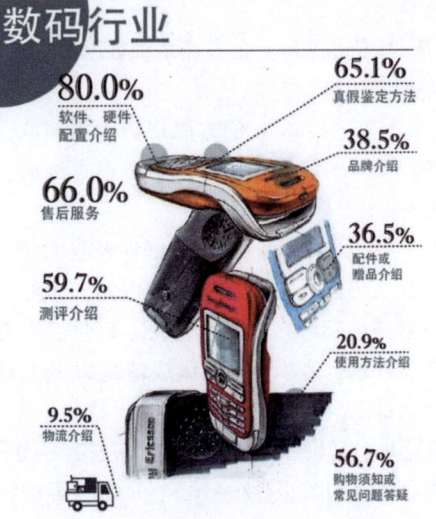

图9-11 数码行业文字阅读需求占比

9.3 详情页视觉营销常见问题

在详情页的实际访问过程中,卖家会遇到形形色色的买家,所遇到的问题也各有不同,但从本源上来说可以归纳为两个问题:

①有人点,没人问?
②有人问,没人买?

9.3.1 有人点,没人问?

有人点,表示卖家的主图、价格还不错,买家有兴趣点进详情页来看看,进一步了解。

为什么没人问呢?八成的问题是详情页设计得不符合逻辑,不符合买家的口味。

对策

① 要学会用吸引人的图像和内容告知买家应该做什么、在这里能得到什么。

② 详情页设计。如何从引发兴趣到刺激需求、到信任、到想占为己有、到决定、到掏钱购买,甚至到下次购买!具体见下一节的详情页视觉营销设计五部曲。

如果详情页让买家摇摆不定、漫无目的,或者给买家太多选择,则会"赶走"他们。

9.3.2 有人问,没人买?

有人问,表示卖家的详情页还可以,至少买家觉得结合价格、销量和详情页图文等介绍还能接受,有兴趣和客服聊聊一些购买困惑问题。

为什么没人买呢?这里面八成是客服的问题。何为客服?客服包含了销售和服务。客服的核心是销售,特别是售前客服,要经营买家的期望值。

对策

① 从"因"(Why)的方面培训客服团队,即要了解买家的购买心理,了解购买商品背后的动机和出发点。

② 从"道"(How)的方面培训客服团队,即客服需要用什么样的信念、什么样的心态去沟通,去达到销售目标。

③ 从"术"(What)的方面培训客服团队,即客服需要用什么方式、方法、途径去做到,做好。客服流程简单划分为招呼、询问、分析、议价、推荐、帮助、核实、告别、追单等,客服应清楚每一个环节的重点是什么。

除此之外,建议客服团队从多方面去学习提升,比如九点领导力(如图9-12所示)、京东神客服的回答话术等。

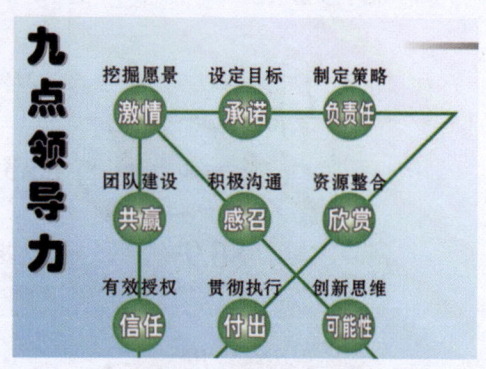

图9-12 九点领导力

在网店中,客服是一个公司的精锐部队,特别是售前客服,更是精锐中的先锋。一个优秀客服的功劳绝对不亚于一个运营人员。如果一个一流运营人员遇上一批三流客服,这个店铺也是很难经营的。

9.3.3 客户要的是便宜吗?

淘宝、天猫等平台的卖家,很多人都有一个同感:"我的商品卖得这么便宜了,详情页做得也不错啊,客户咨询了怎么就不下单呢?"

我们通过一个卖牛奶的大爷的故事来了解一下买家心理。

> **案例分享**

卖牛奶大爷的智慧

一年轻人去买牛奶。大爷说:"1瓶3块,3瓶10块。"年轻人无语,遂掏出3块买了1瓶,重复三次。他对大爷说:"看到没,我花9块就买了3瓶!大爷你定错价格了。"然后,年轻人乐呵呵地拿着3瓶牛奶离开了。

大爷看着年轻人的背影,笑眯眯地说:"自从我这么干,每次都能一下卖掉3瓶!"

"买家要的不是便宜本身,而是感觉到自己占了便宜,占便宜(超值)的感觉很好。"这句话最好地证明了买家进入店铺,却不下单的心理(如图9-13所示)。

其实简单地说,前一个"便宜",是卖家给买家的观念,而后一个"便宜",是买家自己感觉到占了便宜。比如说,你的商品很便宜,你的同行或者竞争对手也能做到便宜,而能否让买家感觉到占了便宜,就不一定了。这样的便宜不是你告诉买家的,而是买家自己实实在在感觉到的;这个便宜是买家主动争取过来的、占过来的。

图9-13 买家心理

9.4 详情页视觉营销设计五部曲

谈到详情页的设计思路,我们首先要了解买家的诉求和购物心理。对于买家购买商品,大致可以归纳为以下几点疑问:

① 我为什么要购买你家的商品?
② 我为什么要现在购买你家的商品?
③ 如何让我放心购买你家的商品?
④ 如何让我下定决心购买你家的商品?
⑤ 如何让我购买更多你家的商品?
⑥ 如何让我下次再来购买你家的商品?
……

当我们能够通过详情页的图文设计把买家心中的疑问解决的时候,买家也就自然会下单了。

从营销学的角度分析,详情页的设计思路基本上遵循以下五部曲:

① 引发兴趣;
② 激发潜在需求;
③ 从信任到信赖;
④ 从信赖到想拥有;
⑤ 替买家做决定。

9.4.1 引发兴趣

引发兴趣是详情页设计的第一步，也是吸引买家关注的第一步。在线下销售中，同样遵循这一规则。比如，我们经常看到银泰百货、万达广场、一些品牌专卖店等在门口打出一些促销海报："满 300 元送 200 元""满 300 元减 150 元""耐克鞋 3 折起""45 元当 100 元"（如图 9-14 所示），这些海报都是为了吸引消费者走进商场或商店来看看。消费者被海报吸引了，就有可能进来了解商品。

引发买家的兴趣，可以从当前店铺促销活动、产品焦点图、目标客户三方面着手。

图 9-14 端午节促销海报

建议模块 1——当前店铺促销活动

我们经常看到，很多网店卖家的详情页首屏都会有一个很大的店铺促销活动，如图 9-15 所示，其最主要的目的就是在促销价格上引起买家的兴趣。

当前店铺促销活动模块建议放 1 张图片即可。

图 9-15 店铺促销活动引发买家兴趣

促销活动一定要突出主题，这样才能更好地吸引买家。促销的过程就像一次陈述，必须有一个明确的主题，所有元素都围绕这个主题展开。促销主题一般是价格、折扣和其他促销内容，所以这个信息应该是放在视觉焦点上的、被突出和放大的元素，如图 9-16 所示。

图 9-16 突出促销主题

当然，在详情页的设计中，模块顺序也不是固定不变的，如很多卖家也会选择在详情页首屏中介绍自己的品牌及文化。要根据卖家需求和买家需求来取舍到底放哪个模块。

第 9 章　商品详情页视觉营销设计

建议模块 2——商品焦点图

当买家点击商品进入店铺后，要让买家快速地切换到焦点图。通过让买家看焦点图，能迅速吸引和抓住买家的眼球，明白这个商品是什么，商品的用户对象是谁，商品的价格是多少，有什么特色。

优秀的焦点图（如图 9-17 和图 9-18 所示）设计通常包含以下全部或绝大部分元素：

① 展示商品；
② 广告语；
③ 用户对象；
④ 核心卖点；
⑤ 名称、价格；
⑥ 给信心、给利益。

商品焦点图模块建议放 1 张图片即可。

图 9-17　商品焦点图引发兴趣 1

图 9-18　商品焦点图引发兴趣 2

建议模块 3——目标客户设计

要让买家清楚地知道这款商品是买给谁用的，是适合家用还是适合送礼的，是适合小朋友、青年人还是老年人的。此模块建议放 1 张图片即可，如图 9-19 和图 9-20 所示。

图 9-19　目标客户设计引发兴趣 1

图 9-20　目标客户设计引发兴趣 2

9.4.2　激发潜在需求

所有订单的成交都有一个共同的原因，那就是商家的商品或服务满足了买家的某种需求。你卖出了衣服，是因为你的衣服满足了买家对穿的需求，对穿得更美丽的需求；你卖出了化妆品，是因为你的化妆品满足了买家护肤美容的需求，更深一层来说，是满足了买家追求美丽的需求；你卖出了食品，是因为你的食品满足了买家品尝美味或者消遣的需求。

需求可分为两类：一类是直接需求，另一类是潜在需求。直接需求指的是买家已经很明确地知道自己现在要买什么东西。这类买家通常会看主图和价格，简单浏览下详情页就会直接下单付款。潜在需求指的是买家可能还没想到要买哪个商品，但是通过卖家的商品主图、标题及详情页图文的设计激发了其购买的欲望和需求。卖家可通过精心设计的商品主图和详情页，促使这类买家下单付款。

在当今商品过剩的时代，对买家而言，很多商品是可买也可不买的，这时就需要卖家去激发买家潜在需求。例如，七夕情人节的时候，如果买家看到一个商品时激发了他对女朋友的爱心，那他就会对这个商品产生兴趣，从而进一步去了解商品，最后完成购买。如图 9-21 所示的店铺，在商品的标题中加入了"七夕情人节礼物"这样容易引发买家购买行为的词汇。

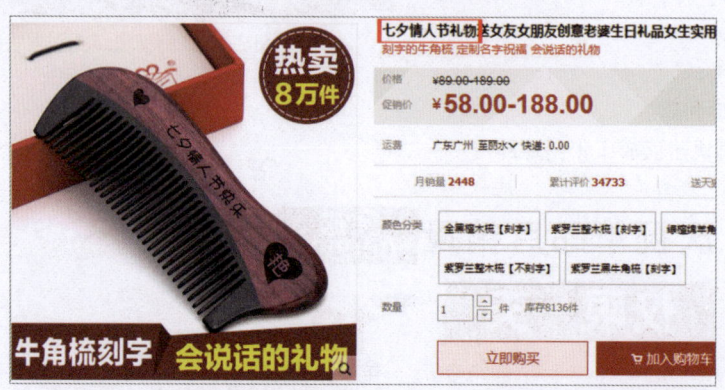

图 9-21　标题中添加"七夕情人节礼物"　激发买家潜在需求

建议模块 4——场景图

激发潜在需求的核心是攻心。攻心的方式主要是通过图文结合引发买家的联想和心灵需求的共振。一般采用场景图、模特图、品牌故事图等激发买家的潜在需求。如图 9-22 和图 9-23 所示，通过场景图、模特图等让买家一下子体验到了买到后开心、快乐、喜悦的感觉。

场景图模块建议放 1~2 张图片即可。

图 9-22　场景图激发潜在需求

第9章 商品详情页视觉营销设计

图 9-23　模特图激发潜在需求

9.4.3　从信任到信赖

通过前面4个模块的设计，能够坚持往下看的买家，一般都会对商品产生一定的兴趣，一点都不感兴趣的买家会直接跳离详情页。接下来就开始进入营销环节。在营销过程中，商品信息图、参数图、实拍图、多角度全方位展示图、细节图、PK图和客户评价图都是有利的工具，特别是客户评价，会对买家的购买产生较大影响。

现在很多买家不会特意看卖家在详情页中放进去的评价，他们点进主图后，就直接点击商品详情页旁边的累计评价，如图9-24所示。在天猫商城中，买家会重点看描述相符评分和追评。在淘宝C店中，买家先看差评，再看中评和追评，好评几乎不怎么看；如果觉得差评、追评能接受，买家就会考虑进入商品详情页面来浏览商品。

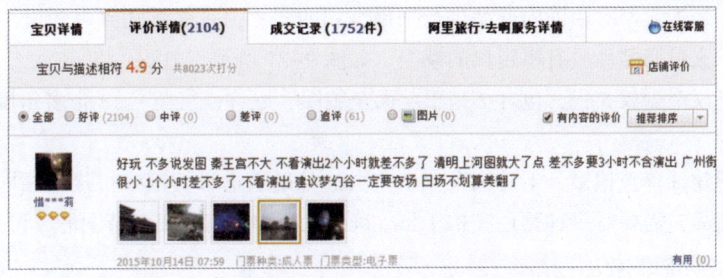

图 9-24　累计评价界面（横店影视城旗舰店）

建议模块5——商品信息图

在商品信息图中，卖家需要把商品相关的属性展现出来，让买家清楚地了解商品，比如品名、款式、材质、工艺、尺寸、重量、包装、口味、产地、保存日期等，如图9-25和图9-26所示。

商品信息图模块建议放1张图片即可。

图 9-25　PC端商品信息图

195

宝贝档案

【产品名称】	沁河浪花蜂蜜	【蜜　　种】	槐花蜂蜜
【产　　地】	南太行山 山西沁水	【保 质 期】	24个月
【生产日期】	见包装	【净 含 量】	500g
【储存方法】	置于阴凉干燥处	【使用方法】	1-2勺放入适量水中搅拌均匀后应用
【注意事项】	清勿使用50℃以上水温冲饮，以免破坏活性酶造成发酸影响口感		

图 9-26　手机端商品信息图

建议模块 6——多角度商品实拍图

商品实拍图，是指卖家对店铺内商品进行拍摄得到的图片，它能够达到多角度、近距离观察的细腻真实效果，让买家对商品品质有零距离的感受，如图 9-27 所示。

商品实拍图建议至少放 5 张，包含 2 张正反面全貌图（允许模特图）、3 张多角度细节图，可因商品不同适当增加。

每一张实拍图建议单独拍摄，不建议在原来主图的基础上进行切割或拼接。相同款式和材质，有多种不同颜色的商品，需要对每种颜色实拍 1 张，确保无色差。有 3 张细节图的，可只拍 1 种颜色的。

建议模块 7——细节图

细节图是详情页当中必不可少的模块，也是买家相对比较关注的图片，如图 9-28 所示。

图 9-27　商品实拍图

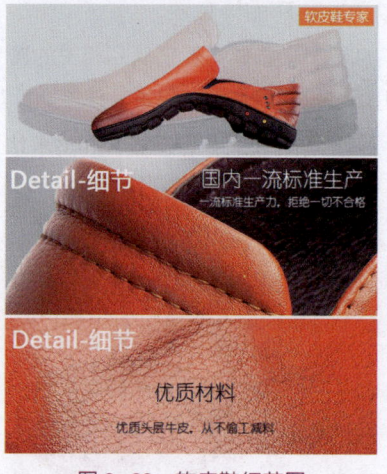

图 9-28　软皮鞋细节图

第9章 商品详情页视觉营销设计

细节图模块建议放置3~6张多角度的特写图片。

以服装行业为例，细节图包括但不限于以下内容（各类目可订制必选项）：

① 款式细节：展示设计特别的要素，如领口、袖口、裙摆、褶皱、袋口、袋盖等。
② 做工细节：展示走线、内衬拷边、里料、接缝等。
③ 面料细节：展示面料、颜色、纹路、材质等。
④ 辅料细节：展示拉链、纽扣、钉珠、蕾丝、包扣、商标等。
⑤ 内部细节：展示内部构造细节。

建议模块8——为什么要买（好处设计）

在详情页中，卖家需要明确告诉买家为什么要买，做好好处（卖点）的设计，给买家一个或多个购买的理由。如图9-29所示，图片明确告诉了买家野生黑枸杞含有花青素，有增强免疫力、延缓衰老的效果。

图9-29 野生黑枸杞的好处设计

好处设计模块建议放置1张大图（宽750像素×高1 500像素），大图中包含3张以上好处设计的图文，最好使用排比式图文手法，促使买家购买。

建议模块9——为什么要买（逃避痛点）

在设计好处卖点的同时，也需要加上痛点设计。心理学家曾提出一个结论：人本能的反应是追求快乐，同时逃离痛苦。很多人又问了：到底是追求快乐的力量大，还是逃离痛苦的力量大呢？我们不妨想象自己生活中的众多事情，不难得出一个结论，大部分人逃避痛苦的心理动力远大于追求快乐的心理动力。

营销学的理论告诉我们，逃避痛苦和追求快乐的力量比例为4：1，所以更要重视商品能够帮助买家解决什么痛苦。

在详情页设计中，可以从图中潜移默化地"告诉"买家，假设他不买这个商品，他要付出什么代价，得到什么痛苦。图9-30告诉买家缺少花青素的后果是皮肤老化速度加快，松弛无弹性，黯淡无光等。而花青素在哪里有呢？在图9-29中已经埋下伏笔，野生黑枸杞含有花青素，潜台词告诉买家：你买了我们家的黑枸杞就能治疗你的痛点。

逃避痛点设计模块建议放置1张大图，图中包含3张以上痛点设计的图文，且使用排比式图文手法，促使买家购买（如图9-31所示）。

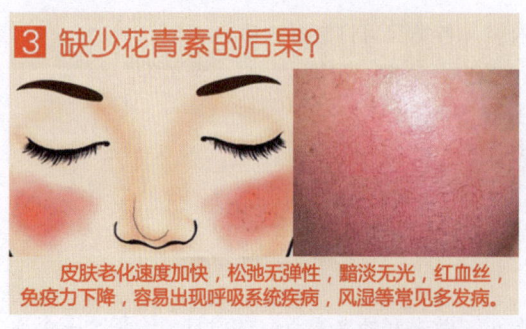

图 9-30 痛点设计（缺少花青素的后果很严重）

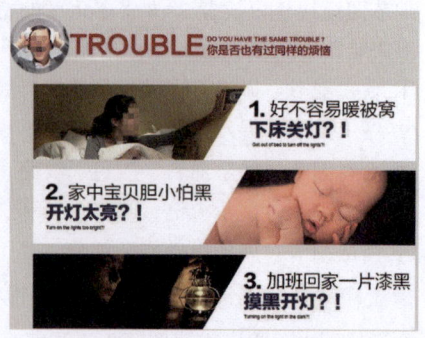

图 9-31 排比式痛点设计

建议模块 10——同类型商品对比（PK 图）

作为卖家，一定要考虑买家为什么买你家店铺的商品。建议卖家做同类型商品的 PK 图，比如价格对比、原料对比、价值对比、功能对比、第三方评价对比等。虽然很多买家认为 PK 图有卖家自卖自夸的嫌疑，但是买家通过商品的 PK 图潜意识里还是会留下卖家的商品比较好的印象，如图 9-32 所示。

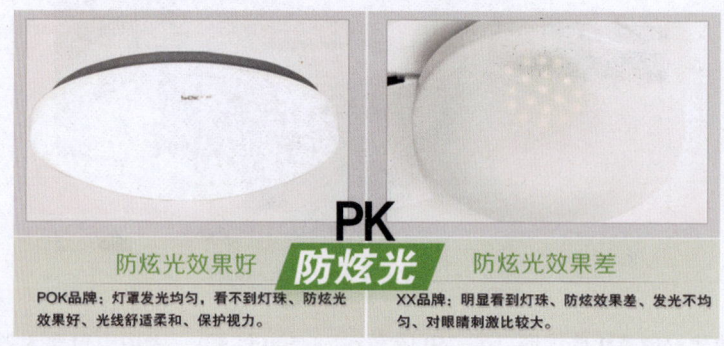

图 9-32 商品 PK 图

同类型商品 PK 图模块建议放置 1 张大图，大图中至少包含 3 组排比风格的 PK 图。

建议模块 11——客户评价，第三方评价

电子商务在高速发展的同时，也衍生了网店刷单和假货肆虐的现象，让人分不清楚到底哪个商品是优质的，哪个商品是劣质的，甚至连销售记录和好评记录都可能是假的。这导致了现在的买家在购买商品时越来越理性，买家在看商品详情页之前，先点开客户评价记录，结合差评和中评，再看看好评记录。总体来说，好评总比差评好，自己夸不如别人夸，当买家看到很多其他买家给出的好评和追评时，疑虑就会打消很多。因此，建议卖家将客户的好评及追评记录放 1 张在详情页，如图 9-33 所示。

建议模块 12——用户非使用价值的文案设计

一个商品详情页在烘托商品多重使用价值的同时，还需要有一些非使用价值的文案设计来进一步烘托商品存在的价值。

非使用价值包括品牌的附加值、商品和使用者的性格关系、升值和收藏价值、商品和使用者的爱好关系、商品跟职业的匹配度、感觉、面子等。特别是面子，中国的国情是重面子的，在做内贸电商时，一定要做好面子的文章。

第 9 章　商品详情页视觉营销设计

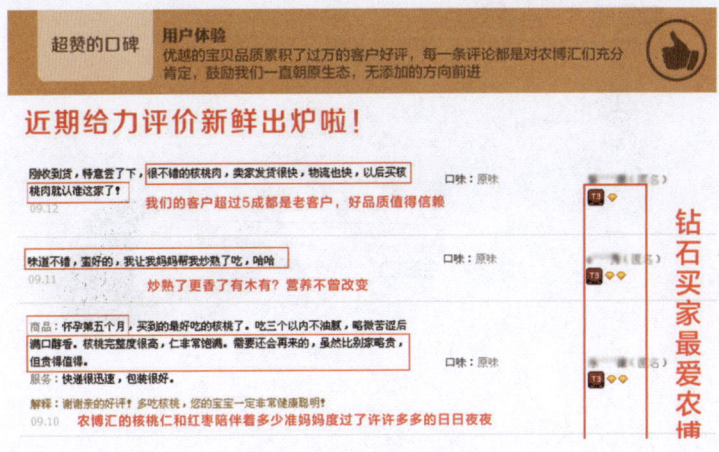

图 9-33　客户评价记录

9.4.4　从信赖到想拥有

通过上面模块的设计，相信会让买家对商品产生从信任到信赖的感觉。当买家有信赖感的时候并不代表他会立刻下单付款，因此还需要进一步激发买家的购买欲望，让买家产生想拥有，甚至是占有这件商品的感觉。

详情页的文案策划要让买家看到购买这个商品会有什么物质层面和精神层面的好处，例如买了这个商品送给爱人、小孩、长辈、同事会有什么样的效果，现在购买又有什么优惠政策，等等。

建议模块 13——拥有后的感觉塑造

在详情页中要给买家塑造购买商品后拥有的感觉，进一步增加买家对商品和店铺的信任感，给买家一次感性冲动的机会、一个 100% 购买的理由。如图 9-34 所示，当买家分享到买了这个商品全家人都很开心、兴奋的感觉时，自然会产生下单付款的冲动。

图 9-34　画面刺激塑造拥有后的感觉

建议模块 14——给买家购买的理由

多给买家一个购买的理由，他掏钱时就会少一分痛苦。卖家一定要给买家若干个购买的理由，如买给小孩、恋人、父母、领导、朋友，等等。如图 9-35 所示，图中告诉买家此灯拥有小夜灯功能，非常适合小孩夜间使用，给了家长一个关爱孩子而购买灯的理由。

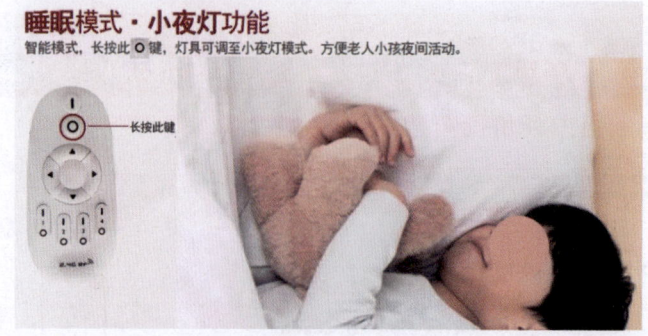

图 9-35　给买家购买理由

9.4.5　替买家做决定

替买家做决定，也可以理解为引导买家做决定。除非买家自己的意愿是 100% 想买或者是急用，他不咨询客服也能下单，否则大部分买家还是需要卖家通过客服或者详情页去推动才能购买下单。这和我们在线下买东西是类似的，例如，到饭店吃饭，一个高明的点菜员会在无形中推荐店内招牌菜给你，或根据你的表情、身份甚至是心情，替你把菜点好。

建议模块 15——发出购买号召：套餐 A+B

发出购买号召，使用套餐营销，让买家马上在店铺购买。如图 9-36 所示，索来德天猫旗舰店就推出了花 219 元买客厅/卧室灯+1 元送价值 299 元的 LED 主卧灯套餐，而且在文案中发出了购买号召："数量有限哦！！！具体详情请咨询客服……"。其潜台词就是"你抓紧买，马上买，不买的话你就要错过机会，你就亏大了"。

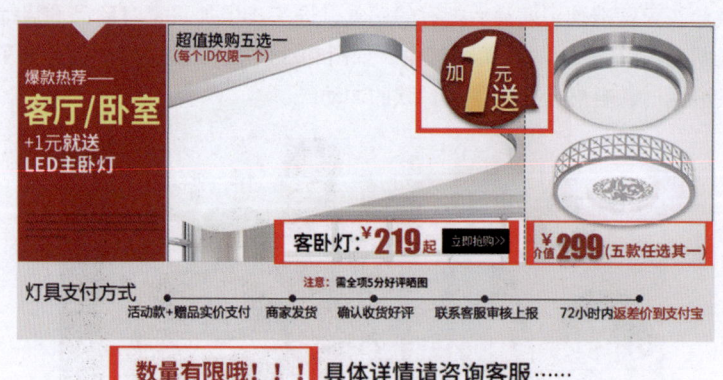

图 9-36　发出购买号召

建议模块 16——公司文化

买家一般都会认为有实力的店铺的商品更有保障。为了让买家对商品有更深层次的信任和信赖感，卖家要将代表公司文化和品牌实力等方面的照片展现出来，比如公司介绍、荣誉证书、媒体报道、团队规模、生产基地、仓库规模等，如图 9-37 所示。

建议模块 17——购物须知

为打消买家的后顾之忧，需要制作买家须知图，包含快递、邮费、退换货等买家关心的问题，如

第 9 章　商品详情页视觉营销设计

图 9-38 所示。在买家须知中也可以加入"收藏店铺"按钮，方便买家收藏店铺，为下一次购买铺下通路。

图 9-37　公司实力的展现

图 9-38　买家须知

建议模块 18——关联营销

关联营销是详情页当中非常重要的环节。卖家可根据不同类目商品挑选 4～10 款跟主商品相关联的商品进行一起营销，如图 9-39 所示。关联商品摆放也要考虑次序问题，建议同类商品优先推荐，不同类的商品放到第二位推荐，最后是套餐的推荐。

图 9-39　关联营销

关联营销的作用：

① 提高流量的利用率：特别是对于商品单价比较高、点击率和转化率低的店铺，卖家要充分利用进入店铺的每一个流量，让更多优质的商品吸引并"抓住"买家。

② 增加其他主打商品的成交机会：在商品详情页面关联上自己推荐的几款主打商品的图片或者链接，会促使这几款商品有更多的机会展现。商品曝光多了，自然会增加成交机会。

以上就是商品详情页的设计思路，设计了常见的 18 个逻辑模块，这 18 个逻辑模块可以根据不同店铺、不同类目商品做次序上的调换和优化。

在买家购买商品之后，卖家一定要做好售后工作的跟进和二次营销，特别是客户的 5 分好评，可以使用客情关系或者买家占便宜的心理，给予返现或者二次购买的优惠券等政策。建议卖家做一张客户退换货卡，正面放退换货信息，背面放类似图9-40所示的5分好评返现图。5分好评也直接决定店铺的DSR动态评分和下一波买家的购买决策。

图9-40　号召客户给予5分好评

9.5　详情页视觉营销设计遵循的原则

1. 详情页视觉设计需遵循的2个基本点和6个原则

（1）2个基本点
① 把所有的客户都当成非专业人士。
② 寻找商品的价值点而非促销点。
（2）6个原则
① 3秒原则：3秒钟必须引起买家注意。
② 前三屏原则：前三屏决定买家是否想购买商品。
③ 讲故事原则：情感营销吸引起买家的共鸣。
④ 一句话原则：用一句话提炼商品卖点。
⑤ 重复性原则：商品核心卖点只需要一个且要不停地告诉买家。
⑥ FABE原则：诉求出利益因素给买家购买的理由。

2. 如何评定详情页是否达标？

① 商品详情页的跳失率越大，买家越不想继续看你的商品。
② 访问深度、平均访问时间的数值越大，买家关注得越多。
目前官方没有明确的评判详情页好坏的标准，以上数值仅供参考。

> **小贴士**
>
> FABE法则：特征、优点、利益、证据的法则。
>
> F-Feature：特征。介绍商品的特质、特性等基本功能，以及它是如何满足消费者需求的。
>
> A-Advantage：优点。优点就是商品的卖点与优势，向消费者证明商品的卖点。
>
> B-Benefit：利益。以消费者利益为中心，告知并强调消费者购买商品后会得到的利益，能够激发消费者的购买欲望。
>
> E-Evidence：证据。证据就是指第三方认知、新闻舆论或技术报告等信息，它们需要有足够的权威性、客观性、可靠性与可见证性，这样才能获得消费者信任。

第9章 商品详情页视觉营销设计

> FABE 原则告诉我们，针对消费者不同的购买动机，将最符合消费者需求与利益点的商品特色推荐给消费者，是最关键也是最精准、最有效的商品推销方法。在商品详情页设计中可以参照这样的思路，让商品描述更具诱惑力与说服力。

9.6 移动端详情页视觉营销设计

下面我们将以水果——榴莲为案例，进行简版移动端商品详情页的视觉营销设计，要求设计的详情页面尽可能展现出清晰的商品主题、准确展现说明水果的美味等特点，如图 9-41 所示。其具体操作过程可扫码二维码观看视频学习。

水果详情页案例视觉营销设计

图 9-41 水果详情页视觉营销设计图

素养提升

详情页视觉营销设计的匠心与毅力

在网店视觉营销设计的实践中，商品详情页的设计无疑是至关重要的一环。它不仅承载着商品的全面展示，更是连接消费者与产品的桥梁。面对这一繁重而精细的工作，我们需要发扬吃苦耐劳的精神。

在数字化时代，视觉元素是吸引眼球的利器，但背后却需要设计师们无数次的推敲和打磨。商品详情页的设计工作量巨大，从文案的撰写到图片的挑选与编辑，再到整体布局的规划，每一步都需要细心与耐心。这种对工作的敬业和专注，正是当代青年应该学习和传承的工匠精神。

同时，我们也要认识到，视觉营销不仅仅是为了吸引眼球，更是为了传递品牌的价值和理念。因此，在设计过程中，我们要注重创意与实用的结合，力求在视觉上带给消费者美的享受，同时也传递出品牌的温度与情怀。

【课后练习题】

1. 简述淘宝平台 PC 端与移动端详情页建议尺寸。
2. 请找出 6 个不同类目的店铺，并分析它们的商品细节展示区有何异同。
3. 简述详情页视觉营销设计五部曲及 18 个建议模块。
4. 简述详情页视觉营销设计遵循的 2 个基本点、6 个原则和 FABE 法则。
5. 请根据本章所学知识设计婴儿湿巾和女鞋的商品的详情页，如图 9-42 和图 9-43 所示。

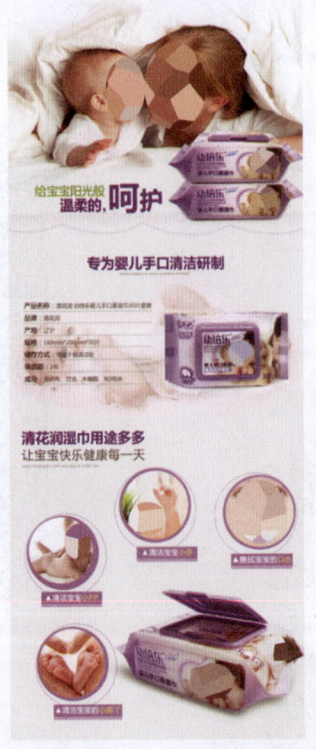

图 9-42　婴儿湿巾详情页

图 9-43　女鞋详情页

【同步训练习题】

二维码中的练习题分为单选题、多选题、判断题、简答题、实训题，具体请扫二维码完成任务。

同步训练习题

第10章 电商技能竞赛视觉营销设计

【学习目标】
- 掌握全国职业院校技能大赛电子商务技能赛项视觉营销模块要求。
- 能够根据竞赛要求，完成视觉营销设计的策划和创意构思，形成具有独特性和吸引力的设计方案。
- 能设计店招图、轮播图和首页整体页面。
- 能使用电商竞赛平台功能来剪辑产品主图视频。
- 能设计创意性产品主图和产品详情页。
- 培养学生的创新思维和审美能力，鼓励他们融入新颖元素和独特视角，提升设计创新性和吸引力。
- 培养学生的团队协作能力和沟通能力，使他们能够与团队成员有效配合，共同完成任务。

【学习导图】

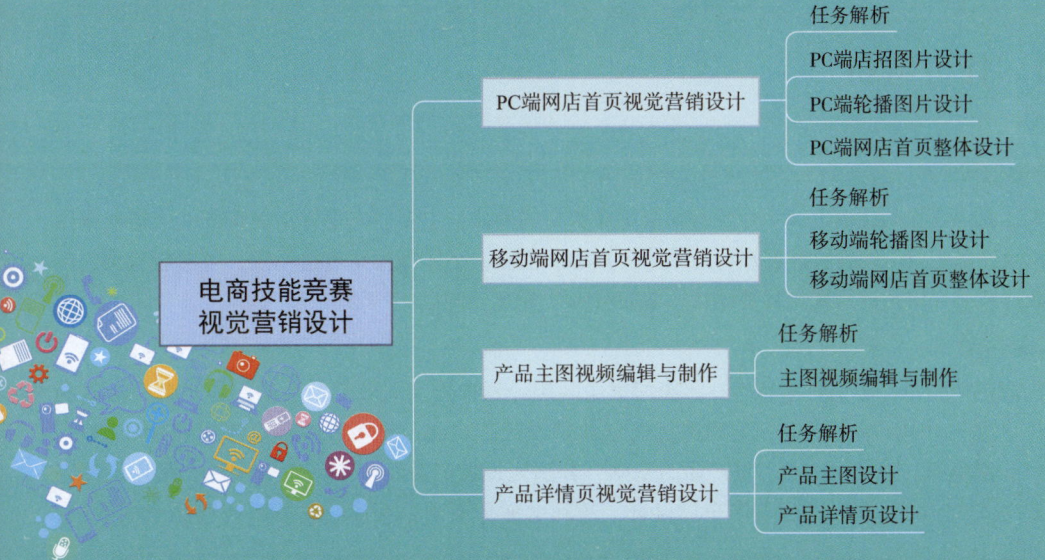

在全国职业院校技能大赛"电子商务"技能赛项规程中"模块二：视觉营销"的主要内容是，根据网店营销需求及产品定位，结合目标客户特征，分析标志、色彩、字体等视觉传达元素，对网店首页、产品主图视频、产品详情页进行视觉营销设计，增加网店页面访问深度，提高产品转化率。具体内容、比赛时长和分值如表10-1所示。

表10-1 视觉营销模块主要内容、比赛时长和分值

模块		主要内容	比赛时长	分值
模块二	视觉营销	任务1：网店首页视觉营销设计 （PC端+移动端网店首页视觉营销设计） 根据网店营销需求及产品定位，结合给定的设计素材，遵照图片设计规范及平台规则，完成网店首页视觉营销设计，增加页面访问深度。 任务2：产品主图视频编辑与制作 根据网店营销需求及产品定位，结合给定的设计素材，遵照产品主图视频设计规范及平台规则，策划产品主图视频展示内容，完成产品主图视频编辑与制作。 任务3：产品详情页视觉营销设计 根据网店营销需求及产品定位，结合给定的设计素材，遵照图片设计规范及平台规则，提炼产品卖点，设置产品基本信息，完成产品详情页视觉营销设计，提高产品转化率。	150分钟	30分

10.1 PC端网店首页视觉营销设计

10.1.1 任务解析

1. 情境创设

康旭家居是一家在某主流电商平台经营家居用品类目的网店，主要面向中青年消费群体，请根据网店营销需求及产品定位，结合目标客户特征，分析标志、色彩、字体等视觉传达元素，对网店首页、产品主图视频、产品详情页进行视觉营销设计，增加网店页面访问深度，提高产品转化率。

2. 任务背景

为了提高网店销量，吸引更多新客户，康旭家居网店计划推出家居节促销活动。为了配合活动的宣传与推广，准备对PC端网店首页重新进行视觉营销设计。对此，需要为网店设计1张店招图片，同时以卷尺、泡脚桶、拖把、削皮刀等产品为基础，分别为每款产品设计1张轮播图片。图片设计完成后，需要对PC端网店首页进行整体布局设计，达到增加页面浏览深度、提高网店曝光量的效果。产品素材如表10-2所示。

表10-2 网店首页视觉营销设计素材

第 10 章 电商技能竞赛视觉营销设计

续表

泡脚桶									产品介绍
拖把									产品介绍
削皮刀									产品介绍

3. 设计规范

店招图片建议尺寸 950 像素×120 像素；轮播图片建议尺寸 950 像素×250 像素；图片大小 3 MB 以内，支持 JPG、JPEG、PNG 格式。

4. 任务要求

① 根据网店营销需求及产品定位，结合给定的设计素材，遵照店招图片的设计规范及平台规则，完成店招图片设计。

② 根据网店营销需求及产品定位，规划轮播图片展示内容，并结合给定的设计素材，遵照轮播图片设计规范及平台规则完成轮播图片设计。

③ 根据网店首页布局原则，结合消费者购物心理逻辑及 PC 端消费者浏览习惯，选择首页布局模块并进行合理编辑，完成 PC 端网店首页布局及整体设计。

5. 操作过程

① 设计 1 张店招图片。

② 设计 4 张轮播图片。

③ 通过页面编辑功能，完成 PC 端网店首页布局及整体设计，包括设计模块的选择编辑、页面的布局管理等。

④ 发布 PC 端网店首页。

6. 评分标准（10.5 分）

① 首页布局：首页布局合理，层次清晰，有明确的视觉动线（2 分）。

② 店招图片：店招设计需包含店标，能够体现网店或产品特色，准确传达经营理念（2 分）。

③ 轮播图片：轮播图片主题突出，定位明确，有较强的营销导向（2.5 分）。

④ 轮播图片视觉要素应用合理，设计感强，有明确的视觉焦点（2 分）。

10.1.2 PC 端店招图片设计

根据赛题要求和评分标准，设计一张小清新风格的店招，不要包括 Logo、店铺名称、广告语、主推产品、优惠券和收藏店铺，效果图如图 10-1 所示。

图 10-1 康旭家居旗舰店 PC 端店招效果图

207

步骤解析：

步骤 1 新建一个大小为 950 像素×120 像素，分辨率为 72 像素/英寸，颜色模式为 RGB 颜色，名称为"店招"的文件，填充浅蓝色。选择画笔工具，调整画笔的大小和前景色，依次在背景上单击，为背景添加一些大小不一的彩色小圆，效果如图 10-2 所示。

图 10-2　设计店招背景

步骤 2 选择"多边形工具"命令，属性选择"形状"，填充设置为无，描边设置为深蓝色、粗细设置为 5 像素，边设置为 6，绘制一个六边形。单击快捷键"Ctrl+T"调出自由变换命令，横向缩小六边形。选择六边形，单击鼠标右键，选择"栅格化图层"命令，选择"橡皮擦工具"，删除多余的边，效果如图 10-3a 所示。选择"多边形工具"命令，分别将描边设置为 2 像素、1 像素，绘制 2 个六边形，按上述方法用橡皮擦擦除多余的边，如图 10-3b 所示。移动 3 个六边图形的大小和位置，再用画笔工具添加一根竖线，效果如图 10-3c 所示。新建一个组，命名为"logo"，将本步骤新建图形都置于组内。

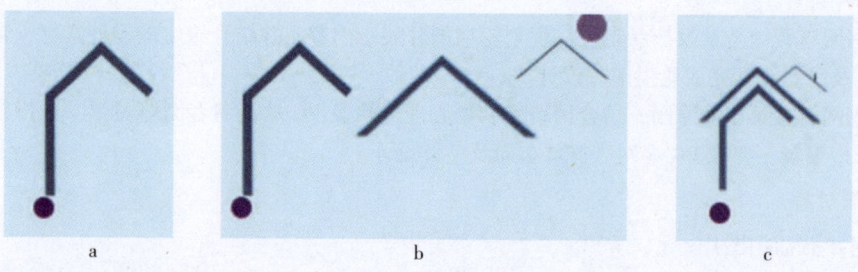

图 10-3　设计 Logo

步骤 3 选择"文字工具"命令，添加文字"康旭家居""KANGXUJIAJU"，设置文字的颜色、大小和位置。选择"直线工具"命令，颜色设置为深蓝色、大小设置为 1 像素，绘制一条直线。选择"橡皮擦工具"命令，用柔边画笔擦涂直线，擦出射线效果，效果如图 10-4 所示。

图 10-4　完成 Logo 设计并添加到店招中

步骤 4 选择"圆角矩形工具"命令，填充设置为蓝色，描边设置为无，绘制一个圆角矩形，选择"自定义形状工具"命令，填充设置为白色，描边设置为无，绘制一个心形。选择"文字工具"命令，输入"康旭家居旗舰店"等文字，设置文字的颜色、字体、字号和位置，效果如图 10-5 所示。

图 10-5　添加店铺名称和店铺理念

第 10 章　电商技能竞赛视觉营销设计

步骤 5　选择"圆角矩形工具"命令,属性设置为形状,填充设置为白色,描边设置为橙色、1 像素,绘制一个大圆角矩形。填充设置为绿色,描边设置为无,绘制一个小圆角矩形,并置于大圆角矩形的上面,效果如图 10-6 所示。

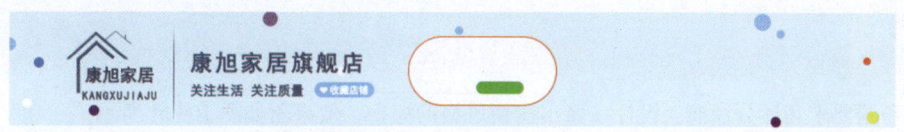

图 10-6　设计产品推广标签

步骤 6　选择"文字工具"命令,输入"车载欧式反向伞"等文字,设置文字的颜色、字体、字号和位置。添加产品图片,添加投影效果,效果如图 10-7 所示。

图 10-7　添加产品和产品信息

步骤 7　选择"圆角矩形工具"命令,设置半径为 10 像素,填充设置为浅蓝色,描边设置为黄色、1 像素、虚线,按住 Shift 键,绘制一个圆角正方形。选择"直线工具"命令,设置填充为棕色,按住 Shift 键,绘制一条垂直直线,按快捷键"Ctrl+J"复制一条直线,调节两条直线的位置,效果如图 10-8 所示。

图 10-8　设计优惠券标签

步骤 8　选择"圆角矩形工具"命令,绘制一个圆角矩形;选择"椭圆工具"命令,绘制一个正圆。选择"文字工具"命令,输入"20""¥""点击领取"等文字,调整文字的字体、字号、颜色和位置,效果如图 10-9 所示。新建组,命名为"优惠券",将优惠券相关图层都置于组内。

图 10-9　添加优惠券信息

步骤 8　选择组"优惠券",按快捷键"Ctrl+J",复制 2 个副本,调节副本的位置,并将副本的文字"10"分别修改为"20""50",效果如图 10-10 所示。

图 10-10　复制其他额度优惠券

10.1.3　PC 端轮播图片设计

步骤解析：

海报 1：卷尺

根据赛题要求和评分标准，设计一张小清新风格的海报，效果图如图 10-11 所示。

图 10-11　康旭家居旗舰店 PC 端海报 1 效果图

步骤 1　新建一个大小为 950 像素×250 像素，分辨率为 72 像素/英寸，颜色模式为 RGB 颜色，名称为"海报 1"的白色底图。选择"矩形选框工具"命令，新建一个图层，在上方绘制一个矩形，填充浅绿色。新建一个图层，在下方绘制一个矩形，填充浅绿色到白色的线性渐变，效果如图 10-12 所示。

图 10-12　设计 PC 端海报 1 背景

步骤 2　选择"自定义形状工具"命令，通过"形状"属性的设置功能，选择"自然"，在弹出的对话框中单击"追加"按钮，添加自然相关的一些形状。选择形状"蕨类植物"，绘制 3 个蕨类植物的形状，填充绿色，通过"自由变换"命令调节 3 个形状的大小和位置，效果如图 10-13 所示。

图 10-13　添加蕨类植物

步骤 3　新建组，命名为"球体"，将上一步骤新建的所有元素都置于组内。选择"矩形工具"命令，填充设置为浅绿色，按住 Shift 键，绘制一个正圆。新建一个图层，命名为"高光"，单击鼠标右键，在弹出的菜单中选择"创建剪切蒙版"命令。选择"画笔工具"命令，将前景色设置为白色，将画笔大小设置为 70 像素，硬度设置为 0%，不透明度设置为 20%，流量设置为 60%，选择图层"高

第 10 章 电商技能竞赛视觉营销设计

光"为当前图层,在前面绘制的椭圆的左上角涂抹,为球体增加高光效果。新建一个图层,命名为"阴影",图层置于球体图层的下方,选择"矩形选框工具"命令,绘制一个椭圆,填充灰色,选择"滤镜"菜单的"高斯模糊"滤镜,使阴影更加自然,使球体立体效果更加明显,效果如图 10-14 所示。

图 10-14　制作球体

步骤 4　选择"移动工具"命令,勾选属性栏的"自动选择:组",按住 Alt 键的同时移动组"球体",复制出来 2 个球体,将填充分别改为紫色和黄色,分别调整球体的大小和位置,效果如图 10-15 所示。

图 10-15　复制多个球体

步骤 5　选择"矩形工具"命令,绘制一个矩形,填充深绿色,单击快捷键"Ctrl+T"调出自由变换命令,然后单击鼠标右键,选择"斜切"命令,将鼠标置于右侧中间锚点上并往上移动,为矩形添加透视效果,增加背景的立体效果。按快捷键"Ctrl+J"复制一个副本,通过移动工具调节 2 个矩形的位置,效果如图 10-16 所示。

图 10-16　制作墙体效果

步骤 6　选择"矩形工具"命令,绘制一个矩形,填充深绿到浅绿的线性渐变,并将其置于第一个矩形左侧,使第一个矩形有一种墙体的效果,增加背景的立体效果,如图 10-17 所示。

图 10-17　为墙体添加立体效果

211

步骤7　新建组，命名为"置物台"，选择"矩形工具"命令，宽设置为170像素，高设置为40像素，填充设置为深绿色，绘制一个矩形；选择"椭圆工具"命令，宽设置为170像素，高设置为40像素，填充设置为深绿色，绘制一个椭圆；同时选中椭圆和矩形所在的图层，通过移动工具的"水平居中对齐"属性使椭圆和矩形水平居中对齐，然后再通过键盘上"向上"的箭头，微调椭圆，使椭圆的长半径和矩形下面的边重合，效果如图10-18所示。

图10-18　制作置物台立面

步骤8　将上一步骤新建的所有元素都置于"置物台"组内，选择"椭圆工具"命令，宽设置为170像素，高设置为40像素，填充设置为深绿色，绘制一个椭圆；同时选中椭圆和上一步骤中绘制的椭圆和矩形所在的图层，通过移动工具的"水平居中对齐"属性使3个图形水平居中对齐，然后再通过键盘上"向下"的箭头，微调本步骤绘制的椭圆，使椭圆的长半径和矩形上面的边重合，效果如图10-19所示。

图10-19　制作置物台上平面

步骤9　为了增加置物台的立体效果，为上面的椭圆添加外发光效果，为下面的柱形添加投影效果。新建一个图层，命名为"暗调"，单击鼠标右键，在弹出的菜单中选择"创建剪切蒙版"命令。选择"画笔工具"命令，将前景色设置为黑色，将画笔大小设置为70像素，硬度设置为0%，不透明度设置为20%，流量设置为60%，选择图层"暗调"为当前图层，在置物台的右侧涂抹，为置物台增加暗调效果，效果如图10-20所示。

图10-20　为置物台添加影调

步骤10　选择"椭圆工具"命令，填充设置为白色，按住Shift键，绘制一个小椭圆，单击鼠标右键，选择"栅格化图层"命令，选择"滤镜"菜单的"高斯模糊"滤镜，对小圆进行模糊处理，然后添加图层样式，选择"外发光"效果，使小圆有种射灯发光的效果，复制几个小圆，使其均匀分布

第 10 章 电商技能竞赛视觉营销设计

在圆柱上,最后将所有的小圆合并成一个图层,并重命名为"灯效"。选择组"置物台",按快捷键"Ctrl+J"复制一个副本,单击快捷键"Ctrl+T"调出自由变换命令,调节副本的大小和位置,最后隐藏副本里面的"灯效"图层,效果如图 10-21 所示。

图 10-21　为置物台添加灯效

步骤 11　选择"文字工具"命令,输入"得力钢卷尺""经典手锁／卡扣设计／回缩缓冲"等文字,调整文字的字体、字号、颜色和位置,并在"立即购买"文字下方绘制一个圆角矩形,效果如图 10-22 所示。

图 10-22　添加海报文案

步骤 12　选一张钢卷尺商品图片进行抠图,将抠好的图片导入海报,调整大小,并放到置物台上。添加投影,增加立体效果,效果如图 10-23 所示。

图 10-23　添加产品

海报 2:泡脚桶

因为比赛时间紧迫,第 2 张海报由第 1 张海报修改而成,为了避免视觉疲劳,左右元素对调,修改颜色,效果图如图 10-24 所示。

图 10-24　康旭家居旗舰店 PC 端海报 2 效果图

213

步骤1　打开文件"海报1.psd",删除产品图片,左右对调文件中的各元素,效果如图10-25所示。

图 10-25　左右对调文件中的各元素

步骤2　将背景修改为浅黄色,效果如图10-26所示。

图 10-26　修改海报背景色

步骤3　修改球体的颜色,依次修置物台、墙体和标签的颜色为亮黄色,效果如图10-27所示。

图 10-27　修改球体、置物台、墙体和标签的颜色

步骤4　修改文案内容和颜色,效果如图10-28所示。

图 10-28　修改海报文案

步骤5　选一张泡脚桶产品图片进行抠图,将抠好的图片导入海报,调整大小,并放到置物台上。添加投影,增加立体效果,效果图如图10-29所示。

海报3:拖把

因为比赛时间紧迫,第3张海报由第1张海报修改而成,修改部分元素,效果如图10-30所示。

第 10 章 电商技能竞赛视觉营销设计

图 10-29　添加产品

图 10-30　康旭家居旗舰店 PC 端海报 3 效果图

步骤 1　打开文件 "海报 1.psd",删除产品图片,删除墙体,效果如图 10-31 所示。

图 10-31　删除产品图和墙体

步骤 2　修改背景色为浅蓝色,效果如图 10-32 所示。

图 10-32　修改背景色

步骤 3　选择 "矩形工具" 命令,绘制一个矩形,填充深蓝色,命名为 "墙体"。单击快捷键 "Ctrl+T" 调出自由变换命令,然后单击鼠标右键,选择 "斜切" 命令,将鼠标置于右侧中间锚点上并往上移动,为矩形添加透视效果,增加背景的立体效果,效果如图 10-33 所示。

图 10-33　制作墙体

215

步骤 4　选择"圆角矩形工具"命令，属性选择为"路径"，半径设置为 60 像素，在墙体上绘制一个圆角矩形路径，单击鼠标右键，选择"建立选区"命令，羽化值设置为 0 像素，得到一个拱门形选区，效果如图 10-34 所示。

图 10-34　绘制圆角矩形选区

步骤 5　选中墙体为当前图层，单击 Delete 键，删除拱门形里面的部分，得到拱门效果，如图 10-35 所示。

图 10-35　制作拱形门效果

步骤 6　新建一个图层，命名为"墙厚度"，填充更深一点的蓝色，制作墙体立体效果。依次选择键盘上的"向左""向下"箭头，向左、向下轻移选区，效果如图 10-36 所示。

图 10-36　为拱形门添加立体效果

步骤 7　选择"墙厚度"图层，单击 Delete 键，删除选区里面的部分，按快捷键"Ctrl+D"取消选区，效果如图 10-37 所示。

图 10-37　删除圆角矩形内的图形

步骤 8　删除"墙厚度"图层中多余的部分，移动球体位置，效果如图 10-38 所示。

第 10 章 电商技能竞赛视觉营销设计

图 10-38　删除多余的部分呈现立体效果

步骤 9　修改置物台和标签的颜色为深蓝色，效果如图 10-39 所示。

图 10-39　修改置物台和标签的颜色

步骤 10　调节 2 个置物台的大小和位置，效果如图 10-40 所示。

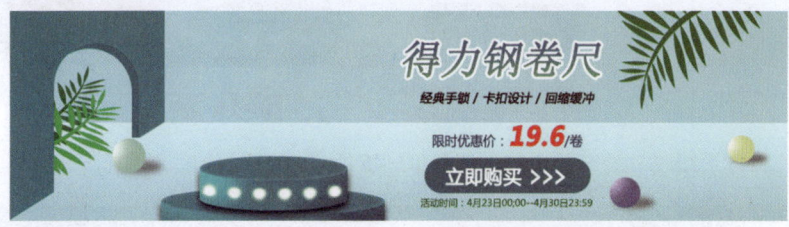

图 10-40　调节 2 个置物台的大小和位置

步骤 11　修改文案内容和颜色，效果如图 10-41 所示。

图 10-41　修改海报文案

步骤 12　选一张拖把产品图片进行抠图，将抠好的图片导入海报，调整大小，并放到置物台上。添加投影，增加立体效果，效果如图 10-42 所示。

图 10-42　添加产品图

217

海报4：削皮刀

因为比赛时间紧迫，第4张海报由第3张海报修改而成，为了避免视觉疲劳，左右元素对调，修改颜色，效果图如图10-43所示。

图10-43　康旭家居旗舰店PC端海报4效果图

步骤1　打开文件"海报3.psd"，删除产品图片，左右对调文件中的各元素，效果如图10-44所示。

图10-44　左右对调文件中的各元素

步骤2　将背景修改为澄粉色，效果如图10-45所示。

图10-45　修改海报背景色

步骤3　修改球体的颜色，依次修改置物台、墙体和标签的颜色为深橙色，效果如图10-46所示。

图10-46　修改球体、置物台、墙体和标签的颜色

步骤4　修改文案内容和颜色，效果如图10-47所示。

步骤5　选一张削皮刀产品图片进行抠图，将抠好的图片导入海报，调整大小，并放到置物台上。添加投影，增加立体效果，效果如图 10-48 所示。

图 10-47　修改海报文案

图 10-48　添加产品图

10.1.4　PC 端网店首页整体设计

PC 端网店首页布局需要竞赛选手到竞赛后台进行设置，然后再对首页进行装修。登录竞赛账号，打开任务"PC 端网店首页视觉营销设计"，可以分别单击左侧菜单配色、页头、页面对店铺的整体配色、页头和页面进行设置，如图 10-49 所示。

图 10-49　"PC 端网店首页视觉营销设计"的后台界面

单击"配色"按钮，根据首页的整体装修风格选择一种配色，被选中的配色方案便会应用到首页，效果如图 10-50 所示。

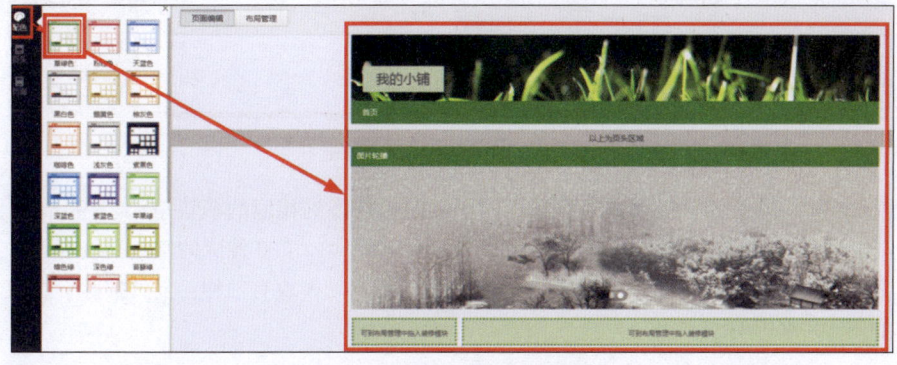

图 10-50　配色方案设置界面

单击"页头"按钮对页头进行设置,选择一种页头背景色,背景色便会应用到首页,效果如图 10-51 所示。此外"页头下边距 10 像素"可以选择"开启"或者"关闭",也可以选择一张图片设置成"页头背景图",文件格式可以为 JPG(JPEG)、PNG,文件大小要在 1 MB 以内。

图 10-51　页头背景色设置界面

单击"页面"按钮对页面进行设置,选择一种页面背景色,背景色便会应用到首页,效果如图 10-52 所示。此外也可以选择一张图片设置成"页面背景图",文件格式可以为 JPG(JPEG)、PNG,文件大小要在 1 MB 以内。

图 10-52　页面背景色设置界面

单击"布局管理"按钮,可以删除或者添加模块,可以添加的模块尺寸有三种选择:"950 像素""190 像素+750 像素"和"750 像素+190 像素"。选择需要的模块种类和数量进行添加即可,如图 10-53 所示。

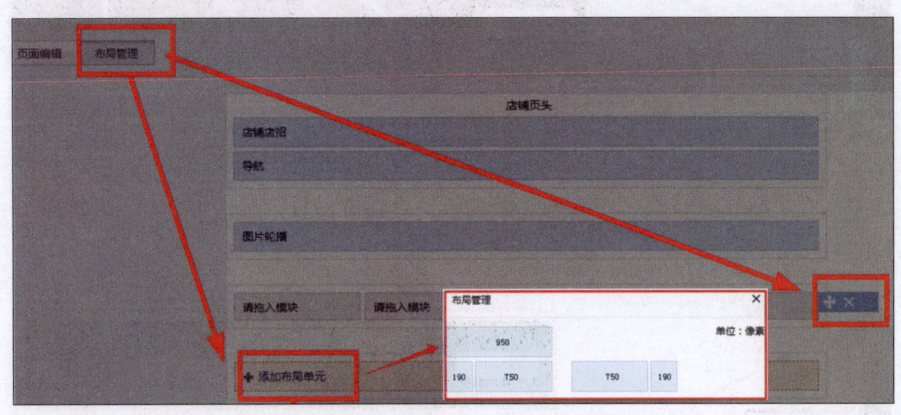

图 10-53　PC 端首页布局管理界面

首页模块布局完成之后,需要选择左侧相同尺寸的模块拖到相应的模块单元。190 像素的基础模块有三种:宝贝排行、客服中心和无线二维(如图 10-54 所示)。750 像素的基础模块有三种:宝贝推荐、自定义区和宝贝搜索(如图 10-55 所示)。950 像素的基础模块有三种:宝贝推荐、自定义区和宝贝搜索(如图 10-56 所示)。

第 10 章 电商技能竞赛视觉营销设计

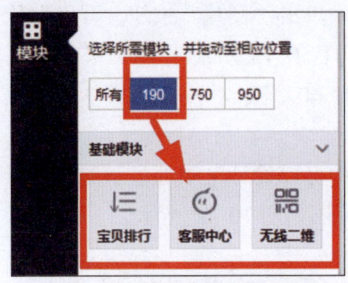

图 10-54　190 像素的基础模块　　图 10-55　750 像素的基础模块　图 10-56　950 像素的基础模块

添加一个"190 像素+750 像素"和一个"950 像素"的基础模块。从左侧选择"190 像素"—"客服中心"模块拖到右侧的"190 像素"模块所在的位置。从左侧选择"750 像素"—"宝贝推荐"模块拖到右侧的"750 像素"模块所在的位置。从左侧选择"950 像素"—"自定义区"模块拖到右侧的"950 像素"模块所在的位置，如图 10-57 所示。

单击"页面编辑"按钮，切换到页面编辑页面。单击每个模块右上角的"编辑"按钮即可对每个模块进行编辑，如图 10-58 所示。

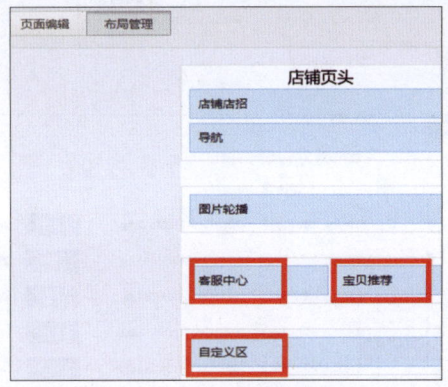

图 10-57　添加相关模块　　　　　　　　图 10-58　编辑模块

单击"店招"模块右上角的"编辑"按钮，在弹出的对话框中单击"图片"按钮，上传并引用前期设计的店招。单击"导航"模块右上角的"编辑"按钮，在弹出的对话框中单击"添加"按钮添加分类，依次添加"清洁用品""清洁工具"等分类。单击"海报"模块右上角的"编辑"按钮，在弹出的对话框中单击"图片"按钮，上传并引用前期设计的 4 张海报，效果图如图 10-59 所示。

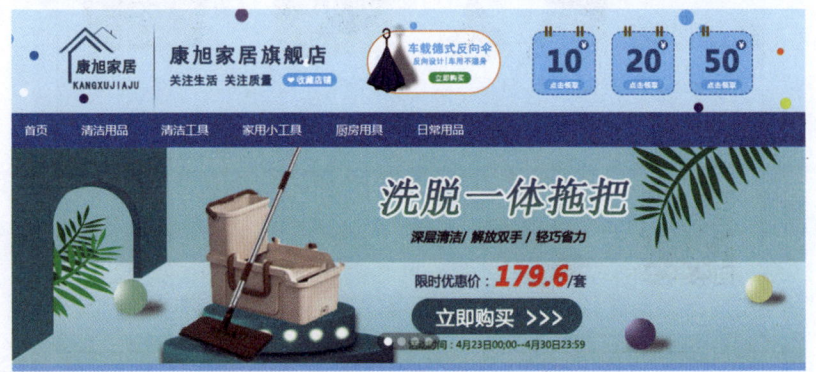

图 10-59　店招、分类、海报装修效果图

221

单击"自定义区"右上角的"编辑"按钮，在弹出的对话框中单击"图片"按钮，可以上传并引用竞赛选手自己在 PS 里面设计好的图片，也可以利用系统自带的智能作图工具作图。单击"模板作图"按钮，在左侧选择一个模板，在右侧编辑区替换模板中的图片和文字，替换好之后单击"生成图片"按钮即可，如图 10-60 所示，效果图如图 10-61 所示。

单击"宝贝推荐"右上角的"编辑"按钮，在弹出的对话框中可以设计电脑端显示的总数量、每行显示的数量等，每个地址上传一张图片，如图 10-62 所示，效果图如图 10-63 所示。

图 10-60　模板作图界面

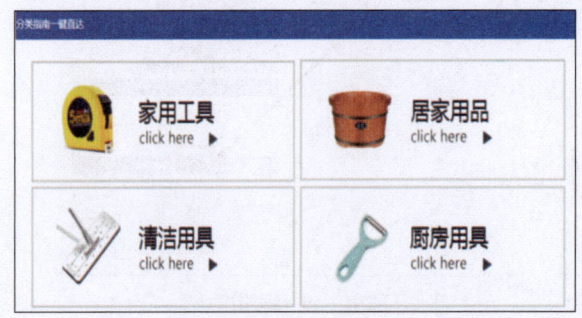

图 10-61　"自定义区" 模块编辑后效果图

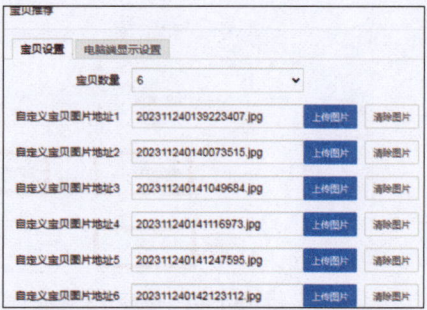

图 10-62　"宝贝推荐" 模块编辑界面

图 10-63　"宝贝推荐" 模块编辑后效果图

第10章 电商技能竞赛视觉营销设计

10.2 移动端网店首页视觉营销设计

10.2.1 任务解析

1. 任务背景

为了提升网店整体的视觉效果，提高活动的参与度，在完成PC端网店首页的视觉设计之后，需要对移动端网店首页进行视觉营销设计，进一步营造活动氛围，满足移动端网店客户的视觉需求。对此，网店准备继续以卷尺、泡脚桶、拖把、削皮刀等产品为基础，分别为每款产品设计1张轮播图片。图片设计完成后，需要对移动端网店首页进行整体布局设计，增加网店首页的吸引力，提高活动的营销效果。

2. 设计规范

轮播图建议尺寸1 200像素×600像素，大小不超过2 MB。

3. 任务要求

① 根据网店营销需求及产品定位，规划轮播图片展示内容，并结合给定的设计素材，遵照轮播图片设计规范及平台规则，完成轮播图片设计。

② 根据平台规则，选择首页布局模块并进行合理编辑，完成移动端网店首页布局设计。

4. 操作过程

① 设计4张轮播图片。

② 通过页面编辑功能，完成移动端网店首页整体设计，包括设计模块的选择编辑、页面的布局管理等。

③ 发布移动端网店首页。

5. 评分标准（1.5分）

① 首页布局：移动端网店首页整体设计主次分明，符合移动端浏览的视觉动线（1分）。

② 轮播图片：能够按照移动端网店设计要求把PC端网店的轮播图片准确无误地上传到移动端网店，内容完整，不存在缺项漏项（0.5分）。

10.2.2 移动端轮播图片设计

移动端海报是由PC端海报修改而成的，因此依次打开PC端的4张海报的PSD格式，按照移动端的要求进行修改，效果图如图10-64~图10-67所示。

图10-64 移动端海报1效果图

图 10-65　移动端海报 2 效果图

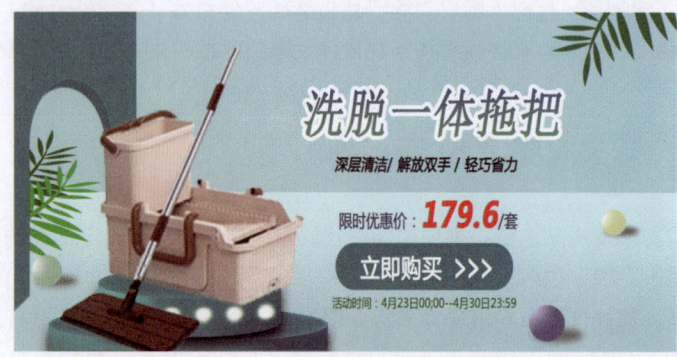

图 10-66　移动端海报 3 效果图

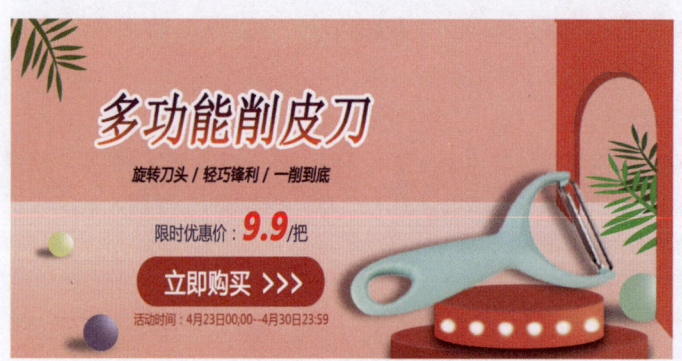

图 10-67　移动端海报 4 效果图

10.2.3　移动端网店首页整体设计

移动端网店首页整体设计需要竞赛选手到竞赛后台进行布局设置和装修。"移动端网店首页视觉营销设计"的后台界面如图 10-68 所示，左侧是可以选择的模块，中间是移动端网店首页效果图，右侧是模块的编辑设置区。

左侧可选择的模块有三类，图文类、产品类和营销互动类，竞赛选手可以根据自己的布局选择合适的模块拖到中间的移动端首页显示区，然后再到右侧进行编辑。图文类有轮播图海报、单图海报、文字标题和官方消费者防诈模块 4 类模块可以选择，如图 10-69 所示。产品类有智能单列、智能双列、

第 10 章 · 电商技能竞赛视觉营销设计

排行榜和智能产品推荐 4 类模块可以选择，如图 10-70 所示。营销互动类有店铺优惠券、快乐农场、店铺会员模块 3 类模块可以选择，如图 10-71 所示。

图 10-68　"移动端网店首页视觉营销设计"的后台界面

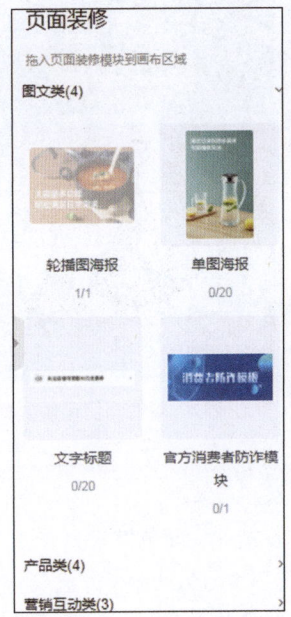
图 10-69　图文类模块

图 10-70　产品类模块

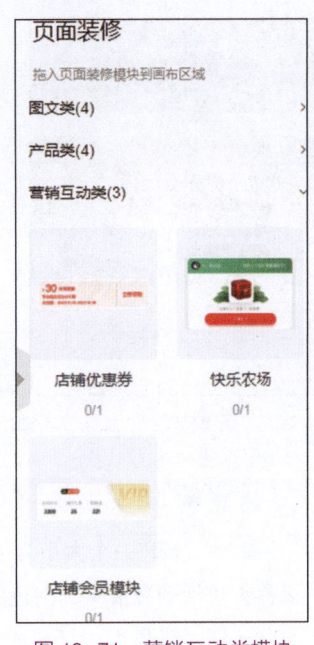
图 10-71　营销互动类模块

依次从左侧模块中拖入店铺优惠券、店铺会员模块、单图海报、智能双列和官方消费者防诈模块到轮播图海报下方，布局如图 10-72 所示。

单击"轮播图海报"模块，在弹出的对话框中单击"添加"按钮，添加 3 次，然后单击"上传图片"按钮，如图 10-73 所示，上传前期设计好的 4 张移动端海报，效果图如图 10-74 所示。

单击"店铺优惠券"模块，在弹出的对话框中，添加 2 种优惠券，单击"保存"按钮，效果图如图 10-75 所示。

单击"店铺会员模块"，在弹出的对话框中，可以设置颜色和左上角背景图片，设置好之后单击"保存"按钮，效果图如图 10-76 所示。

单击单品海报模块，在弹出的对话框中，上传设计好的活动海报，单击"保存"按钮，效果图如图 10-77 所示。

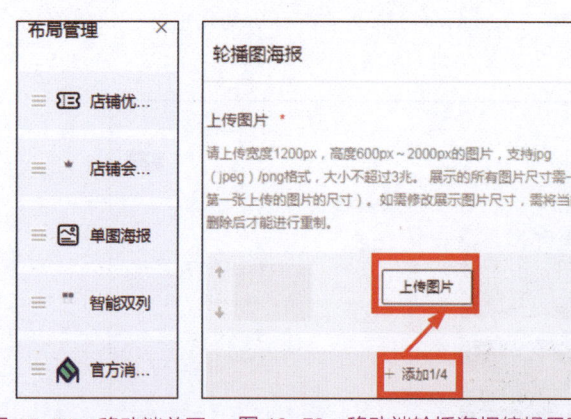

图 10-72　移动端首页　　图 10-73　移动端轮播海报编辑界面　　图 10-74　移动端轮播图海报装修后效果图
布局管理界面

图 10-75　系统自带优惠券效果图　　图 10-76　系统自带会员模块效果图　　图 10-77　单图海报模块效果图

步骤解析：

步骤 1　新建一个大小为 1 200 像素×1 800 像素，分辨率为 72 像素/英寸，颜色模式为 RGB 颜色，名称为"活动海报"的白色底图。

打开文件"海报 3.psd"，选择"移动工具"命令，将"海报 3"的背景移动到"活动海报"里面，调节各元素的位置与大小，效果如图 10-78 所示。

步骤 2　打开文件"主图 1.psd"，选择移动工具，将"主图 1"文件里面的置物台和产品移动到"活动海报"里面，调节各元素的位置与大小，效果如图 10-79 所示。

步骤 3　选择"椭圆选框工具"命令，填充设置为深蓝色，描边设置为浅蓝色，半径设置为 30 像素，绘制一个圆角矩形，不透明度设置为 70%。

选择"直线工具"命令，填充设置为白色，描边设置为无，半径设置为 10 像素，绘制一条直线。选择"椭圆工具"命令，填充设置为白色，描边设置为无，按住 Shift 键绘制一个正圆。调节直线和正圆的位置。复制一条直线和一个正圆，移至右侧。选择"椭圆选框工具"命令，填充设置为黄色色，描边设置为无，半径设置为 60 像素，绘制一个圆角矩形。

选择文字工具，添加"家居促销节"等文字，调节文字的字体、字号、颜色和位置，效果如图 10-80 所示。

第 10 章 电商技能竞赛视觉营销设计

图 10-78　设置单品海报背景　　图 10-79　添加置物台和产品　　图 10-80　添加文案

单击"智能双列"模块，在弹出的对话框中，设置模块标题为"领券更优惠"，产品显示数量为"4"，上传设计好的 4 张图片，单击"保存"按钮，效果图如图 10-81 所示。

官方消费者防诈模块无须编辑，效果图如图 10-82 所示。

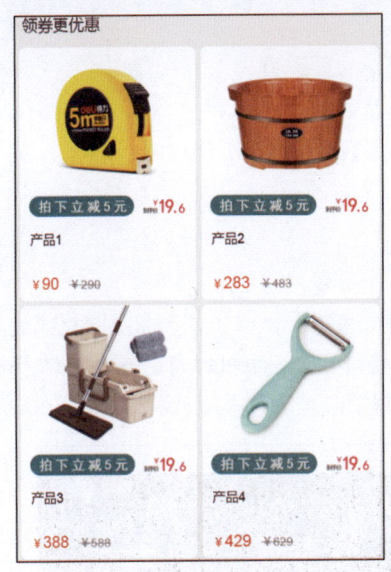
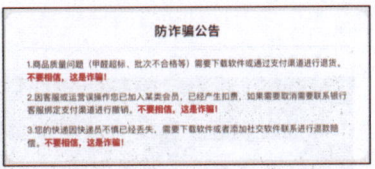

图 10-81　"智能双列"模块装修效果图　　图 10-82　系统自带防诈骗公告效果图

10.3　产品主图视频编辑与制作

10.3.1　任务解析

1. 任务背景

活动期间，网店计划上架一款反向伞，在对网店同类型产品进行对比分析后发现，带有主图视频

227

的产品销量较高。为了提高反向伞的销量，需要为反向伞添加产品主图视频。对此，需要规划产品主图视频的展示内容，并进行编辑与制作。产品素材如表 10-3 所示。

表 10-3　主图视频设计素材

反向伞	▶ ▶ ▶ ▶ ▶	产品介绍

2. 任务要求

① 根据网店营销需求及产品定位，结合目标消费群体的购买心理特征，规划产品主图视频的展示内容，完成主图视频的内容策划。

② 根据给定的设计素材，利用视频剪辑模板，遵照产品主图视频的设计规范及平台规则，完成主图视频的编辑与制作。

3. 操作过程

① 策划产品主图视频的展示内容。
② 完成产品主图视频编辑与制作。

4. 评分标准（5 分）

① 视频内容主题明确、有创意，产品卖点突出（2 分）。
② 产品信息展示全面，视觉传达效果良好，符合浏览习惯（2 分）。
③ 视频衔接自然、流畅，尺寸、大小、格式、时长等符合要求（1 分）。

10.3.2　主图视频编辑与制作

主图视频需要竞赛选手登录账号到比赛后台进行编辑和制作。打开"产品主图视频编辑与制作"子任务，界面如图 10-83 所示，左侧为素材区，有系统自带素材，也可以自己导入素材；中间为工作区，可以编辑和制作视频；右侧为属性设置区，在制作视频时可以对添加元素的相关属性进行设置。

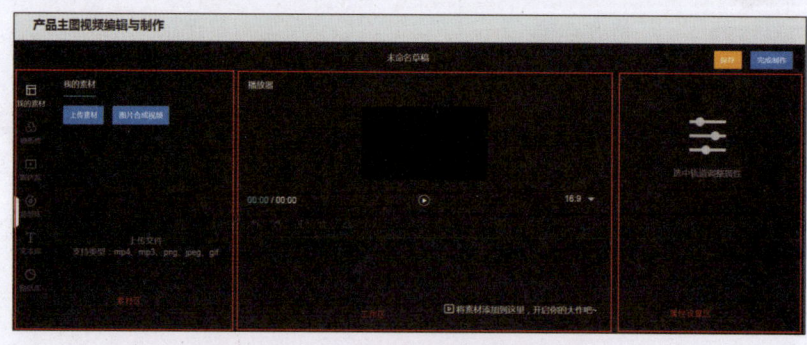

图 10-83　产品主图视频编辑与制作界面

单击"我的素材"中的"上传素材"按钮，可以上传大赛提供的视频、图片及竞赛选手自己设计的素材，如图 10-84 所示。

单击"模板库"按钮，可以从中选择一种模板进行应用，然后在工作区进行编辑，替换模板里面的图片、视频和文字即可制作完成视频，如图 10-85 所示。

第 10 章 电商技能竞赛视觉营销设计

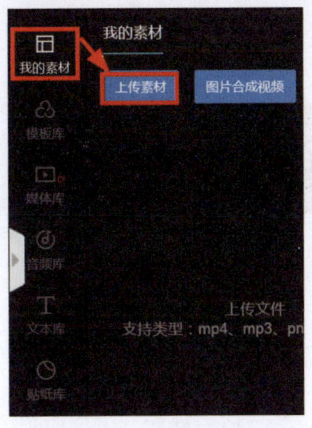
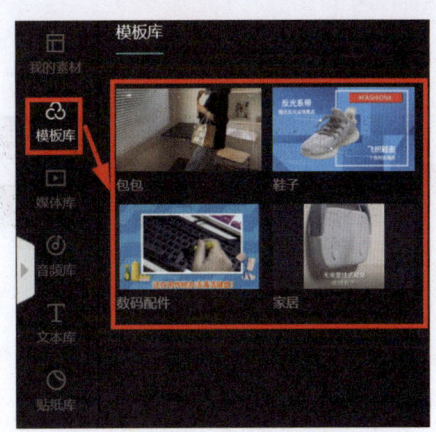

图 10-84　我的素材界面　　　　　图 10-85　模板库界面

单击"媒体库"按钮，可从中选择视频素材进行应用，如图 10-86 所示。
单击"音频库"按钮，可从中选择音频素材进行应用，如图 10-87 所示。

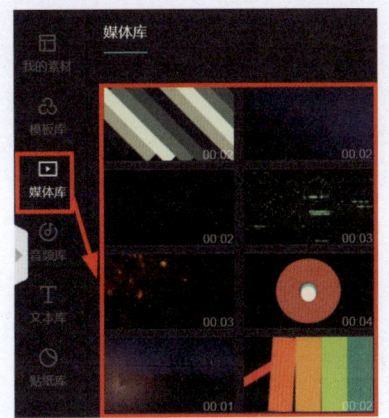
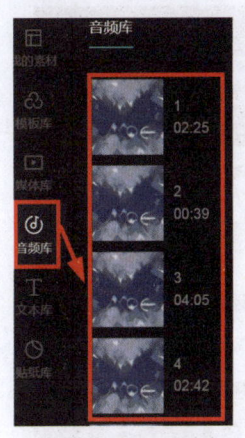

图 10-86　媒体库界面　　　　　图 10-87　音频库界面

单击"文本库"按钮，可从中选择文本模板进行应用，如图 10-88 所示。
单击"贴纸库"按钮，可从中选择贴纸素材进行应用，如图 10-89 所示。

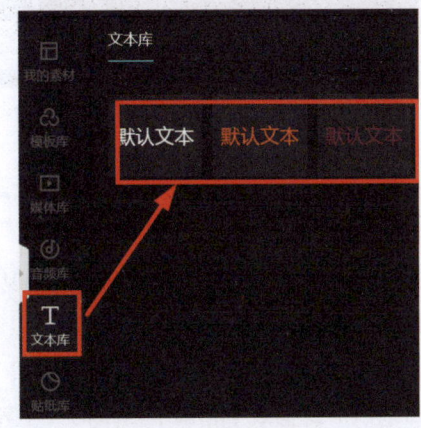

图 10-88　文本库界面　　　　　图 10-89　贴纸库界面

步骤解析：

步骤1　利用 PS 制作一些标签，并保存为 PNG 格式，如图 10-90 所示。

图 10-90　PS 设计相关标签

步骤2　单击"我的素材"中的"上传素材"按钮，导入前期制作好的 PNG 格式的标签和竞赛提供的视频素材，如图 10-91 所示。

步骤3　依次单击"商品整体展示""商品细节展示""握把展示""反向伞内部细节展示""反向伞外部细节展示""户外产品站立展示""户外开伞展示""户外 C 形把手展示"等素材右下角的"+"，将素材导入视频轨道，使用分割工具裁剪并删除多余的视频，每段视频的长度如图 10-92 所示。

图 10-91　上传视频素材和标签到视频编辑器

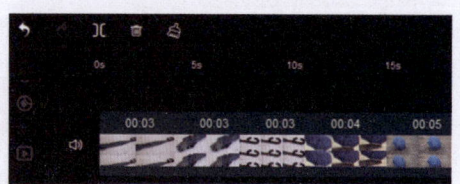

图 10-92　按顺序导入视频素材并进行剪辑

步骤4　单击素材"边框"右下角的"+"，将素材导入图片轨道，调整素材的大小和位置，效果如图 10-93 所示。

步骤5　将提前制作好的标签添加到轨道中，调节每个标签的位置、在时间线上出现的时间点，使每个标签能和视频画面一一对应，如图 10-94 所示。

步骤6　单击"媒体库"按钮，选择合适的专场效果添加到两段素材的中间，如图 10-95 所示。

步骤7　单击"贴纸库"按钮，选择合适的贴纸添加到视频中，调节贴纸的大小和位置，如图 10-96 所示。

第 10 章 电商技能竞赛视觉营销设计

图 10-93 为视频素材添加边框

图 10-94 导入相关标签并和视频一一对应

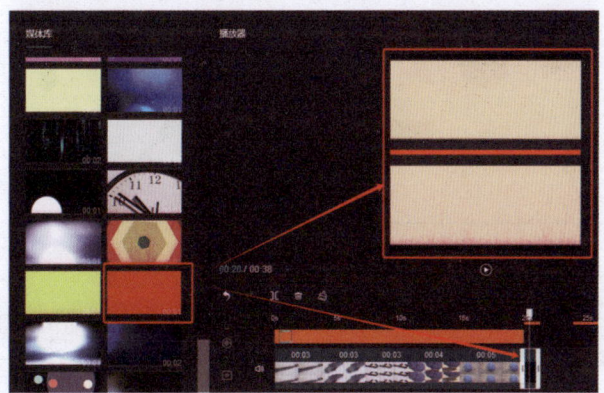

图 10-95 为视频添加专场效果

步骤 8　单击"音频库"按钮，选择一段合适的音乐添加到音频轨道，使用分割工具裁剪并删除多余的音频。

步骤 9　单击右上角的"保存"按钮和"完成制作"按钮，完成产品主图视频编辑与制作，如图 10-97 所示。

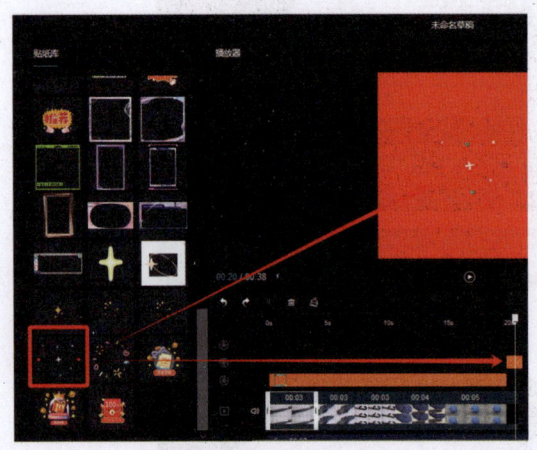
图 10-96　为视频添加贴纸

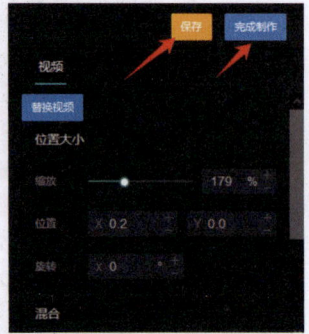
图 10-97　为视频添加音频

10.4　产品详情页视觉营销设计

10.4.1　任务解析

1. 任务背景

在完成反向伞的主图视频编辑与制作之后，网店准备继续完成反向伞产品详情页的视觉营销设计。对此，需要根据产品信息与素材图片，结合活动期间的产品详情页展现需求，为反向伞设计主图图片与详情描述。产品详情页设计素材如表 10-4 所示。

表 10-4　产品详情页设计素材

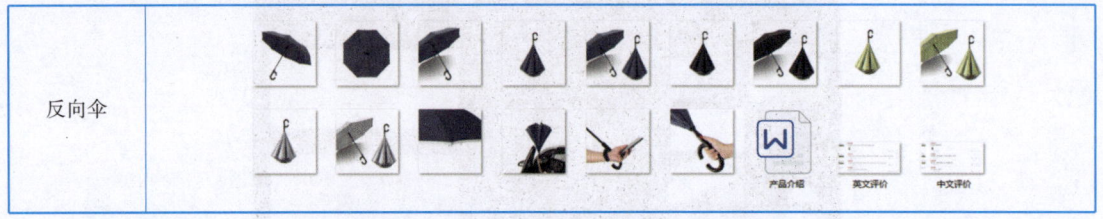

2. 设计规范

产品主图图片尺寸为 800 像素×800 像素，大小不超过 3 MB；产品详情描述图片宽度为 750 像素，总高度不超过 35 000 像素。

3. 任务要求

① 根据网店营销需求及产品定位，规划产品主图的展示内容，遵照产品主图的设计规范与要求，结合给定的设计素材，完成产品主图设计。

② 根据网店营销需求及产品定位，明确产品详情描述的构成要素，结合目标群体的消费心理，明确产品详情描述的展示要点，完成详情描述设计。

4. 操作过程

① 设计 5 张产品主图图片。

② 设计产品详情描述。

③ 发布产品详情页。

5. 评分标准（15 分）

（1）产品主图（5.5 分）

① 设计新颖，有视觉冲击力，能有效吸引消费者（3 分）。

② 能展示产品特色及优势，卖点突出、有创意（2.5 分）。

（2）产品详情描述（9.5 分）

① 产品、服务等相关内容展示全面，各部分内容之间层次连贯，展示顺序符合消费者购物心理逻辑（3 分）。

② 文案设计创意性强，能提炼产品的核心竞争力，突出与同类产品的差异化优势（1.5 分）。

③ 视觉设计风格定位准确，采用图文混排，视觉焦点清晰，有良好的阅读体验（1.5 分）。

④ 能够体现营销策划的相关内容，包含关联推荐、营销活动等相关标志和以促销为目的的宣传用语，达到提升产品转化率的目的（3.5 分）。

10.4.2　产品主图设计

根据赛题要求和评分标准，设计 5 张主图，1 张主图+3 张辅图+1 张白底图，效果图如图 10-98~图 10-102 所示。

图 10-98　主图 1 效果图

图 10-99　主图 2 效果图

图 10-100　主图 3 效果图

图 10-101　主图 4 效果图

图 10-102　主图 5 效果图

主图 1 步骤解析：

步骤 1 新建一个大小为 800 像素×800 像素，分辨率为 72 像素/英寸，颜色模式为 RGB 颜色，名称为"主图 1"的文件。

将背景填充为深蓝色，选择"画笔工具"命令，将前景色设置为浅蓝色，硬度设置为 0%，用柔边画笔在深蓝色背景上涂抹，制造高光效果。

选择"矩形选框工具"命令，填充设置为浅蓝色，描边设置为无，半径设置为 60 像素，绘制一个圆角矩形。添加图层样式，选择"内阴影"，大小设置为 24 像素，不透明度为 37%，角度为 120；选择"描边"命令，大小设置为 3 像素，位置设置为外部，填充类型设置为渐变，设置深蓝—浅蓝—深蓝—浅蓝的渐变，样式设置为线性渐变，角度设置为 0°。

新建图层，单击鼠标右键，选择"创建剪切蒙版"命令，选择"画笔工具"命令，将前景色设置为白色，硬度设置为 0%，用柔边画笔画一条斜线，效果如图 10-103 所示。

步骤 2 选择"自定义形状工具"命令，通过"形状"属性的设置功能，选择"自然"，在弹出的对话框中单击"追加"按钮，添加与自然相关的一些形状。选择形状"蕨类植物"，绘制 3 个蕨类植物的形状，填充绿色，通过"自由变换"命令调节 3 个形状的大小和位置，添加阴影效果。打开"海报 1.psd"，复制 2 个球体到主图，调节球体的大小和位置，效果如图 10-104 所示。

图 10-103　设计主图 1 背景

图 10-104　为背景添加蕨类植物

步骤 3 新建一个组，命名为"活动标签"，将本步骤接下来新建的所有元素都置于组内。选择"圆角矩形工具"命令，填充设置为深蓝色，描边设置为无，半径设置为 60 像素，绘制一个圆角矩形。新建一个图层，命名为"高光"，混合模式设置为"叠加"；单击鼠标右键，在弹出的菜单中选择"创建剪切蒙版"命令；选择"画笔工具"命令，将前景色设置为白色，将画笔大小设置为 70 像素，硬度设置为 0%，不透明度设置为 20%，流量设置为 60%，选择图层"高光"为当前图层，在圆角矩形周边涂抹，为其增加高光效果。

打开文件"店招.psd"，将 Logo 复制到主图"活动标签"上，并将颜色改为白色。选择"直线工具"命令，画一条白色直线。

选择"圆角矩形工具"命令，填充设置为无，描边设置为白色、2 像素，半径设置为 60 像素，绘制一个圆角矩形。选择"路径选择工具"命令，在圆角矩形上单击，使其转化成路径。选择"钢笔工具"命令，在上方添加 2 个对称的锚点，选择"直接选择工具"命令，往下移动新加的 2 个锚点，制作出"天猫猫头"的形象。

选择"矩形选框工具"命令，在天猫猫头上绘制一个矩形选框，按 Delete 键删除猫头中间的线条，选择"文字工具"命令，添加文字"家居节大促"，效果如图 10-105 所示。

步骤 4 选择"椭圆工具"命令，填充设置为蓝色，绘制一个椭圆，命名为"第一层"。选择"移动工具"命令，同时按下 Alt 键+向下移动键，复制出多个椭圆，合并复制出的椭圆，命名为"第二层"，填充深蓝色。重复以上动作，命名为"第三层"，填充白色，添加图层样式，选择"投影"，取消使用全局光，颜色为浅蓝色，不透明度为51%，距离为5像素，大小为10像素。新建一个组，命名为"置物台"，将以上3个图层都置于组内。按快捷键"Ctrl+J"复制一个置物台，调节两个置物台的位置和大小。选择"矩形选框工具"命令，填充白色，绘制一个矩形选框，置于球体图层下方，添加图层样式，选择"投影"，阴影大小为29，不透明度为28%，角度为0，效果如图10-106所示。

图10-105　添加Logo和活动标签

图10-106　添加置物台

步骤5　选择"矩形工具"命令，绘制一个矩形，填充设置为渐变、颜色为深蓝到浅蓝，渐变方式设置为"对称的"，绘制一个矩形。选择"钢笔工具"命令，在右下角绘制一个如图10-107所示的图形，将路径转换成选区，新建一个图层，填充深蓝色。快捷键"Ctrl+J"复制一个副本，选择"移动工具"命令，往右下角移动一点，添加图层样式，选择"渐变叠加"，设置深黄到浅黄的渐变；添加图层样式，选择"描边"，位置设置为外部，大小设置为2像素；选择"内阴影"为深黄色，不透明度设置为75%，角度设置为135°，距离设置为5像素，大小设置为16像素。

选择"文字工具"命令，输入"人气爆款 累计销售2万把""活动时间"等文字，调整文字的字体、字号、颜色和位置，效果如图10-107所示。

步骤6　选中组"活动"里面的圆角矩形标签，快捷键"Ctrl+J"复制一个副本。选择"椭圆工具"命令，绘制一个白色的正圆。选择"自定义形状工具"命令，选择"复选标记"，绘制一个红色"✔"。调节圆角矩形、正圆、对勾的大小和位置，效果如图10-108所示。选择"文字工具"命令，输入文字"抗风骨架"，调整文字的字体、字号、颜色和位置。新建一个组，命名为"卖点"，将圆角矩形、正圆、对勾、卖点文字置于组内。

按快捷键"Ctrl+J"复制2个组副本，调整副本的位置，并分别将卖点文字修改为"一键秒开""加大加固"。选择"文字工具"命令，输入"反向新升级　免持不湿身"文字，调整文字的字体、字号、颜色和位置，效果如图10-108所示。

步骤7　选一张雨伞产品图片进行抠图，将抠好的图片导入海报，调整大小，并放到置物台上。选择雨伞产品图片，按快捷键"Ctrl+J"复制一个副本，按快捷键"Ctrl+T"调出自由变换命令，选择"垂直翻转"命令，调节副本雨伞的透明度，制造倒影效果，增加立体感，效果如图10-109所示。

图10-107　添加产品信息

图10-108　添加产品卖点

图10-109　添加产品

主图 2 步骤解析：

步骤 1 打开文件"主图 1.psd"，删除产品、产品卖点、标签、置物台等元素，只留主图背景的部分元素，效果如图 10-110 所示。

步骤 2 选择"椭圆选框工具"命令，填充设置为白色，描边选择渐变，渐变颜色设置为深蓝到浅蓝，渐变样式设置为"对称的"，角度设置为 0，粗细设置为 18 像素，按住 Shift 键绘制一个正圆。添加产品图片，置于正圆的上方，单击鼠标右键，选择"创建剪切蒙版"命令，调节产品的大小和位置，效果如图 10-111 所示。

步骤 3 选择"文字工具"命令，输入"C 型手柄"等文字，调整文字的字体、字号、颜色和位置，效果如图 10-112 所示。

图 10-110　主图 2 背景　　　图 10-111　添加产品　　　图 10-112　添加产品卖点

主图 3 步骤解析：

步骤 1 打开文件"主图 2.psd"，将正圆移动到主图右边，删除产品图片，导入另一张产品图片，置于正圆的上方，单击鼠标右键，选择"创建剪切蒙版"命令，调节产品的大小和位置，效果如图 10-113 所示。

步骤 2 将文字移动到主图左边，并修改文字内容，效果如图 10-114 所示。

图 10-113　替换产品　　　图 10-114　添加产品卖点

主图 4 步骤解析：

步骤 1 打开文件"主图 3.psd"，删除产品图片，导入另一张产品图片，置于正圆的上方，单击鼠标右键，选择"创建剪切蒙版"命令，调节产品的大小和位置，效果如图 10-115 所示。

步骤 2 选择文字工具，修改文字内容，效果如图 10-116 所示。

第 10 章 电商技能竞赛视觉营销设计

主图 5 解析步骤：

步骤 1 新建一个大小为 800 像素×800 像素，分辨率为 72 像素/英寸，颜色模式为 RGB 颜色，背景为白色，名称为"主图 5"的文件。导入产品整体图，抠取产品，调节照片的大小和位置，制作一张白底图，效果如图 10-117 所示。

图 10-115　替换产品　　　图 10-116　添加产品卖点　　　图 10-117　制作白底图

10.4.3　产品详情页设计

根据赛题要求和评分标准，设计一张小清新风格的详情页，主要包括首屏焦点图、商品属性、商品卖点、商品特点、商品展示、适用人群、关于售后、关于评价等模块，效果图如图 10-118 所示。

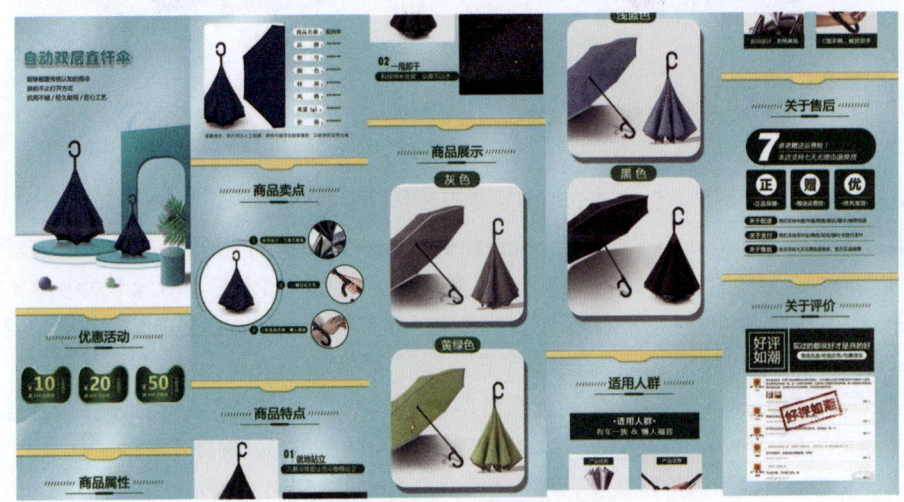

图 10-118　产品详情页效果图

步骤解析：

步骤 1 新建一个大小为 750 像素×8 000 像素，分辨率为 72 像素/英寸，颜色模式为 RGB 颜色，名称为"详情页"的文件，填充青色作为背景底色，新建图层，命名为"高光"，混合模式设置为"叠加"，用白色的柔边画笔在背景上随意涂抹几笔，制造高光效果。选择"矩形选框工具"命令，颜色设置为白色，绘制一个矩形，添加图层样式，选择"投影"，为矩形添加投影效果，效果如图 10-119 所示。

打开文件"主图 3.psd"，将文件中的球体、拱形门、蕨类植物复制到详情页。打开文件"主图

237

1.psd"，将文件中的两个置物台和反向伞复制到详情页。调节各元素的大小及位置，效果如图 10-119 所示。

步骤2　选择"文字工具"命令，新建文字"自动双层直杆伞"，设置文字的字体、字号和颜色等属性。

新建组，命名为"圆柱"，将本步骤接下来新建的所有元素都置于组内。选择"椭圆工具"命令，填充设置为蓝色，绘制一个椭圆，命名为"截面"。选中"截面"为当前图层，同时按住"Alt 键+向下的箭头"，复制出多个椭圆副本，合并椭圆副本，命名为"柱体"，填充深一些的蓝色，调整图层顺序，并将"柱体"移至"截面"下方。选择"加深工具"和"减淡工具"命令添加高光和暗调，增加圆柱体的立体感。新建图层，绘制一个椭圆，填充灰色，为圆柱添加阴影效果，选择"滤镜→模糊→高斯模糊"命令柔化阴影，效果图如图 10-120 所示。

图 10-119　详情页首屏焦点图背景　　　　图 10-120　首屏焦点图效果图

步骤3　选择"矩形工具"命令，填充设置为黄色，绘制一个矩形。选择"圆角矩形工具"命令，填充设置为黄色，绘制一个圆角矩形，按快捷键"Ctrl+T"调出自由变换命令，单击鼠标右键，选择"透视"命令，调整圆角矩形，使圆角矩形上宽下窄。选择"移动工具→水平居中对齐"命令，使圆角矩形和矩形水平居中对齐，然后合并 2 个图层，并添加描边和投影效果，效果图如图 10-121 所示。

选择"文字工具"命令，新建文字"优惠活动""//////////"，调整文字的字体、字号、颜色。选择"圆角矩形工具"命令，填充设置为深绿色，绘制一个圆角矩形。选择"移动工具→水平居中对齐"命令，使文字、直线和圆角矩形水平居中对齐，效果图如图 10-121 所示。

新建组，命名为"标签"，将本步骤新建所有元素移至组内。

图 10-121　"优惠活动"模块标签效果图 1

第 10 章 电商技能竞赛视觉营销设计

步骤 4 选择"圆角矩形工具"命令，半径设置为 60 像素，绘制一个圆角矩形。选择"路径选择工具"像素，在圆角矩形上单击，使其转化成路径。选择"钢笔工具"命令，在上方添加 2 个对称的锚点，选择"直接选择工具"命令，往下移动新加的 2 个锚点，制作出"天猫猫头"的形象。

添加图层样式，选择"渐变叠加"，颜色设置为浅绿到深绿，渐变方式设置为"对称的"，角度设置为 0 度；添加"描边"，大小设置为 5 像素，填充类型选择渐变，颜色设置为浅绿到白到浅绿，渐变方式设置为"线性"，角度设置为 35 度，效果图如图 10-122 所示。

选择"文字工具"命令，输入相应的优惠信息，并调整文字的字体、字号、颜色和位置，效果如图 10-122 所示。新建组，命名为"优惠券"，将本步骤前面新建的所有元素都置于组内。

复制组"优惠券"，得到两个优惠券副本，移动优惠券副本的位置，修改优惠券副本内的文字，通过"移动工具"的属性设置，使 3 个优惠券"垂直居中对齐""水平平均分布"，效果图如图 10-122 所示。

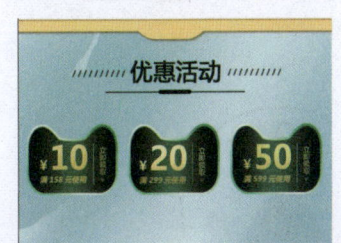

图 10-122 "优惠活动" 模块效果图 2

步骤 5 复制组"标签"，选择"移动工具"命令，将组"标签"副本移动到下方，将文字"优惠活动"修改为"商品属性"，效果图如图 10-123 所示。

选择"圆角矩形工具"命令，填充设置为白色，半径设置为 10 像素，在左侧绘制一个圆角矩形。导入一张产品图片，置于圆角矩形的上方，单击鼠标右键，选择"创建剪切蒙版"命令，调节产品的大小和位置，如图 10-123 所示。

选择"圆角矩形工具"命令，填充设置为白色，半径设置为 10 像素，在右侧绘制一个小圆角矩形。选择"文字工具"命令，在圆角矩形上面和右边分别新建文字"商品名称"和"反向伞"，设置文字的字体、字号和颜色。新建组，命名为"属性"，将小圆角矩形和文字移到组内。

选择组"属性"，复制 7 个副本，通过"移动工具"的"水平居中对齐"和"垂直居中分布"属性，使 8 个组"标签"居中对齐、均匀分布，效果图如图 10-123 所示。

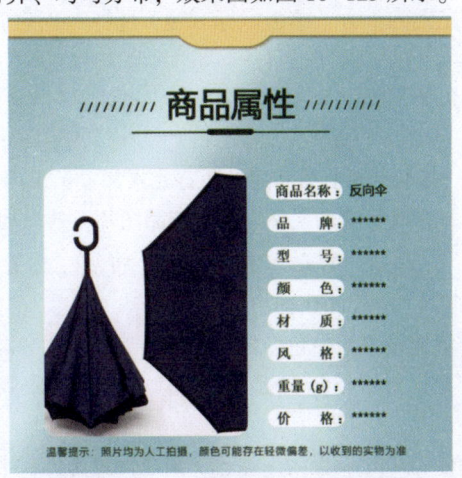

图 10-123 "商品属性" 模块效果图

239

步骤6 复制组"标签",选择"移动工具"命令,将组"标签"副本移动到下方,将文字"优惠活动"修改为"商品卖点",效果如图10-124所示。

选择"椭圆工具"命令,填充设置为无,描边设置为深蓝色、2像素、虚线,按住Shift键绘制一个正圆,为正圆添加图层蒙版,选择白色的柔边画笔,在描边上擦除部分描边。选择"椭圆工具"命令,填充设置为白色,描边设置为深绿色、1像素,按住Shift键绘制一个正圆,导入一张产品图片,置于正圆的上方,单击鼠标右键,选择"创建剪切蒙版"命令,调节产品的大小和位置,效果如图10-124所示。

图10-124 设计"商品卖点"模块

步骤7 选择"椭圆工具"命令,填充设置为深绿色,描边设置为无,按住Shift键绘制一个小正圆,选择文字工具,在小圆上添加文字"1"。

选择"圆角矩形工具"命令,填充设置为深绿色,描边设置为无,半径设置为30像素,绘制一个圆角矩形。选择"文字工具"命令,在小圆上添加文字"反向设计,下雨不湿身"。

选择"椭圆工具"命令,填充设置为白色,描边设置为深绿色、1像素,按住Shift键绘制一个正圆,导入一张产品图片,置于正圆的上方,单击鼠标右键,选择"创建剪切蒙版"命令,调节产品的大小和位置。

同时选中小圆、大圆、圆角矩形及文字,单击"移动工具"属性"水平居中对齐",使以上元素水平居中对齐。

新建组,命名为"卖点",将本步骤前面新建的所有元素都置于组内。选择组"卖点",复制2个副本,调节2个副本的位置,并修改相应的文字、替换产品图片,效果如图10-125所示。

步骤8 复制组"标签",选择"移动工具"命令,将组"标签"副本移动到下方,将文字"优惠活动"修改为"商品特点",效果如图10-126所示。

选择"矩形工具"命令,填充设置为白色,描边设置为无,按住Shift键绘制一个正方形,导入一张产品图片,置于正方形的上方,单击鼠标右键,选择"创建剪切蒙版"命令,调节产品的大小和位置。

选择"圆角矩形工具"命令,填充设置为深绿色,描边设置为无,半径设置为30像素,在正方形右侧绘制一个圆角矩形。

第 10 章　电商技能竞赛视觉营销设计

选择"文字工具"命令，新建文字"01""就地站立"等，设置文字的颜色、字体和字号，并调整文字的位置，效果图如图 10-126 所示。

新建组，命名为"特点"，将正方形、圆角矩形、文字等元素置于组内。选择组"特点"，复制 1 个副本，调节副本的位置，并修改相应的文字、替换产品图片，效果图如图 10-126 所示。

图 10-125　"商品卖点" 解析图

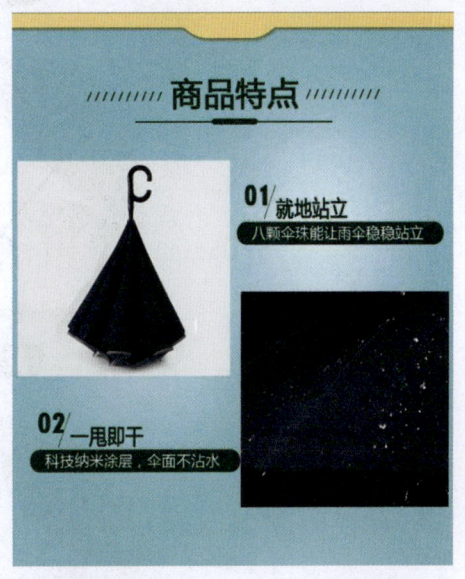

图 10-126　"商品特点" 模块效果图

步骤 9　复制组"标签"，选择"移动工具"命令，将组"标签"副本移动到下方，将文字"优惠活动"修改为"商品展示"，效果图如图 10-127 所示。

选择"圆角矩形工具"命令，描边设置为无，半径设置为 30 像素，绘制一个圆角矩形，添加图层样式，选择"投影"，设置投影的相关参数。导入一张产品图片，置于圆角矩形的上方，单击鼠标右键，选择"创建剪切蒙版"命令，调节产品的大小和位置。

选择"圆角矩形工具"命令，填充设置为绿色，描边设置为无，半径设置为 30 像素，在大的圆角矩形上面绘制一个小圆角矩形，选择"文字工具"命令，新建文字"灰色"，设置文字的颜色、字体和字号。

新建组，命名为"颜色展示"，将大圆角矩形、小圆角矩形和文字都移至组内。选择组"颜色展示"，复制 3 个副本，调节 3 个副本的位置，并修改相应的文字、替换产品图片，部分图片效果如图 10-127 所示。

步骤 10　复制组"标签"，选择移动工具，将组"标签"副本移动到下方，将文字"优惠活动"修改为"适用人群"，效果图如图 10-128 所示。

选择"矩形工具"命令，填充设置为深绿色，描边设置为无，绘制一个矩形。选择"文字工具"命令，新建文字"有车一族 & 懒人福音"等，设置文字的颜色、字体和字号，并调整文字的位置，效果图如图 10-128 所示。

选择"矩形工具"命令，描边设置为无，绘制一个矩形，导入一张产品图片，置于矩形的上方，单击鼠标右键，选择"创建剪切蒙版"命令，调节产品的大小和位置。分别绘制 2 个深绿色的矩形，并添加"产品优势"等文字。新建组，命名为"优势"，将 3 个矩形和文字都移至组内。选择组"优势"，复制 1 个副本，调节副本的位置，并修改相应的文字、替换产品图片，效果图如图 10-128 所示。

图 10-127　商品展示模块效果图

步骤 11　复制组"标签",选择"移动工具"命令,将组"标签"副本移动到下方,将文字"优惠活动"修改为"关于售后",效果如图 10-129 所示。

选择"圆角矩形工具"命令,填充设置为深绿色,描边设置为无,半径设置为 60 像素,绘制一个圆角矩形,选择"文字工具"命令,新建"7""承诺赠送运费险"等文字,设置文字的颜色、字体和字号,效果如图 10-129 所示。

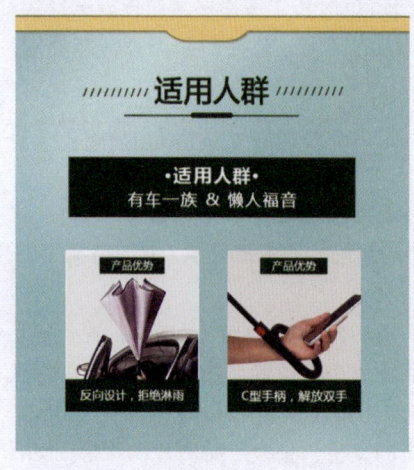

图 10-128　"适用人群"模块效果图

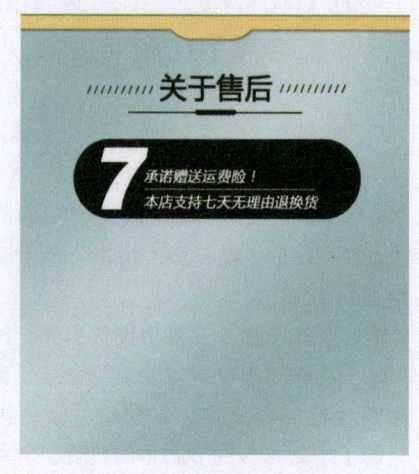

图 10-129　设计相关标签 1

第 10 章　电商技能竞赛视觉营销设计

步骤 12　选择"圆角矩形工具"命令，填充设置为深绿色，描边设置为无，半径设置为 10 像素，绘制一个圆角矩形。选择"椭圆工具"命令，填充设置为白色，描边设置为无，按住 Shift 键绘制一个正圆。选择"直线工具"命令，填充设置为无，描边设置为白色、3 像素、虚线，绘制一条虚线。选择"文字工具"命令，新建"正"等文字，设置文字的颜色、字体和字号，调整各元素之间的位置，效果如图 10-130 所示。

新建组，命名为"正"，将本步骤新建的元素移至组内。选择组"正"，复制 2 个副本，调节 2 个副本的位置，并修改相应的文字，效果如图 10-130 所示。

步骤 13　选择"圆角矩形工具"命令，填充设置为深绿色，描边设置为无，半径设置为 10 像素，绘制一个圆角矩形。选择"直线工具"命令，填充设置为无，描边设置为深绿色、3 像素、直线，绘制一条直线。选择"文字工具"命令，新建"关于配送"等文字，设置文字的颜色、字体和字号，调整各元素之间的位置，效果图如图 10-131 所示。

新建组，命名为"配送"，将本步骤新建的元素移至组内。选择组"配送"，复制 2 个副本，调节 2 个副本的位置，并修改相应的文字，效果图如图 10-131 所示。

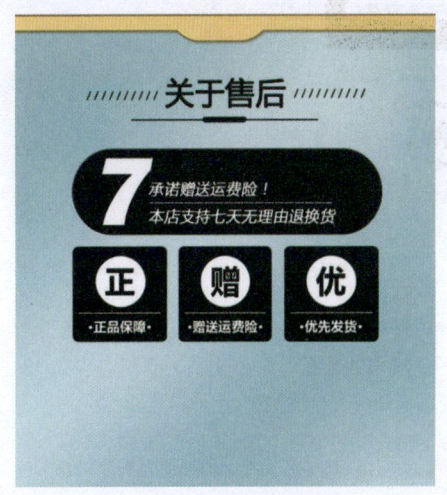
图 10-130　设计相关标签 2

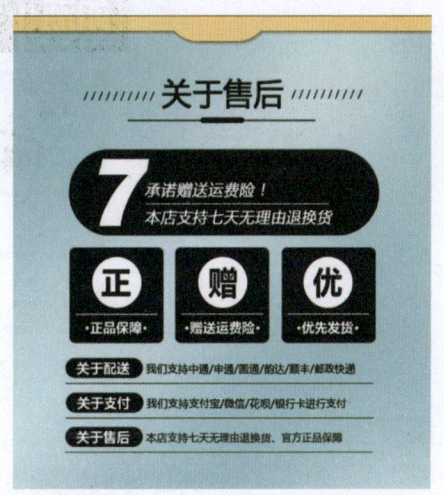
图 10-131　"关于售后"模块效果图

步骤 14　选择"矩形工具"命令，填充设置为无，描边设置为深绿色、13 像素、直线，按住 Shift 键绘制一个正方形。选择"矩形工具"命令，填充设置为深绿色，描边设置为无，按住 Shift 键绘制一个小正方形，将小正方形放到大正方形里面。选择"文字工具"命令，新建文字"好评如潮"，设置文字的颜色、字体和字号，效果如图 10-132 所示。

图 10-132　设计相关标签

步骤15 选择"矩形工具"命令，填充设置为深绿色，描边设置为无，绘制一个矩形。选择"圆角矩形工具"命令，填充设置为白色，描边设置为无，半径设置为10像素，绘制一个圆角矩形，放到矩形的上面。选择"文字工具"命令，新建"买过的都说好才是真的好"等文字，设置文字的颜色、字体和字号，调整各元素之间的位置，效果图如图10-133所示。

将买家秀图片导入详情页，调整大小和位置。选择"矩形工具"命令，填充设置为无，描边设置为红色、8像素、直线，绘制一个矩形。选择"文字工具"命令，新建文字"好评如潮"，设置文字的颜色、字体和字号，并将文字移至矩形内部。合并矩形和文字图层，选择"橡皮擦工具"命令，笔尖形状选择"圆扇形细硬毛刷"，在合并后的图层上涂抹，制作印章效果，效果图如图10-133所示。

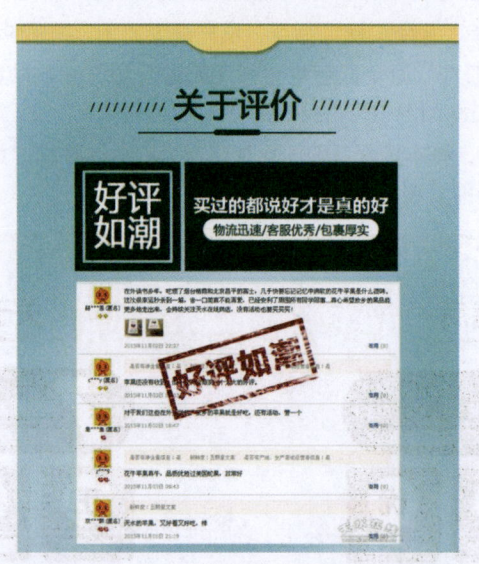

图10-133 "关于评价" 模块效果图

素养提升

用创新拼搏的电商精神去迎接电商技能竞赛

当我们谈及全国职业院校技能大赛电子商务技能竞赛时，我们不仅仅是在讨论一场技术的较量，更是在探讨一种精神、一种态度。那么，我们该用什么样的精神去迎接电商技能竞赛呢？答案就是创新拼搏的电商精神。

创新，是电商行业的生命力。在商品详情页视觉营销设计中，我们要敢于打破常规，尝试新的设计理念和技术手段，创造出独具一格的视觉体验。我们要紧跟时代步伐，不断学习新技术、新工具，将最新的设计理念融入到我们的作品中，让商品详情页成为吸引用户、提升转化的重要推手。

拼搏，是电商人的底色。电商技能竞赛不仅考验我们的技术水平，更考验我们的毅力和决心。我们要以饱满的热情和坚定的信念投入到竞赛中，不畏艰难，不惧挑战。我们要敢于面对失败，从失败中汲取教训，不断调整和优化我们的设计方案，直到达到最佳效果。

在电商技能竞赛中，我们不仅要追求技术的精湛和作品的完美，更要展现出电商人的风采和精神。我们要以创新的思维去挖掘用户需求，以拼搏的精神去克服技术难关，以诚信的态度去赢得用户信任。我们要让商品详情页成为传递品牌价值、提升用户体验的重要窗口，让电商技能竞赛成为我们展示才华、锻炼能力的舞台。

总之，电商技能竞赛不仅是一场技术的较量，更是一场精神的较量。我们要用创新拼搏的电商精神去迎接电商技能竞赛，不断提升自己的专业技能和综合素质。只有这样，我们才能在激烈的竞争中脱颖而出，为电商行业的发展贡献自己的力量。

视觉营销设计中最常用的 Photoshop 快捷键

1. 图层应用相关快捷键
复制图层：Ctrl+J

盖印图层：Ctrl+Alt+Shift+E

向下合并图层：Ctrl+E

合并可见图层：Ctrl+Shift+E

激活上一图层：Alt+中括号（]）

激活下一图层：Alt+中括号（[）

移至上一图层：Ctrl+中括号（]）

移至下一图层：Ctrl+中括号（[）

放大视窗：Ctrl+"+"

缩小视窗：Ctrl+"-"

放大局部：Ctrl+空格键+鼠标单击

缩小局部：Alt+空格键+鼠标单击

2. 区域选择相关快捷键
全选：Ctrl+A

取消选择：Ctrl+D

反选：Ctrl+Shift+I 或 Shift+F7

选择区域移动：方向键

恢复到上一步：Ctrl+Alt+Z

剪切选择区域：Ctrl+X

复制选择区域：Ctrl+C

粘贴选择区域：Ctrl+V

轻微调整选区位置：Ctrl+Alt+方向键

复制并移动选区：Alt+移动工具

增加图像选区：按住 Shift+划选区

减少选区：按住 Alt+划选区

3. 前景色、背景色的设置快捷键
填充为前景色：Alt+Delete

填充为背景色：Ctrl+Delete

将前景色、背景色设置为默认设置（前黑后白模式）：D

前背景色互换：X

4. 图像调整相关快捷键
调整色阶工具：Ctrl+L

调整色彩平衡：Ctrl+B

调节色调/饱和度：Ctrl+U

自由变换：Ctrl+T

自动色阶：Ctrl+Shift+L

去色：Ctrl+Shift+U

5. 画笔调整相关快捷键
增大笔头大小：中括号（]）

减小笔头大小：中括号（[）

选择最大笔头：Shift+中括号（]）

选择最小笔头：Shift+中括号（[）

使用画笔工具：B

6. 面板及工具使用相关快捷键
翻屏查看：Page up/Page down

显示或隐藏虚线：Ctrl+H

显示或隐藏网格：Ctrl+"

取消当前命令：Esc

选项板调整：Shift+Tab（可显示或隐藏常用选项面板，也可在单个选项面板上的各选项间进行调整）

关闭或显示工具面板（浮动面板）：Tab

获取帮助：F1

剪切选择区：F2（Ctrl+X）

拷贝选择区域：F3（Ctrl+C）

粘贴选择区域：F4（Ctrl+V）

显示或关闭画笔选项板：F5

显示或关闭颜色选项板：F6

显示或关闭图层选项板：F7

显示或关闭信息选项板：F8

显示或关闭动作选项板：F9

快速图层蒙版模式：Q

渐变工具快捷键：G

矩形选框快捷键：M

7. 文件相关快捷键
Ctrl+O：打开文件（或点文件下拉菜单中的"打开文件"按钮）

Ctrl+N：新建

Ctrl+S：保存

Ctrl+Tab：多图片窗口切换

Ctrl+Shift+S：另存为

Ctrl+W：关闭

CTRL+R：标尺

退出系统：Ctrl+Q

菜单栏"窗口>历史记录"命令：调出历史记录

Shift：等比例；画圆；正方形；直线等

Ctrl+0：按屏幕大小缩放，显示全图

按住 Space 键，拖动鼠标平移

备注：加""部分为网店视觉营销设计中最常用的 PS 快捷键。

详情页视觉营销设计五部曲之 18个逻辑模块

详情页设计基本思路

设计五部曲	页面排版18逻辑模块	排版作用
一、引发兴趣	1. 当前店铺促销活动	第一屏展示店铺的核心内容
	2. 商品焦点图	焦点图最大的作用是引发买家的兴趣。首先必须要有一个卖点，这个焦点就是这个商品的广告（广告语+客户对象+核心卖点+名称+价格）
	3. 目标客户设计	买给谁用
二、激发需求	4. 场景图	激发客户潜在需求
三、信任到信赖	5. 商品信息图（参数）	商品详情，逐步信任
	6. 多角度商品实拍图（模特图）	好处设计
	7. 细节图	
	8. 为什么要买（好处设计）	
	9. 为什么要买（逃避痛点）	逃避痛点
	10. 同类型商品对比（PK图）	价格、价值
	11. 客户评价，第三方评价	产生信任
	12. 用户非使用价值文案	非使用价值：品牌的附加值、与职业相匹配、感觉、面子
四、信赖到想拥有	13. 拥有后的感觉塑造	强化信任，给买家一个100%购买的理由
	14. 给买家购买的理由	送恋人、父母、领导、朋友
五、替客户决定	15. 发出购买号召：套餐A+B	为什么立刻在我的店铺购买
	16. 公司文化	实力展示（工厂以及团队文化）
	17. 购物须知（打消疑虑）	常见问题FAQ（快递、邮费、退换货等）
	18. 关联营销（商品推荐图）	依据商品选放在前面、中间或最后

★ 打动客户的优秀详情页需遵循2个基本点和6个原则

2个基本点：
（1）把你所有的客户都当成非专业人士。
（2）寻找你产品的价值点而非促销点。

6个原则：
（1）3秒原则：3秒钟必须引起买家注意力。
（2）前三屏原则：前三屏决定客户是否想购买商品。
（3）讲故事原则：情感营销吸引起买家的共鸣。
（4）一句话原则：用一句话提炼产品卖点。
（5）重复性原则：商品核心卖点只需要一个且要不停的告诉客户。
（6）FABE原则：诉求出利益因素给买家购买的理由。

配套课程资源介绍

"网店视觉营销与美工设计"国家在线精品课程

主持人：童海君

课程网址1：浙江省高等学校在线开放课程共享平台（www.zjooc.cn）

以社会人士或教师身份在平台注册，并在首页搜索童海君主持的"网店视觉营销与美工设计"课程，加入即可学习。

本书还配备了童话电商公众号、视频号、今日头条号、简书等自媒体及在线学习QQ群（童话视觉学生⑨群：167795022），欢迎读者扫码加入，与作者团队交流。

| 课程说课视频 | 童话电商公众号 | 教材在线PPT | 视觉学生QQ⑨群 | 作者微信（教师互动） |

课程网址2：智慧树平台（www.zhihuishu.com）

以手机号或学号在该平台注册，并在平台首页搜索童海君主持的"网店视觉营销与美工设计"课程，加入即可学习。

参考文献

1. 主要参考书籍

［1］童海君，蔡颖. 电子商务视觉设计［M］. 2 版. 北京：人民邮电出版社，2022.

［2］童海君，徐匡. 网店美工（微课版）［M］. 北京：电子工业出版社，2018.

［3］童海君. 网店美工［M］. 北京：北京理工大学出版社，2016.

［4］童海君，陈道志. 商品摄影与短视频［M］. 北京：电子工业出版社，2020.

［5］徐骏骅，童海君. 新媒体营销［M］. 北京：电子工业出版社，2021.

［6］淘宝大学. 视觉不哭［M］. 北京：电子工业出版社，2016.

［7］张翔，徐赛华. 视觉营销［M］. 北京：电子工业出版社，2019.

［8］余辉，夏志良. photoshop 图像处理［M］. 北京：中国出版集团东方出版中心，2018.

［9］侯德林、冯灿钧. 视觉营销［M］. 北京：人民邮电出版社，2018.

［10］章学拯. 电子商务职业能力教程［M］. 北京：对外经济贸易大学出版社，2015.

2. 主要参考网站及自媒体平台

［1］淘宝论坛 http：//bbs.taobao.com/.

［2］百度文库 http：//wenku.baidu.com/.

［3］百度百科 http：//baike.baidu.com/.

［4］天猫商城 http：//www.tmall.com/.

［5］派代网 http：//www.paidai.com/.

［6］电子商务世界 http：//www.ebworld.com.cn/.

［7］艾瑞咨询 http：//www.iresearch.com.cn/.

［8］淘巧网 http：//www.taoqao.com/.

［9］亿邦动力网 http：//www.ebrun.com/.

［10］COCOO 设计 http：//www.cocoo.top.

［11］站酷 https：//www.zcool.com.cn.

［12］公众号及相关自媒体：童话电商、设计圈、火蝠电商视觉、回音分享会、平面设计、设计军团、杰视帮、淘宝大学等。